A INSTITUIÇÃO DE ASILO NA UNIÃO EUROPEIA

TERESA CIERCO
Professora Auxiliar

A INSTITUIÇÃO DE ASILO NA UNIÃO EUROPEIA

ALMEDINA

A INSTITUIÇÃO DE ASILO
NA UNIÃO EUROPEIA

AUTORA
TERESA CIERCO

EDITOR
EDIÇÕES ALMEDINA, SA
Av. Fernão Magalhães, n.º 584, 5.º Andar
3000-174 Coimbra
Tel.: 239 851 904
Fax: 239 851 901
www.almedina.net
editora@almedina.net

PRÉ-IMPRESSÃO | IMPRESSÃO | ACABAMENTO
G.-C. GRÁFICA DE COIMBRA, LDA.
Palheira – Assafarge
3001-453 Coimbra
producao@graficadecoimbra.pt

Agosto 2010

DEPÓSITO LEGAL
312366/10

Os dados e as opiniões inseridos na presente publicação
são da exclusiva responsabilidade do(s) seu(s) autor(es).

Toda a reprodução desta obra, por fotocópia ou outro qualquer
processo, sem prévia autorização escrita do Editor, é ilícita
e passível de procedimento judicial contra o infractor.

Biblioteca Nacional de Portugal – Catalogação na Publicação

CIERCO, Teresa, 1970-

A instituição de asilo na União Europeia.
(Monografias)

ISBN 978-972-40-4217-6

CDU   341

Aos meus filhos
PEDRO e CAROLINA

ABSTRACT

This book "Asylum Institution in the European Union" reflects on a sensitive issue to states, their sovereignty. At an international level, it was not possible yet to reach a consensus on this question. Each state treats the asylum institution accordingly with the internal and international context that is subject to frequently variations and oscillations. This affects directly, on a positive and negative manner, the reception and protection of refugees, especially in the European Union.

As an example of integration and coordination to several regions in the world, the European Union had great difficulties regarding the harmonization of asylum policy between the member states. Nevertheless, the freedom of people circulation has obliged a straight cooperation between states regarding this issue. Its importance conducted the harmonization process since 1990 decade.

This book addresses the legal framework of asylum institution, at international and regional level, giving priority to the evolution of the harmonization process in the European Union. The choice of this question is justified by its importance regarding the construction of a common European system of asylum.

RESUMO

Este livro "A Instituição de Asilo na União Europeia" incide sobre uma questão muito sensível aos Estados, a sua soberania. Por isso, a nível internacional ainda não foi possível chegar a consenso sobre esta matéria. Cada Estado trata a instituição de asilo de acordo com a conjuntura interna e internacional, que está sujeita, como se sabe, a frequentes variações e oscilações. Isto afecta directamente, de forma positiva ou negativa, o acolhimento e a protecção dos refugiados, especialmente no âmbito da União Europeia.

A União Europeia, exemplo de integração e de coordenação para as outras regiões do mundo, tem-se debatido com grandes dificuldades na harmonização das questões relacionadas com o asilo. Contudo, a liberdade de circulação de pessoas tem obrigado a uma cooperação estreita entre os Estados membros nesta matéria. A sua importância conduziu ao desenvolvimento de um processo de harmonização que se desenvolve desde a década de 1990.

Este livro visa fazer um enquadramento legal da instituição de asilo, quer a nível internacional, quer regional, com destaque para a evolução do processo de harmonização no espaço da União Europeia. A escolha da problemática justifica-se pela actualidade do tema, dada a formação em curso do sistema europeu comum de asilo.

ÍNDICE

INTRODUÇÃO	13
1. A Instituição de Asilo	15
1.1. Conceptualização: Asilo e Refugiado	15
1.2. A Evolução da Instituição de Asilo	19
1.2.1. Da Antiguidade à Revolução Francesa	19
1.2.2. Da Revolução Francesa ao Século XX	24
1.3. A Instituição de Asilo e a Protecção dos Refugiados no Século XX	25
1.3.1. Entre as Duas Guerras Mundiais	25
1.3.2. Após a II Guerra Mundial	45
1.3.2.1. Âmbito das Nações Unidas	45
1.3.2.2. Âmbito Regional	58
2. A Instituição de Asilo enquanto Prerrogativa do Estado	71
2.1. A Soberania dos Estados	73
2.2. O Princípio de *Non-Refoulement*	77
2.3. Factores que Condicionam a Política de Asilo	81
3. A Instituição de Asilo na União Europeia	87
3.1. O Contexto dos Anos 1990	87
3.2. A Cooperação Intergovernamental	93
3.2.1. Até ao Tratado de Maastricht	105
3.2.2. Após o Tratado de Maastricht	111
4. O Processo de Harmonização da Política de Asilo	121
4.1. A Cooperação e Coordenação	121
4.2. O Desenvolvimento de um Sistema Europeu Comum de Asilo	130
4.2.1. Sua Importância	130

    4.2.2. A Primeira Fase 135
    4.2.3. A Segunda Fase 149
  4.3. O Tratado de Lisboa 159

CONCLUSÃO 163

FONTES E BIBLIOGRAFIA 167

ANEXOS 183

INTRODUÇÃO

A protecção internacional do refugiado na Europa é um fenómeno recente. O "problema dos refugiados" apresenta um duplo aspecto que está presente nos textos fundadores de várias organizações internacionais. Em primeiro lugar, trata-se de um aspecto humanitário e social, isto é, socorrer individualmente, pessoas privadas de protecção. Em segundo lugar, trata--se de um aspecto diplomático ou político, uma vez que, para os Estados, importa saber controlar tensões e limitar os seus efeitos.

Os refugiados surgiram em grande número após uma sucessão de graves acontecimentos políticos na Europa do século XX: o fim de grandes impérios (o russo e o otomano após a I Grande Guerra); o aparecimento do totalitarismo (as ditaduras na Europa e o nazismo antes da II Guerra Mundial), a extensão do comunismo à Europa de Leste após a II Guerra Mundial e, a redefinição de fronteiras (após a I e a II Guerras Mundiais). O reconhecimento do direito de asilo e o acolhimento dos refugiados constituem a resposta aos deslocamentos forçados de população empreendidos pelos Estados totalitários do século XX. Historicamente, é nesta altura que nasce o estatuto de refugiado na Europa.

A defesa do direito de asilo e dos refugiados foi obra, quer de organizações internacionais (a Sociedade das Nações após a I Guerra Mundial, as Nações Unidas após a II Guerra Mundial), quer de organizações não governamentais (Cruz Vermelha Internacional, por exemplo). No fundamento do direito de asilo observa-se uma dupla iniciativa política e humanitária. Daí não ser surpreendente que, entre os principais actores neste domínio, se encontrem, não os Estados, mas as organizações internacionais intergovernamentais e não governamentais.

O reconhecimento do direito de asilo inscreve-se na visão de uma nova ordem internacional, baseada na solidariedade entre os Estados e as nações no que respeita aos refugiados. A este propósito não se pode esquecer a ideologia que vigorou pós I Guerra Mundial, com a doutrina Wilson e a criação da Sociedade das Nações, e pós II Guerra Mundial, com a criação das Nações Unidas e uma instituição especializada no seio das Nações Unidas – o Alto Comissariado das Nações Unidas para os Refugiados (ACNUR).

O interesse por esta temática, assim como a delimitação do espaço em estudo, a União Europeia, aparece na continuidade do processo de aprendizagem que iniciámos com o trabalho de doutoramento. Espera-se, por isso, contribuir para o estudo da instituição de asilo a nível internacional e, em particular, para a análise do processo de harmonização no espaço da União Europeia, que tem vindo a ser desenvolvido desde a década de 1990.

Este trabalho está estruturado em quatro capítulos. No primeiro capítulo, faz-se o enquadramento geral do tema, definindo conceitos e analisando a evolução da instituição de asilo a nível internacional, da antiguidade até ao século XX. Neste capítulo reflecte-se sobre a evolução do enquadramento legal da instituição de asilo e da protecção dos refugiados no período entre as duas guerras mundiais e pós II Guerra Mundial, quer no âmbito das Nações Unidas, quer das diferentes regiões, com destaque para a América Latina e África.

No segundo capítulo, procura-se compreender a dificuldade de discussão e de consenso internacional em matéria de asilo. Apesar dos instrumentos de direito internacional sobre esta questão, que comprometem e limitam a acção dos Estados no respeito por determinados princípios, é ainda a estes que cabe a decisão fundamental de concessão ou não de asilo. Esta é uma prerrogativa do Estado.

No terceiro capítulo trata-se o processo de harmonização da política de asilo no espaço da União Europeia, e a forma como este foi evoluindo, de uma cooperação estritamente intergovernamental para uma cooperação comunitária.

O quarto capítulo incide essencialmente na difícil e penosa preparação do sistema europeu comum de asilo. Este sistema está a ser realizado em duas fases complementares, e espera-se que seja uma realidade dentro em breve, sobretudo agora com a entrada em vigor do Tratado de Lisboa.

1. A INSTITUIÇÃO DE ASILO

Neste capítulo procuramos abordar a conceptualização da instituição de asilo, distinguindo do conceito de refugiado, a sua evolução desde a Antiguidade até ao presente e, finalmente, a protecção dos refugiados no século XX.

1.1. Conceptualização: Asilo e Refugiado

Apesar do conceito de asilo estar associado ao de refugiado, e ambos dependerem um do outro, é fundamental proceder à sua distinção para os compreender melhor. O asilo consiste numa prática antiga de concessão de protecção a alguém em perigo. A noção de refugiado é recente e reflecte uma preocupação concreta sobre a situação jurídica de alguém que foge do seu país. Asilo é o que o refugiado procura quando sente que a sua vida ou liberdade estão ameaçadas no seu país de origem.

O termo "asilo", de origem grega, provém da partícula "a" mais a palavra "sulão", que significa textualmente "sem captura, sem violência, sem devastação" (VILLALPANDO, 1996a: 10). O asilo persistiu ao longo das diferentes civilizações e em circunstâncias variadas, desde o início da história da humanidade. Era outorgado a pessoas que tinham de fugir dos seus países para escapar à perseguição e à tortura mas, até hoje, nenhum instrumento internacional de cobertura jurídica universal elaborou uma definição de asilo.

A doutrina que estuda o asilo no âmbito do direito internacional público, distingue asilo interno de externo, consoante este se desenvolva dentro ou fora dos limites de um Estado soberano (SILVA, 1994: 25). Neste livro, apenas será alvo de análise o asilo externo na forma vulgarmente designada por "asilo territorial", deixando assim de parte, o asilo interno de direito internacional, nas suas formas de asilo diplomático e asilo naval.[1]

---

[1] O asilo externo ou territorial é concedido fora das fronteiras do Estado que persegue politicamente o indivíduo; o interno, é concedido dentro das fronteiras do Estado

O asilo implica uma protecção que é dada a um indivíduo estrangeiro no território de um Estado – prática internacionalmente aceite graças ao princípio da soberania. Esta protecção constitui o núcleo duro da instituição de asilo,[2] uma vez que garante a segurança da pessoa como um dos direitos fundamentais reconhecido na Declaração Universal dos Direitos do Homem de 1948, juntamente com o direito à vida e à liberdade (GOODWIN-GILL, 1983: 102). Contudo, apesar do direito internacional proteger estes direitos, ainda não reconheceu o direito de asilo como um dos direitos do homem.[3]

A primeira questão que se nos coloca é perceber se o "direito de asilo" se refere a um direito do indivíduo ou a um direito do Estado, e qual o seu alcance. Sumariamente, podemos afirmar que o único direito de asilo existente pertence ao Estado. É a este que cabe a decisão de concessão ou não de asilo a quem o solicita. O único direito de protecção reconhecido pelos Estados é o princípio de não expulsão (*non-refoulement*) de pessoas para países onde a sua vida ou liberdade possam estar ameaçadas ou em perigo.

O asilo, como instituição, continua mal definido em direito internacional, e as fontes existentes dão ainda poucas respostas universais. Na tentativa de encontrar um conceito, o Instituto de Direito Internacional adoptou, em 1950, a seguinte definição: "...o termo "asilo" designa a protecção que um Estado concede, no seu território, ou noutro local dependente de alguns dos seus órgãos, a alguém que veio procurar aquela protecção" (1950: 243). Esta definição pode ajudar a esclarecer alguns aspectos relacionados com a instituição de asilo. Em primeiro lugar, a definição compreende uma aplicação geral não especificando as razões que podem motivar um pedido de asilo. Refere ainda que o asilo pode ser atribuído no território do Estado, ou "noutro local". A primeira possibilidade ("no seu território"), que é também a mais frequente, corresponde ao que

---

perseguidor. Este último pode ser subclassificado em asilo diplomático, quando é concedido numa embaixada estrangeira, em asilo militar, quando é concedido num acampamento militar, ou em asilo naval, quando é concedido num navio de guerra (SOARES, 1988: 302).

[2] Ver Documento da ONU – Doc. A/AC.96/815, de 31 de Agosto de 1993, onde o asilo é descrito como sendo "o núcleo da protecção internacional", p.4.

[3] A Comissão dos Direitos do Homem da ONU tinha proposto a inclusão de um direito ao asilo no Pacto Internacional relativo aos Direitos Civis e Políticos de 1966, mas a tentativa falhou (GARCIA-MOURA, 1956: 3).

se designa, normalmente, de "asilo territorial", enquanto que, a segunda alternativa, é efectivada quando o asilo é acordado numa embaixada, num navio, ou em qualquer outro lugar onde o Estado possa exercer a sua jurisdição fora do seu território. Este designa-se normalmente de "asilo extra--territorial".

No que se refere ao conceito de refugiado, este difere consoante o contexto em que é utilizado, se em ambiente sociológico ou jurídico. Neste livro, apenas será analisada a noção de refugiado sob o seu aspecto jurídico e, mais particularmente, em direito internacional.

A confusão na utilização do conceito aumentou ao longo dos anos, à medida que a prática internacional e mesmo nacional multiplicou os termos e expressões relacionadas com esta situação. Este é um dos grandes problemas com que os refugiados são confrontados. Há, por vezes, dificuldade em os distinguir dos outros tipos de imigrantes, prevalecendo uma grande confusão entre "refugiado" e "imigrante económico".

O imigrante económico deixa o seu país de origem para fugir à pobreza e à miséria; um refugiado deixa o seu país de origem para fugir à insegurança, à perseguição e à morte. O refugiado teve que abandonar o seu país, o seu domicílio, a sua família. Não dispõe de recursos financeiros, não domina a língua, a cultura, o direito e o modo de vida do país que o acolhe. É um ser exilado, que tem que "reaprender a viver". Tornar--se refugiado representa assim uma grande sensação de perda. Este sentimento tem dimensões sociais, psicológicas e jurídicas igualmente importantes. Quando alguém é forçado ao exílio, é separado de um ambiente familiar, de amigos e de redes sociais estabelecidas (ACNUR, 1997:3). A saída do seu próprio país e a necessidade de procurar refúgio noutro lugar, implica que não tem outra alternativa. Para alguns tornar-se refugiado representa o último acto de um longo período de incerteza, que surge depois de falhadas todas as outras estratégias de sobrevivência. Noutros casos, trata-se de uma reacção instintiva a circunstâncias imediatas que põem a sua vida em risco.

Não é fácil estabelecer uma distinção entre imigrações voluntárias e involuntárias. No entanto, existem alguns pontos em comum entre as circunstâncias que as provocam. Os movimentos de refugiados produzem-se frequentemente de forma súbita, quando a situação se torna insuportável. Estão geralmente associados à perda de protecção ou de um estatuto legal.

Quanto aos imigrantes, estes dispõem geralmente de algum tempo para organizar a sua partida e têm tendência para se deslocarem para junto de parentes ou de amigos já instalados noutros países, ou para lugares onde as suas aptidões profissionais correspondam a uma certa procura. Pelo contrário, os refugiados no momento da partida, nem sempre estão certos quanto ao seu destino. Podem ir para regiões totalmente desconhecidas, onde as comunidades locais lhes podem ser hostis.

Alguns imigrantes deixam os seus países por razões positivas: para prosseguir os estudos, para completar a sua formação profissional ou simplesmente viajar. Quanto aos refugiados, o seu primeiro objectivo consiste pura e simplesmente em escapar a um contexto ameaçador para a sua vida, liberdade ou bem-estar.

O imigrante é livre de escolher o seu local de destino e é, em certa medida, livre de voltar ao seu lugar de partida. O refugiado não é livre; independentemente do motivo, as condições da sua partida fazem com que ele vá, não para onde quer, mas para onde ele pode. Esta ausência de liberdade de escolha e de movimento traz uma série de consequências para ele próprio e para o país de acolhimento.

No âmbito do direito internacional, a definição de refugiado resulta hoje, essencialmente, da leitura comparada de três instrumentos internacionais: o Estatuto do Alto Comissariado das Nações Unidas para os Refugiados (ACNUR) de 14 de Dezembro de 1950, a Convenção de Genebra, de 28 de Julho de 1951, e o Protocolo de Nova Iorque, de 31 de Janeiro de 1967 (estes dois últimos relativos ao Estatuto dos Refugiados).

De acordo com o artigo1.º-A (2) da Convenção de Genebra, o termo "refugiado" aplica-se a qualquer pessoa que:

"Em consequência de acontecimentos ocorridos antes de 1 de Janeiro de 1951, e receando com razão ser perseguida em virtude da sua raça, religião, nacionalidade, filiação em certo grupo social ou das suas opiniões políticas, se encontre fora do país de que tem a nacionalidade e não possa, ou em virtude daquele receio, não queira pedir a protecção daquele país; ou que, se não tiver nacionalidade e estiver fora do país no qual tinha a sua residência habitual após aqueles acontecimentos, não possa, ou, em virtude do dito receio, a ele não queira voltar" (Ver Anexo I).

Quem preencher os critérios enunciados nesta definição, concretamente, encontrar-se fora do país de origem ou ter um receio fundado de perseguição por razões de raça, religião, nacionalidade, pertença a certo grupo social ou opiniões políticas, pode ser considerado refugiado. Esta situação terá necessariamente lugar antes do estatuto de refugiado ser formalmente reconhecido ao interessado. Por conseguinte, a determinação do estatuto não tem como efeito atribuir-lhe a qualidade de refugiado, mas apenas constatar essa qualidade.

O direito internacional relativo aos refugiados compreende instrumentos jurídicos que definem os padrões básicos para o tratamento dos refugiados. Sendo um direito de carácter humanitário é, de facto, um ramo dos direitos humanos que se desenvolveu com o objectivo de proporcionar protecção a pessoas em determinadas circunstâncias, especificamente, em situações de perseguição.

Apesar de nem todos os Estados serem signatários dos instrumentos jurídicos internacionais de protecção dos refugiados, os princípios gerais do direito aplicam-se universalmente. Temos, como exemplo, países que apesar de ainda não terem ratificado a Convenção de Genebra, continuam a acolher um grande número de refugiados e a respeitar o princípio de *non-refoulement*.

No caso da União Europeia (UE), todos os Estados membros assinaram a Convenção de Genebra e o Protocolo de Nova Iorque, estando por isso limitados em termos de acção no que respeita ao tratamento dos refugiados.[4] Contudo, enquanto não existir uma política comum a este respeito, a aplicação e interpretação dos direitos que são conferidos aos refugiados, e que constam destes instrumentos de direito internacional, difere de Estado para Estado. Esta situação provoca incertezas, desconfiança e, por vezes, coloca em causa o respeito pelos direitos humanos que a Europa defende e protagoniza junto de todos os outros Estados do sistema internacional.

1.2. A Evolução da Instituição de Asilo

1.2.1. *Da Antiguidade à Revolução Francesa*

O direito de asilo contemporâneo tem fontes longínquas que se irão evocar brevemente, mas é principalmente após os dois conflitos mundiais que as regras internacionais a este respeito evoluíram mais rapidamente.

---

[4] Ver Anexo II.

Podemos encontrar a prática de asilo nos textos e tradições de numerosas sociedades antigas. O asilo religioso conheceu um grande incremento na Grécia antiga e no império romano, onde os lugares de culto eram considerados zonas de asilo, sendo o seu território inviolável e a perseguição interdita. Ainda hoje, há exemplos de respeito pela inviolabilidade das igrejas, quando indivíduos a quem é negado o pedido de asilo e se encontram em vias de expulsão, se refugiam nas igrejas católicas ou protestantes.[5]

Com o povo de Israel, o asilo aparece como instituição prevista e regulada pela lei. Mas é com o Cristianismo, que o asilo ganha um carácter universal. Os conceitos e as leis desenvolvem-se, não só de acordo com as necessidades políticas, mas também, por razões de sobrevivência. Daí que se possa explicar porque dois povos de origem nómada, os Árabes e os Judeus, incorporaram a prática de asilo nas suas culturas.

Perante os Hebreus, o direito de asilo era designado "miklat" (refugiado), que era absolutamente excluído no caso de homicidas. Segundo o Antigo Testamento, o acolhimento de exilados era considerada uma regra de conduta moral e política. A própria Bíblia contém diferentes preceitos de protecção do "estrangeiro", quer sob a forma de asilo, quer sob a forma de hospitalidade: "Vós não oprimireis o estrangeiro, porque também vós fostes estrangeiro no Egipto e já sabeis o que é viver num outro país" (Bíblia, Êxodo, 23:9).

Também a era muçulmana começa com um episódio de exílio. Mahomet nasceu em Meca e trabalhava como pastor, quando recebeu a revelação profética no Monte Hira. Considerada subversiva, obriga-o, a ele e aos seus seguidores, a refugiarem-se primeiro na Abissínia em 615 e depois em Yathrib, cidade que será mais tarde designada Medina. É na data do início deste exílio que começa a era islâmica. A ética muçulmana está cheia de conceitos de solidariedade e generosidade: "Na verdade aqueles que emigraram e tenham combatido com seus bens e pessoas pela fé, estes são amigos uns dos outros... Se vos pedirem ajuda por causa da fé, é vosso dever ajudá-los..." (Alcorão, Capítulo 8, 72-75). O Alcorão menciona claramente a importância da noção de asilo no Islão: "aqueles

---

[5] Esta prática não deve ser, evidentemente, considerada como asilo político clássico, mas antes como "santuário temporário", que juridicamente representa uma resistência passiva à lei.

que escolheram o exílio e os que lhes deram ajuda, são eles os verdadeiros crentes (8:74)" (ACNUR, 1997: 33).

Na tradição cristã, a Sagrada Família é obrigada a exilar-se duas vezes. A primeira, quando foge para o Egipto, procurando protecção contra a perseguição de Herodes. A segunda, quando, de volta a Israel, José se vê obrigado por Arquelao, filho de Herodes, a retirar-se com a sua família para Nazaré. Jesus é conhecido pelo nome de "Jesus de Nazaré", sua terra "de asilo" (VILLALPANDO, 1996: 36).

No século IV, os santuários cristãos foram reconhecidos pela primeira vez pelo Direito Romano e a sua protecção foi alargando-se progressivamente. No século VI, o imperador Justiniano – antecipando as leis modernas sobre asilo – limitou este privilégio aos indivíduos que não eram considerados culpados de crimes graves.

Na Idade Média, os grandes movimentos de povos na Europa levam ao controlo da imigração. Nesta altura, o asilo era um instituto comum em toda a Europa Ocidental. Com o Código Visigótico, podiam beneficiar de asilo os servos maltratados pelos seus amos, os devedores e os delinquentes. O refúgio nas Igrejas não implicava o fim das perseguições, mas uma suspensão da punição.

A prática do asilo foi mantendo-se ao longo dos séculos, mas foi ameaçada com o reforço do poder real que se verificou nas monarquias da Europa. Na Idade Moderna, o declínio do asilo religioso foi acompanhado pelo florescimento do asilo enquanto expressão da soberania do rei. Desde os primeiros tempos, o asilo tomou uma dimensão política e humanitária. À prática antiga, de acordar uma protecção interna (frequentemente temporária) nos lugares santos, e que reflectia o respeito pela divindade e pela Igreja, segue-se o asilo acordado pelos reis, repúblicas e cidades livres como uma manifestação de soberania (asilo soberano).

A partir do século XVI, o asilo religioso passou a ser contestado, tendo sido suprimido o asilo em várias igrejas da Europa Ocidental. Ninguém se podia eximir à execução da lei. Foi nesta altura que se registaram grandes movimentações de refugiados.

Até ao século XVIII, os refugiados políticos podiam ser extraditados. A Revolução Francesa aboliu esta prática, mas também provocou, ao mesmo tempo, um fluxo importante de refugiados. Os refugiados políticos tornaram-se mais numerosos do que as vítimas de perseguição religiosa. A Constituição francesa de 1793 reconheceu o direito de asilo àqueles que fugiram por terem lutado pela liberdade.[6] Com a evolução do direito e da organização político-social, o asilo passou a conceito político-jurídico e humanitário, laicizando-se. Os Estados que concediam asilo agiam em benefício da comunidade, respeitando o dever humanitário internacional que lhes estava incumbido. O asilo deixa de ser um acto de caridade e benevolência para com quem foge e passa a corresponder a um exercício de soberania. O asilo laico era uma prerrogativa da coroa que o podia ou não conceder. Contudo, a sua importância era ainda reduzida. Os refugiados não tinham nenhuma garantia quanto à expulsão, que permanecia um atributo de soberania dos Estados em relação ao qual não existiam quaisquer limitações. A protecção do refugiado era, por isso, uma possibilidade e não uma garantia.

Paralelamente, vários escritores e filósofos começaram a pronunciar-se a favor da liberdade de movimento. Hugo Grotius (1583-1645), também ele próprio refugiado, declarou na sua obra *De jure belli ac pacis* (Do Direito da Guerra e da Paz) a existência de direitos que pertencem em comum aos homens, tais como: o direito dos refugiados, expulsos do seu domicílio ficarem, temporariamente ou em residência permanente, noutro país; o direito dos estrangeiros não serem discriminados em razão da sua nacionalidade; e o direito às necessidades da vida, como alimentação, vestuário e medicamentos (GROTIUS, 1984: 509).

O asilo aparecia, assim, entre o "direito comum a todos os homens", onde Hugo Grotius refere que "não se deve recusar um morada fixa aos estrangeiros que, tendo sido expulsos do seu país, procuram asilo" (GROTIUS, 1984).

Hugo Grotius utilizou o termo "refugiado" de forma geral, para designar uma situação objectiva pela qual um indivíduo procura asilo em terra estrangeira. Mostrou-se favorável ao direito dos refugiados em obter asilo, na condição de que se submetessem ao governo estabelecido e que observassem as regras necessárias para evitar os conflitos. Distinguiu, no entanto, entre crimes de direito comum e crimes políticos. Segundo Hugo Grotius, o asilo devia ser concedido apenas "àqueles que foram vítimas de uma perseguição religiosa ou política" (AGA KHAN, 1976: 316).

---

[6] "A França dá asilo aos estrangeiros banidos da sua pátria pela causa da liberdade e recusa-o aos tiranos" – Artigo 120.º da Constituição Francesa de 1793.

A ideia de asilo, enquanto prerrogativa do Estado, é expressa com grande nitidez por Christian Wolff a propósito dos exilados: "Os exilados devem ser recebidos pelas nações às quais pedem um novo domicílio, a menos que haja razões particulares que se lhes oponham; quando essas razões são manifestas, eles não têm direito a obter...o domicílio que pedem; e, se eles experimentam uma recusa são obrigados a conformarem-se" (WOLFF, 1988: 21).

Emmerich Von Vattel[7] (1714-1768), um dos fundadores do direito internacional, considerava que um estrangeiro podia residir em qualquer país e transitar na condição de que não representasse nenhum perigo. Na sua obra "O Direito das Gentes...",[8] Von Vattel fazia várias alusões à situação que resulta quando alguém é obrigado a deixar o seu país: "Um homem, por ser exilado, não perde a sua qualidade de homem nem, por consequência, o direito de habitar qualquer parte da terra. Ele tem este direito da natureza, do seu autor, que destinou a terra aos homens para seu habitat (...)" (VATTEL, 1916: 223-233). Este autor favorecia a entrada de refugiados: "Caso seja recusado asilo aos fugitivos, estes poderão, com justiça, fixar-se no primeiro país onde encontrem terras em abundância sem privar os seus habitantes" (VATTEL, 1916: 125). Contudo, o Estado, segundo Vattel, apesar de não poder recusar asilo sem ter razões válidas, tinha o direito de ser prudente ("...todos possuem liberdade de decidir aceitar ou não quem se proponha entrar no seu território") (VATTEL, 1916: 234).

Se bem que o termo "direito de asilo" tenha aparecido por volta de 1725, a instituição de asilo continua até hoje a ser considerada como uma prerrogativa da soberania do Estado e não um direito individual à protecção.

---

[7] Foi durante algum tempo conselheiro diplomático do rei da Saxónia. Foi discípulo de Leibniz e de Christian Von Wolff, de quem será o divulgador. Exprime claramente o que se irá chamar mais tarde a "análise realista" da sociedade internacional.

[8] A obra de Vattel designa-se *Le Droit des Gens ou Principes de la Loi Naturelle Appliqués À la Conduite et Aux Affaires des Nations et des Souverains*.

1.2.2. Da Revolução Francesa ao Século XX

Embora a procura de asilo tenha sido uma prática seguida através dos tempos, o refugiado aparece na Europa moderna como produto de um fenómeno social distinto. A palavra é usada em França, em 1573, num contexto relativo à assistência prestada a estrangeiros vítimas de perseguição, designadamente, a milhares de calvinistas vindos dos Países Baixos. Em Inglaterra, o termo foi utilizado pela primeira vez, cerca de cem anos depois, por referência aos huguenotes[9], calvinistas perseguidos, vindos de França, por altura da revogação do Édito de Nantes, por Luís XIV, em 1685.[10] Essa revogação foi, aliás, o culminar de vinte longos anos de sistemáticos atentados dirigidos à comunidade reformista, muito embora, neste caso, o objectivo não tivesse sido tanto expulsar os calvinistas de França, mas forçar a sua conversão ao catolicismo. Até à revogação, os calvinistas representavam cerca de 4% do total dos franceses. Numa época de pleno mercantilismo, o Estado chegou mesmo a proibir esta população de emigrar, não evitando, contudo, que no período de 1685-1688, 120.000 dessas pessoas fugissem do país, atingindo um total de 200.000 em 1720 (COSTA, 1996: 57).

Com a Revolução Francesa, o número de refugiados ascendeu a cerca de 130 mil (5% da população total), dos quais 25 mil eram membros do clero, enquanto a Revolução Americana produziu, numa base populacional de cerca de 2,5 milhões de habitantes, um ratio de 24 refugiados por 1.000, um número cinco vezes maior do que em França (PALMER, 1959: 188).

Na Europa do século XIX, não obstante algumas crises ocorrerem em vagas – provocando fluxos de refugiados de grande dimensão – os constantes confrontos entre revolucionários e contra-revolucionários e as lutas entre os movimentos independentistas e as autoridades imperiais, mais do que criarem grandes concentrações, deram origem a um tipo de refugiado específico em virtude do seu trajecto político (COSTA, 1996: 59).

---

[9] Segundo Gunther Plaut, a palavra "réfugié", no século XVII, era sinónimo de huguenote na França e na Alemanha (PLAUT, 1995: 12).

[10] Em 1685, Luís XIV fez publicar o Édito de Fontainebleau que proibia o culto protestante. Mais tarde Friedrich Wilhelm publicou oi Édito de Postdam, convidando todos os refugiados a fixarem-se em Brandenburg. Para Grahl-Madsen, este último marca o início da tradição europeia de asilo (GRAHL-MADSEN, 1980: 3).

No início do século XX, trabalhadores e camponeses participaram activamente em movimentos radicais, sociais e políticos. A Revolução Russa, por exemplo, provocou o êxodo maciço de trabalhadores politicamente activos, que se exilaram em Inglaterra, em França e nos Estados Unidos da América; é de destacar igualmente o caso dos georgianos, dos azerbis e, em especial, dos arménios, todos eles tentando criar repúblicas próprias, unidas na federação transcaucasiana. Em 1921, os arménios viram o seu Estado ser dividido entre os vizinhos turcos e os soviéticos. Em consequência, mais de 200.000 pessoas acabaram por servir os desejos de vingança do novo Estado turco, mais interessado em erradicá-los, do que em subjugá-los.

1.3. A Instituição de Asilo e a Protecção dos Refugiados

1.3.1. *Entre as Duas Guerras Mundiais*

No período entre as duas guerras mundiais, os refugiados eram classificados na Europa por categorias de acordo com a sua nacionalidade, território do Estado que os perseguia, ou onde não tinham protecção diplomática. Com este tipo de definição "por categorias", a interpretação era simples e permitia determinar facilmente o estatuto de refugiado.

Após a II Guerra Mundial, como o problema dos refugiados não tinha sido resolvido, sentiu-se necessidade de um novo instrumento internacional que definisse o estatuto jurídico dos refugiados. Em vez de acordos *ad hoc* para situações específicas de refugiados, optou-se, como iremos ver, por um instrumento único contendo a definição geral dos indivíduos que deveriam ser considerados refugiados.

Na sua obra "The Evolution of Refugee Status in International Law: 1920-1950", Hathaway divide a construção jurídica do conceito de refugiado na Europa em três etapas, que correspondem às diversas formas utilizadas para tentar resolver os problemas colocados pela presença de populações deslocadas e/ou que se encontravam fora das fronteiras do seu Estado de origem (HATHAWAY, 1984: 348-380). Temos assim, segundo este autor: a abordagem jurídica entre 1921 e 1935, que visou facilitar a mobilidade internacional dos grupos que estavam privados da protecção formal dos seus governos; a abordagem social, entre 1935 e 1939, que definiu os refugiados como vítimas de acontecimentos sociais e políticos, procurando salvaguardar a sua segurança e bem-estar; e a abordagem individualista, entre 1938 e 1951, onde o refugiado é considerado alguém que, receando ser perseguido no seu país, deseja viver num outro país.

Abordagem Jurídica: 1921-1935

O actual direito dos refugiados foi essencialmente elaborado no período que se inicia em 1922, aquando da assinatura do Acordo de Genebra relativo à entrega dos certificados de identidade aos refugiados russos ("Passaporte Nansen") e termina com a adopção, a 14 de Dezembro de 1950, do Estatuto do Alto Comissariado das Nações Unidas para os Refugiados, seguido da assinatura da Convenção de Genebra de 28 de Julho de 1951, sobre o Estatuto dos Refugiados, que constitui hoje a "Carta" do Direito Internacional dos refugiados (CRÉPEAU, 1995: 57).

Os refugiados são pessoas que se viram forçadas a cortar os laços com o seu país de origem e que não podem contar com a protecção dos seus governos. É este último aspecto que os distingue de outros imigrantes, mesmo em situações críticas, e de pessoas com necessidade de assistência humanitária.

Como os refugiados não têm acesso à protecção legal e social que um Estado, em condições normais, devia oferecer aos seus cidadãos, a comunidade internacional teve que adoptar medidas específicas para poder dar resposta a esta situação. Este apoio conferido aos refugiados na resolução dos seus problemas existe apenas desde a criação da Sociedade das Nações (SDN).

O fenómeno dos refugiados no século XX começou em 1912 com as guerras balcânicas, assumindo dimensões mais preocupantes com a Revolução Russa e o fracasso da contra-revolução de 1917. Nesta altura, a assistência aos refugiados estava a cargo de organismos humanitários, como a Cruz Vermelha.

A Guerra de 1914-1918 provocou grandes alterações no mapa político da Europa e do Próximo Oriente. Assistiu-se ao desmantelamento dos impérios e à consequente criação de novos Estados, que não coincidiam com o mosaico de povos existente. Esta situação suscitou antagonismos que se tentaram minorar através da deslocação de populações.

A primeira demonstração da solidariedade internacional surgiu relacionada com o movimento de massas provocado, essencialmente, com a Revolução Russa e com a queda do Império Otomano. O fim do Império Russo, a instauração do poder bolchevique e a guerra civil que se seguiu, provocaram um imenso fluxo de refugiados, cerca de 2 milhões, que aumentou para 30 milhões de pessoas, quando a situação da Rússia se degradou durante o Inverno de 1921, devido à fome devastadora que atingiu este país[11]. Face à sua situação degradante, também os judeus da Europa Central e Oriental procuraram o caminho do exílio, tendo alguns imigrado para a Palestina (território que tinha ficado sob mandato britânico).

Em 1920, o mundo sofria ainda as consequências da Primeira Guerra Mundial que provocou na Europa e na Ásia Menor deslocações maciças de pessoas e uma herança de 1,5 milhões de refugiados e pessoas deslocadas, espalhadas por diversos países.

O Pacto da Sociedade das Nações não teve em conta o problema dos refugiados do pós-guerra e não instituiu nenhum mecanismo para combater o fenómeno.[12] Só em Agosto de 1921, depois de uma conferência dedicada a este tema, convocada por organizações humanitárias, é que a SDN decidiu nomear um Alto Comissário para os Refugiados. A responsabilidade coube ao Dr. Fridtjof Nansen[13], representante da Noruega na Sociedade das Nações que, desde 1919, dirigia em nome deste organismo a repatriação de prisioneiros de guerra de 26 países, principalmente, do Sudeste da Europa e da Rússia. As suas funções consistiam em definir o estatuto legal destes prisioneiros, organizar o seu repatriamento ou a sua "distribuição" por países aptos a recebê-los e prestar-lhes assistência com a colaboração de agências filantrópicas.

A SDN estabeleceu um modelo de acção internacional e criou vários instrumentos internacionais que interessavam aos refugiados nos anos 1920 e 1930. No entanto, sempre foi um lugar de fortes contradições. Os Estados membros criaram o lugar de Alto Comissário para tornar público

---

[11] Este fluxo de refugiados russos dirigiu-se principalmente para França. Era constituído por aristocratas e burgueses, russos brancos, e pessoas que fugiam à assimilação em territórios povoados de não russos. Estas pessoas eram várias vezes privadas de nacionalidade (ACNUR, 1996: Q.2).

[12] A SDN não comportou nenhuma regra respeitante aos refugiados, no entanto, organizou a primeira resposta internacional na matéria, quando 800.000 russos precisaram de ajuda em 1921 (ALLAND, 1997a), (BALOGH, 1949: 363-507).

[13] O Dr. F. Nansen é considerado o pai fundador do sistema internacional de protecção e de assistência aos refugiados. Nansen foi galardoado, em 1922, com o Prémio Nobel da Paz pelo seu trabalho em prol dos refugiados e pessoas deslocadas. Morreu a 13 de Maio de 1930 (GESULFO, 1996: 31).

uma intenção de agir, sem o querer. Nansen teve que procurar os fundos que necessitava para socorrer milhões de refugiados. O Alto Comissário funcionou assim com poucos recursos e numa atmosfera de desconfiança internacional.

Com a cooperação dos soviéticos, Nansen organizou o repatriamento de 400.000 prisioneiros e procurou assegurar aos refugiados a assistência de alguns Estados e agências voluntárias. Tratava-se de "reconhecer que certos indivíduos estavam privados da protecção do seu Estado de origem e que devido à falta de ligação a este, de direito ou de facto, eles não existiam face ao Direito Internacional" (IOGNA-PRAT, 1981: 15). As disposições dos tratados de paz e os conflitos negativos entre as leis de nacionalidade dos diferentes Estados sucessores do império austro-húngaro, provocaram 250.000 apátridas.

Uma das consequências práticas, resultava do facto deles não terem nenhum documento para circular ou para se fazerem admitir no território de outro Estado. Este último podia assim ter como pretexto a sua situação de "apátrida de facto", para os enviar para o país de origem. Tentando resolver este problema fundamental, enfrentado pelos refugiados e pessoas deslocadas, que consistia na inexistência de documentos de identificação reconhecidos internacionalmente, foram adoptados, em 1922, os primeiros instrumentos internacionais nesta matéria. Pelo Acordo de Genebra relativo à entrega de certificados de identidade aos refugiados russos, adoptou-se o primeiro texto internacional sobre refugiados.[14] Este certificado, documento de identidade especial destinado a quem não possuía outros documentos, foi designado por "Passaporte Nansen", e foi reconhecido por 52 países.[15] Hoje, é considerado o precursor do actual Documento de Viagem para Refugiados.[16]

---

[14] Um russo podia obter um certificado de identidade de refugiado, caso se encontrasse fora da União Soviética e se não tivesse obtido uma outra nacionalidade depois de ter deixado o seu país.

[15] O passaporte era válido por um ano e não permitia, salvo autorização especial, voltar ao país de origem, nem atribuía um direito de entrada no país onde o refugiado quisesse asilo, nem mesmo um direito de voltar ao Estado que lhe tinha concedido o certificado. Estas insuficiências foram sublinhadas na época. Só no artigo 2.º da Convenção de 1933 é que se faz da cláusula de regresso uma parte integrante do passaporte Nansen. Sair e voltar tornavam-se assim, livres. O Acordo de 1946 manteve o Passaporte Nansen para os refugiados "estatutários" (russos, assírios e arménios) e criou para os outros

Esta medida, primeiro reconhecimento de um estatuto jurídico para os refugiados, possibilitou que milhares de pessoas regressassem aos seus países de origem ou se fixassem noutros, e representou o início de uma longa série de medidas jurídicas internacionais, ainda actualmente em evolução, destinadas a proteger os refugiados. Originalmente criados para os refugiados russos, os "Passaporte Nansen" foram depois estendidos aos refugiados arménios do Império Otomano,[17] pelo Acordo de 31 de Maio de 1924, adoptado sob os auspícios da Sociedade das Nações.

Apesar de ter algumas insuficiências e de não conter nenhuma definição do termo "refugiado", o acordo de 1922 pode ser considerado como a primeira etapa para um estatuto jurídico do refugiado (ALLAND, 1997a: 27).

Depois da guerra turco-grega de 1922, o Alto Comissário ocupou-se de meio milhão de pessoas de origem grega que foram transferidos do Leste da Trácia e da Ásia Menor para a Grécia e de meio milhão de turcos que foram transferidos no sentido inverso[18]. A SDN disponibilizou fundos compensatórios para apoiar a reintegração de ambos os grupos, tendo este processo demorado cerca de oito anos a ser concluído (BEYER, 1996: 98).

O Alto Comissário procurou ainda dar assistência aos 40 mil arménios estabelecidos na Síria (que apenas se constituiu como Estado independente entre 1918 e 1920) que subsistiram às violências dos turcos e dos russos, aos búlgaros provenientes da Trácia e, à Hungria, que sofria na altura, um fluxo maciço de 400.000 Magyars.

(alemães e austríacos) um título de viagem análogo. Estes praticamente nunca foram entregues pelos Estados (GESULFO, 1996: 27).

[16] Estes Documentos de Viagem são descritos nos artigos 27.º e 28.º da Convenção relativa ao Estatuto dos Refugiados de 1951.

[17] Os arménios são uma "classe antiga" de refugiados, fenómeno provocado por diversos acontecimentos, de onde se destacam: as perseguições aos arménios cristãos na Turquia em 1864-1896 por Abdul Hamid; a política de assimilação turca no início do século; a recusa dos arménios do Cáucaso de se envolverem na Guerra da Turquia contra a Rússia; os massacres de 1915; o não respeito pelo Tratado de Sèvres de 1920; a política de Mustapha Kemal; e, os massacres dos anos 1920 (CRÉPEAU, 1995: 59).

[18] A guerra turco-grega terminou com a Convenção de Lausanne em 24 de Julho de 1923: um milhão de gregos são expulsos da Ásia Menor, onde estavam instalados há mais de 25 anos. A Trácia Oriental, incluindo Andrinopla, é recuperada e dá-se autorização ao novo Estado para remilitarizar os Estreitos no caso de ser envolvido num conflito armado (THIBAULT, 1979: 44).

A 1 de Janeiro de 1925, uma parte do pessoal do gabinete do Alto Comissário foi transferida para a Organização Internacional do Trabalho (OIT), de modo a poder ajudar mais adequadamente os russos e os arménios que procuravam trabalho.[19] No entanto, Nansen continuou a ser o responsável pelos assuntos legais e financeiros. A sua principal função consistia em proteger os grupos nacionais do Próximo Oriente, reagrupados sob a designação de "refugiados assírios e assimilados" que eram, sobretudo, refugiados apátridas, originários dos antigos impérios russo e otomano (ZARJEVSKI, 1988: 6).

Os Acordos de 1922 e 1924 foram melhorados e completados pelo Acordo de 12 de Maio de 1926 referente aos refugiados russos e arménios. Segundo este acordo

"é refugiado russo toda a pessoa de origem russa que não beneficie ou não possa continuar a beneficiar da protecção do governo da União Soviética, e que não adquiriu outra nacionalidade. É refugiado arménio, toda a pessoa de origem arménia que não beneficie ou não possa continuar a beneficiar da protecção do governo da República turca e que não adquiriu outra nacionalidade" (SDN, 1926: 47).[20]

Note-se que, a "origem russa" faz referência a uma origem territorial no seio do antigo império russo, enquanto a "origem arménia" faz referência à origem étnica.

Este Acordo de 1926, ao contrário dos anteriores que não previam um procedimento de eleição da qualidade de refugiado, criou um direito potencial dos refugiados ao permitir que estes se instalassem no país de acolhimento, no entanto, apenas foi aceite por 28 Estados.

Em 30 de Junho de 1928 foi concluído outro acordo que estendeu aos refugiados assírios, assírios-caldeus, assimilados e a certos refugiados turcos, o benefício de certas medidas tomadas a favor dos russos e dos

---

[19] Em 1929, a OIT, tendo considerado cumprido o seu mandato de encontrar trabalho para cerca de 601 mil pessoas, devolveu estas responsabilidades ao Alto Comissário.

[20] Na Europa, os refugiados arménios antes da guerra, que entravam na definição estipulada neste acordo, eram cerca de 115.000, e encontravam-se assim repartidos: França 63.000, Grécia 25.000, Bulgária 14.500, Roménia 6.000, Chipre 2.700, outros países 3.800 (VERNANT, 1953: 66).

arménios, nomeadamente, o "Passaporte Nansen" (SDN, 1928: 63).[21] Este acordo, a que aderiram 11 países, recomendava que os serviços normalmente prestados pelos consulados aos seus nacionais no estrangeiro deveriam, no caso dos refugiados, ser prestados por representantes do Alto Comissário da SDN.

Nos termos destes instrumentos (acordos), os refugiados de cada categoria eram definidos segundo a sua nacionalidade de origem ou o território que eles deixavam, e pela ausência de protecção por parte do país de origem. Este tipo de definição "por categoria" inspirava uma interpretação simples e permitia determinar facilmente a qualidade de refugiado.

Segundo este Acordo de 1928, era refugiado: "toda a pessoa de origem assíria, assíria-caldeu, assim como, qualquer pessoa que por assimilação de origem síria ou curda, não goze ou já não goze da protecção do Estado ao qual ela pertencia, e que não adquiriu ou não possua outra nacionalidade".

Também é definido "refugiado turco" nos seguintes termos: "toda a pessoa de origem turca, antes sujeita ao império otomano que, em virtude do Protocolo de Lausanne de 24 de Julho de 1923, já não tenha a protecção da República Turca, e não tenha adquirido outra nacionalidade".

Este Acordo de 1928, relativo ao estatuto jurídico dos refugiados russos e arménios, coloca desta forma as primeiras bases de uma protecção jurídica mais completa. Contudo, não tinha força obrigatória e constituía apenas uma recomendação.

Durante o período de reconstrução do pós-guerra, a Europa Ocidental, os EUA e os domínios do Império Britânico eram ainda terras de acolhimento, se bem que, cada vez mais, com restrições por parte dos diferentes Estados. Na Europa, era a França que acolhia a maior parte dos refugiados russos e arménios, assim como outras nacionalidades e apátridas: de 1918 a 1928 instalaram-se em França cerca de 1,5 milhões de refugiados (MATHIEU, 1991: 13).

Em finais da década de 1920, inícios da década de 1930, a crise económica minou o capitalismo e a democracia, provocando um nível de

---

[21] As pessoas visadas contavam 150 assírios instalados em Marselha, 19.000 assírios-caldeus instalados no Cáucaso e na Grécia, e 150 turcos, denominados "amigos dos aliados" instalados na Grécia e no Próximo Oriente, que não podiam regressar à Turquia em virtude do Protocolo da Declaração de Amnistia de Lausanne de 24 de Julho de 1923 (CRÉPEAU, 1985: 60).

desemprego sem precedentes. Assistiu-se à multiplicação de regimes ditatoriais que provocavam novos fluxos de refugiados[22]. Os refugiados encontravam mais resistência por parte dos países onde procuravam asilo. A amplitude do desemprego tornava ainda mais difícil a sua inserção e provocava actos de xenofobia e racismo.

A Sociedade das Nações instituiu sucessivas organizações e acordos para lidar com as situações que provocavam refugiados. Em 1931, surge o Gabinete Internacional Nansen para os Refugiados, como um organismo autónomo sob a tutela da SDN, responsável pela ajuda humanitária.

Perante a ineficácia dos acordos que constituíam simples recomendações e se revelavam insuficientes para regular a questão do estatuto jurídico dos refugiados, constatava-se a necessidade de uma convenção internacional formal. Nesse sentido, em Outubro de 1933, reuniu-se em Genebra uma conferência internacional, onde foi adoptada a Convenção relativa ao Estatuto Internacional dos Refugiados,[23] que consolidou os Acordos de 1926 e de 1928. A Convenção aplicava-se, não só aos refugiados definidos por estes acordos, como permitia também aos Estados alargar ou modificar as categorias dos beneficiários.[24]

Nesta convenção foram retomados os principais pontos do estatuto jurídico definido em 1928, mas com uma maior precisão em matéria de protecção social, estatuto pessoal, emprego, direitos sociais (ajuda social, seguro de saúde) e educação, restringindo a prática da expulsão.

Apesar de ter sido ratificada apenas por oito países, largamente insuficiente para a sua aplicação real, esta Convenção foi um dos primeiros instrumentos jurídicos internacionais relativos aos refugiados, que outorgou às pessoas sob a sua competência, uma condição similar à dos estran-

---

[22] Terminada a I Guerra Mundial assiste-se na Europa à "crise das democracias ocidentais". Era necessário procurar novas soluções para a crise económica e social que se vivia em vários países europeus.

[23] A Convenção entrou em vigor a 13 de Junho de 1935 entre a Bélgica, o Egipto, a França e a Noruega, com grandes reservas (SDN, 1938: 199).

[24] O artigo 1.º da Convenção de 1933 dispõe que: "A presente convenção é aplicável aos refugiados russos, arménios e assimilados, tal como foi definido pelos acordos de 12 de Maio de 1926 e 30 de Junho de 1928, sob reserva de modificações que cada parte contratante poderá trazer a esta definição no momento da assinatura ou da adesão" (ALLAND, 1997a: 29).

geiros privilegiados, tornando-se assim, num modelo para os instrumentos que se lhe seguiram.

A Sociedade das Nações definiu "refugiados" como sendo um grupo específico de pessoas que se consideravam em situação de perigo, caso regressassem aos seus países de origem. A lista de nacionalidades abrangidas foi sendo progressivamente alargada para incluir, entre outros, assírios, turcos, gregos, arménios, espanhóis, judeus austríacos e alemães. Começando com o problema dos documentos de identificação e de viagem, as medidas de protecção aos refugiados tornaram-se, com o tempo, mais abrangentes, vindo a contemplar um vasto leque de aspectos de importância vital para o seu quotidiano.

Abordagem Social: 1935-1939

Até aos anos 1930, a atenção recaiu sobre as vítimas da I Guerra Mundial. A preocupação consistia em assegurar-lhes uma protecção jurídica internacional, uma vez que eles tinham perdido a protecção estatal. Este foi o ponto central da Conferência de 1928, as "pessoas sem nacionalidade ou de nacionalidade duvidosa". Nesta altura, os indivíduos não eram sujeitos de direitos e obrigações. Não existia qualquer compromisso por parte do Estado, no acolhimento ou protecção daqueles que se encontravam no seu território, ou em permitir a sua mobilidade internacional, para que eles pudessem, a prazo, se estabelecerem num país de sua escolha. Era necessário fornecer-lhes, concretamente, os documentos de identidade e de viagem necessários à sua reinstalação.

A definição de refugiado indicada pelo Instituto de Direito Internacional em 1936, conota já um contexto sociopolítico:

> "Todo o indivíduo que, em razão de acontecimentos políticos processados no território do Estado de origem, deixou voluntariamente ou não este território, ou que não adquiriu nenhuma nova nacionalidade e não goze da protecção diplomática de nenhum outro Estado" (CREPEAU, 1995: 62).

O aparecimento do nazismo forçou as instâncias internacionais a preocuparem-se com aqueles que, beneficiando oficialmente da protecção jurídica formal do *Reich*, não eram efectivamente protegidos ou simplesmente queriam fugir ao regime. A Alemanha, membro da SDN, opunha-se a que a competência do Gabinete Nansen se lhe estendesse, considerando que tal significava uma interferência nos assuntos internos do país.

Em consequência, a SDN criou uma administração *ad hoc* com sede em Londres, separada de si, mas operando em coordenação (HATHAWAY, 1990: 137-139). Foi designado um Alto Comissário responsável pelos refugiados da Alemanha, o norte-americano James MacDonald, cujas funções consistiam em resolver os problemas referentes à protecção jurídica e política dos refugiados, procurando-lhes trabalho.

Quando o plebiscito de 13 de Janeiro de 1935 aprovou a ligação do território da Bacia do Sarre à Alemanha, cerca de 3.300 pessoas, dissidentes políticos e religiosos, refugiaram-se na França e no Luxemburgo, sendo-lhes atribuídos os "Passaportes Nansen". Os Sarrenses foram desta forma reconhecidos como refugiados pelo Conselho da SDN que lhes trouxe a sua assistência, mesmo antes deste ter sido avisado, quer das suas dificuldades em obter passaportes alemães, quer da ausência de protecção formal por parte do Estado alemão (SDN, 1935: 633).

A entrega dos documentos de viagem regulava parcialmente o problema dos refugiados provenientes da Alemanha, sem tocar na questão mais importante, o seu estatuto jurídico. Por isso, o Conselho da SDN convidou o Alto Comissário a organizar uma conferência intergovernamental com vista a assegurar aos refugiados provenientes da Alemanha um "regime de protecção jurídica".

Realizada em Genebra em 1936, a conferência adoptou o Acordo Provisório de 4 de Julho de 1936, referente ao estatuto dos refugiados provenientes da Alemanha, ao qual aderiram sete Estados (SDN, 1936). Segundo este acordo:

> "É considerado como refugiado proveniente da Alemanha, toda a pessoa que estando estabelecida neste país, não possui outra nacionalidade para além da nacionalidade alemã, e a respeito da qual está estabelecido que, de direito ou de facto, não goze da protecção do governo do *Reich*".

Mais tarde, em 1938,[25] foi adoptada a Convenção respeitante ao Estatuto dos Refugiados Alemães, que veio completar a de 1936 (SDN, 1938: 199). Ratificada apenas por três Estados,[26] a Convenção entrou em vigor em 26 de Outubro do mesmo ano.

---

[25] Em 1938 o Gabinete Nansen recebeu o prémio Nobel da Paz pela sua obra de assistência aos refugiados.

[26] Os três Estados foram: Dinamarca, França e Grã-Bretanha com várias reservas.

Segundo o seu artigo 1.º, os refugiados são:
"a) pessoas que têm ou tiveram nacionalidade alemã, e que não tiveram nenhuma outra nacionalidade, e a respeito das quais está estabelecido que, em direito ou em facto, não gozam da protecção do governo alemão", e "b) os apátridas não visados pelas convenções ou acordos anteriores que tenham deixado o território alemão onde se tinham fixado, e a respeito das quais está estabelecido que, de direito ou de facto, não gozam da protecção do governo alemão".

Apesar de retomar as disposições da Convenção de 1933, esta convenção comporta uma cláusula de exclusão para as pessoas que deixaram a Alemanha por razões de conveniência puramente pessoal (concretamente, razões económicas). Como afirma G. Melander, vê-se nesta cláusula um sinal da noção de "perseguição" que mais tarde foi incorporada nos instrumentos das Nações Unidas e que estabelece também que cada caso deve ser examinado numa base individual (MELANDER, 1987: 475).

As vantagens e os benefícios acordados aos refugiados alemães por esta convenção são semelhantes aos acordados aos refugiados russos e arménios pela Convenção de 1933, cobrindo os mesmos campos: permanência e residência no país de acolhimento, títulos de viagem, medidas administrativas, estatuto pessoal, direitos adquiridos, condições de trabalho, assistência e educação.

Em finais de 1938, em consequência do *Anchluss*,[27] o Conselho da SDN alargou o mandato do Alto Comissário aos refugiados provenientes da Alemanha. (SDN, 1938a).

A guerra fecha esta segunda etapa da elaboração do conceito contemporâneo de refugiado. Para lá da simples rectificação de uma anomalia do sistema jurídico internacional, causado pela retirada formal de protecção jurídica, faltou medir a dimensão social da questão dos refugiados. A protecção internacional abriu-se a categorias de pessoas ligadas entre si pelas causas do seu exílio, ou seja, pelos acontecimentos políticos e sociais da altura. Apesar de terem uma nacionalidade (alemã ou outra) acordando teoricamente uma protecção formal, tinha-lhes sido

---

[27] Em 15 de Março de 1938, Hitler entre em Viena e anexa a Áustria à Alemanha. Esta anexação é posteriormente confirmada pelo plebiscito de 10 de Abril desse ano.

retirada a protecção de direito. Gradualmente, foram sendo abrangidas pela protecção internacional, as pessoas que eram apátridas na Alemanha ou nos territórios anexados. Mesmo que eles não tivessem perdido a protecção nacional formal, já não eram protegidos, de facto, pelo Estado alemão. A diferença é notória em relação ao período precedente, durante o qual, apenas eram considerados refugiados, aqueles a quem tinha sido retirada a protecção formal, na consequência de acontecimentos resultantes da I Guerra Mundial.

Após 1918, apareceram várias instituições responsáveis pelos refugiados, que ajudaram a compreender melhor a dimensão da questão.[28] Também os acordos e as convenções assinadas no período entre as duas guerras foram importantes no desenvolvimento do direito internacional relativo aos refugiados. Contudo, como se tratavam essencialmente de recomendações sem força legal vinculativa, não eram consistentemente aplicados e acabavam por ser ratificados por um número muito limitado de Estados. Além disso, as convenções anteriores à II Guerra Mundial não comportavam cláusulas sobre a entrada de refugiados ou sobre as questões de reenvio para o país de origem.[29]

Abordagem Individualista: 1938-1951
Em 1938 alguns Estados decidiram criar uma organização fora da SDN, o Comité Intergovernamental para os Refugiados (CIR), cuja missão seria criar programas a longo prazo para os refugiados "actuais e potenciais" e procurar soluções para os problemas colocados pela imigração proveniente do *Reich*. Sendo independente da SDN, o Comité tinha também como missão, negociar com os países "produtores de refugiados" e examinar e coordenar as possibilidades de reinstalação dos refugiados.

---

[28] A sucessão de instituições e a sua simultaneidade, justaposição ou confusão das suas competências, apenas reflectem a oposição de interesses e os conflitos políticos do mundo nesta altura. A eficácia dos meios ressentia-se da dispersão e da fragmentação dos esforços. Há, no entanto, o reconhecimento do carácter internacional da tarefa a cumprir, apesar dos Estados cederem apenas o mínimo na sua liberdade de acção.

[29] A Convenção de Fevereiro de 1938 respeitante aos refugiados provenientes da Alemanha constitui um exemplo, já que os refugiados alemães podiam ser reenviados para a Alemanha sob certas condições.

O mandato do CIR (1938-1947) dizia respeito apenas aos indivíduos que tinham sido forçados a emigrar devido às suas opiniões políticas, crenças religiosas ou origem racial (HATHAWAY, 1990: 139).

O CIR tratava como refugiados as pessoas que, apesar de não terem deixado o seu país, necessitavam de protecção e de assistência. O critério de protecção internacional deixou de se basear na retirada, de facto ou de direito, da protecção estatal e passou a residir nas questões pessoais (políticas, religiosas ou raciais). Este critério pessoal era já próximo daquele que ainda hoje é utilizado. Houve desta forma um progresso do elemento ideológico na definição de refugiado, tomando-se necessária uma instância internacional permanente para se ocupar de todos os casos onde a "intolerância governamental" dá origem a refugiados.

Mas, nem o Alto Comissariado criado nesta altura, nem o Comité, foram capazes de gerir a sua tarefa. O receio de um grande fluxo de refugiados provocou um clima político de "porta fechada", que trouxe consequências graves em termos do tratamento que lhes era atribuído. A partir de 1939, uma só pessoa foi designada Director do Comité Intergovernamental e Alto Comissário.[30]

O mandato do CIR foi sendo paulatinamente alargado com a evolução dos acontecimentos. De início foi alargado aos Sudetas e, em Agosto de 1943, aquando da adopção dos seus estatutos definitivos, passou a incluir: "toda a pessoa que, em qualquer lugar que se encontre, por consequência de acontecimentos ocorridos na Europa, teve ou terá que deixar o seu país de residência em razão dos perigos que ameaçam a sua vida ou a sua liberdade, por causa da sua raça, religião ou opinião política"(CRÉPEAU, 1995: 68).

Em 1946, o mandato do CIR foi mais uma vez alargado, passando a abranger todos aqueles que "não queiram ou não possam voltar ao país da sua nacionalidade ou da sua antiga residência". Ainda mais tarde, a protecção do CIR estendeu-se aos refugiados que eram protegidos pelo Alto Comissário da SDN.

Paralelamente foi estabelecido um Comité de especialistas para os documentos de viagem dos refugiados que propôs o Acordo de Londres

---

[30] O primeiro director do Comité Intergovernamental para os Refugiados, Sir Herbert Emerson, era, igualmente, Alto Comissário da SDN para os refugiados (GOODWIN-GILL, 1983: 3-4).

de 15 de Outubro de 1946. Este referia-se à entrega de um título de viagem aos refugiados sob competência do CIR, e remetia os refugiados a quatro condições: que estivessem sob competência do CIR; que fossem apátridas ou não tivessem a protecção de nenhum Estado; que permanecessem regularmente sobre o território de um Estado; e que não tivessem direito a um título de viagem em virtude de um acordo ou de uma convenção anterior.

O CIR acabou por ser dissolvido em 30 de Junho de 1947. As suas competências foram retomadas pela Comissão preparatória da Organização Internacional para os Refugiados.

Durante a II Guerra Mundial, o Alto Comissariado reduziu a sua actividade devido à impossibilidade de trabalhar em território alemão. No decurso da guerra tiveram lugar consideráveis deportações de população. Sob o regime de Estaline, grupos sociais e étnicos foram deportados ou transferidos do Ocidente para Oriente da ex-União Soviética. Os Estados aliados preocuparam-se em dar assistência às vítimas da guerra, começando também a reconstrução das zonas devastadas pelo conflito. É neste contexto que surge um organismo especificamente responsável pela organização do regresso de vários milhões de pessoas aos países ou zonas de origem, denominado Administração das Nações Unidas para o Auxílio e Restabelecimento (UNRRA). Criada por 44 países, a UNRRA era uma organização internacional, cuja equipa reunia 5.200 pessoas de 32 nacionalidades diferentes (MARRUS, 1986: 320). Foi responsável pela organização da repatriação de todos os que desejavam e podiam voltar ao seu país de origem. O seu mandato consistia em "contribuir na assistência a pessoas que se encontram numa região controlada pelas Nações Unidas e deslocadas fora das suas pátrias devido à guerra, e de assegurar, de acordo com os Estados interessados, as autoridades militares ou outros organismos, o seu repatriamento ou o seu regresso" (VERNANT, 1953: 32).

O mandato do UNRRA incluía a protecção dos refugiados aos quais os direitos civis e políticos fundamentais tinham sido recusados e o seu consequente repatriamento.[31] No entanto, muitos mostravam-se cada vez

---

[31] A qualificação de refugiado estava ligada a provas concretas de uma perseguição (sem que este termo fosse ainda utilizado), salvo para as pessoas vítimas da legislação discriminatória nazi (HATHAWAY, 1990: 139).

mais relutantes em regressar ao seu país de origem, onde imperavam novas ideologias políticas. A sua relutância assinalou a emergência do maior problema de refugiados que iria dominar o período pós-guerra. Entre as razões que retardaram o repatriamento, encontram-se questões de ordem material, como o estado dos transportes e a fome, e de ordem psicológica, como o caso dos judeus (que perderam contacto com os seus países) ou o caso dos deslocados dos países de Leste que, receando represálias dos seus países, hesitavam em ser repatriados.

A II Guerra Mundial terminou com uma situação de refugiados caótica. Jacques Vernant estima que, no início de 1946, existiam cerca de 1.676.000 refugiados.[32] Em Julho de 1947, 1 milhão de pessoas tinha sido repatriado, mas encontravam-se deslocadas 650.000 (CRÉPEAU, 1995: 70). O movimento dos refugiados tomou uma nova amplitude: 30 milhões de europeus tinham sido transferidos ou deportados entre 1939 e 1943; 9,5 milhões de alemães foram expulsos da Polónia, Prússia Oriental, e Checoslováquia; e, em países como a Hungria, a Bulgária e a Roménia houve alterações profundas na composição das suas minorias nacionais (BONIFACE, 1999: 48).

A Ocidente, o grande problema consistia em absorver os milhões de novos fugitivos da Europa de Leste, em consequência do *Lebensraum*[33] (espaço vital), das ocupações do exército vermelho e da expulsão dos alemães étnicos.

A Carta das Nações Unidas, assinada em 1945, não comporta referências directas aos problemas dos refugiados e do asilo polí-

---

[32] Destes, 850.000 eram expatriáveis, 256.000 eram refugiados anteriores à guerra (russos, assírios, arménios, sarrenses), 320.000 eram refugiados sob mandato do CIR (refugiados da Alemanha, Áustria, Sudetas e republicanos espanhóis), e 250.000 eram pessoas directamente assistidas pelos diversos governos aliados na Europa, em África, e Próximo Oriente (VERNANT, 1953: 39).

[33] O conceito de *Lebensraum*, espaço vital, foi enunciado pelo alemão Ratzel, considerado o criador da geografia política. Por espaço vital entende-se não só, o espaço necessário à sobrevivência da comunidade como também, aquele que era considerado adequado à plena manifestação (concretização) do sentido do espaço. O sentido de espaço (*raumsin*), por sua vez, designava uma aptidão peculiar do "carácter colectivo" de cada povo para sentir e perceber o espaço, aptidão essa que, sendo diferente de povo para povo, conduzia a que o aproveitamento do respectivo território fosse também diferente (GOMES, 2000: 115).

tico.[34] Constitui, no entanto, a base do desenvolvimento sucessivo de instrumentos de direito internacional em matéria de direitos do homem e refugiados. Com os acontecimentos e atrocidades da II Guerra Mundial, reconheceu-se que era necessário restringir a autoridade do Estado para com os seus cidadãos, uma lição que levou à inclusão da protecção dos direitos do homem na carta (HATHAWAY, 1990: 140).

A assistência aos refugiados foi reconhecida como um assunto no âmbito da comunidade internacional. Os Estados, de acordo com a Carta das Nações Unidas, deveriam assumir a responsabilidade colectiva dos que fogem da perseguição e da ameaça à sua própria vida.

As Nações Unidas marcam, sem dúvida, um progresso no direito dos refugiados. Esta organização concretiza o desejo dos vencedores da guerra, cujo principal interesse consistia em manter a paz e a segurança colectiva na comunidade internacional.

Após a sua criação, aparecem os primeiros fundamentos internacionais e as primeiras instituições especializadas em refugiados, tal como a Declaração Universal dos Direitos do Homem (artigo 14.º) e o Alto Comissariado das Nações Unidas para os Refugiados (ACNUR).

Na agenda da primeira sessão da Assembleia Geral das Nações Unidas, em 12 de Fevereiro de 1946, o problema dos refugiados foi considerado tema prioritário. Nesta sessão, adoptou-se uma Resolução que reconheceu a importância do problema dos refugiados e estabeleceu as bases para o desenvolvimento da actividade das Nações Unidas a favor dos refugiados, tornando-se esta numa declaração de princípios (AGNU, 1946).

Nesta resolução considerou-se que:

"i) o problema dos refugiados (...) tem um carácter internacional;
ii) nenhum refugiado ou pessoa deslocada que (...) apresentar razões válidas para não voltar ao seu país de origem, será obrigada a fazê-lo. O destino destes refugiados ou pessoas deslocadas, será propósito de um

---

[34] Na Carta das Nações Unidas estão enunciados os objectivos e princípios das Nações Unidas, os quais devem reger a conduta dos seus membros nas suas relações recíprocas e em relação à comunidade internacional como um todo, proclamando os direitos fundamentais do homem, a dignidade, e o valor da pessoa humana, bem como a igualdade dos direitos dos homens e das mulheres.

organismo internacional que poderá ser criado, salvo se o Estado onde eles estão estabelecidos concluir com este organismo um acordo nos termos do qual ele aceite tomar a responsabilidade da sua protecção"; iii) a principal tarefa em relação às pessoas deslocadas consiste em encorajá-las e ajudar, de todas as formas possíveis, a voltarem rapidamente ao seu país de origem.(...) (...) nenhuma acção tomada em aplicação desta resolução será obstáculo à entrega ou castigo de criminosos de guerra (...) em conformidade com as convenções e acordos internacionais presentes ou futuros; (...)" (AGNU, 1946).

Dado o grande número de refugiados, em 1946, foi criada a Organização Internacional para os Refugiados (OIR), agência especializada não permanente das Nações Unidas que ficou responsável por todas as actividades relativas aos refugiados.[35]

A primeira preocupação da Organização foi o repatriamento dos refugiados e das pessoas deslocadas em consequência da II Guerra Mundial. Na ausência do repatriamento, a OIR facilitou a emigração e o restabelecimento em países de residência provisória e definitiva. Em qualquer dos casos, a OIR assegurava-lhes identificação, assistência e protecção jurídica e política facilitando o seu repatriamento ou reinstalação (MARRUS, 1986: 345).

Para a OIR, os refugiados eram todos aqueles que tinham sido perseguidos ou receavam vir a sê-lo, com base na raça, sexo, religião ou opinião política, e todos os que não queriam ou não podiam beneficiar da protecção do seu país de origem. O conceito de "refugiado" incluía as vítimas dos regimes fascistas, dos regimes colaboradores ou análogos, vítimas do regime franquista de Espanha, e todos aqueles que já o eram antes da guerra.[36]

---

[35] A OIR foi adoptada em 15 de Dezembro de 1946, por 30 votos contra 5 e 18 abstenções, e a sua comissão preparatória entrou em funções, tomando as atribuições da UNRRA e do CIR, quando oito Estados ratificaram a sua constituição, em 31 de Dezembro de 1946. Entrou em vigor a 1 de Julho de 1947 (HOLBORN, 1956). Ver também VERNANT, 1953: 41-42.

[36] A OIR definiu também na sua constituição que a elegibilidade da convenção se aplicaria a" todos os outros refugiados, apátridas "de jure" ou "de facto" que tinham, antes da guerra, a qualidade de refugiado, se bem que não fizessem parte de um categoria admitida e que tenham conservado esta qualidade apesar da evolução da situação" (GRAHL-MADSEN, 1966: 133-140).

Por sua vez, o conceito de "pessoas deslocadas" dizia respeito aqueles que "por acção das autoridades dos regimes nazi e fascista, foram obrigados a trabalho forçado, ou que foram deportados em razão da sua raça, religião ou opinião política" (GOODWIN-GILL, 1983: 8).[37]

Pela primeira vez, um instrumento internacional fazia referência à perseguição e aos seus respectivos motivos. Eram consideradas "objecções válidas": a "perseguição ou receio de perseguição, devido à raça, religião, nacionalidade ou opinião política"; as objecções de natureza política; e as razões imperiosas de família, de debilidade ou de doença (ALLAND, 1997a: 33). Não eram da competência da OIR: os criminosos de guerra; as pessoas que tinham que ajudar os inimigos; os criminosos de direito comum extraditados; e os membros de grupos terroristas ou hostis a um Estado membro das Nações Unidas.

O conjunto dos critérios de elegibilidade foi largamente criticado por ser complexo, rígido e por vezes restritivo, inspirando-se menos em princípios humanitários e mais no cuidado dos países de acolhimento em receber mão-de-obra jovem, válida e com experiência (ALLAND, 1997a: 33).

A OIR encarregada de tarefas materiais (segurança dos refugiados, transporte com vista ao seu repatriamento ou sua reinstalação, entre outras) foi conhecida como um "organismo *ad hoc*", que protegia os refugiados provenientes de países comunistas (MELANDER, 1987: 476). No entanto, ao operar deste modo, num período de crescente tensão Leste--Oeste, a OIR foi severamente atacada pelos Estados que reclamavam o repatriamento como solução ideal e consideravam a reinstalação como um meio de adquirir mão-de-obra barata, ou de oferecer abrigo a grupos subversivos que poderiam vir a ameaçar a paz mundial. Além disso, a reinstalação era bastante dispendiosa e suportada apenas por dezoito dos cinquenta Estados, então membros das Nações Unidas (ACNUR, 1994: 4). Contudo, a sua acção teve mérito. Desenvolveu padrões básicos para

---

[37] O termo "pessoa deslocada" que tem assim, os seus antecedentes no contexto da II Guerra Mundial, reapareceu em 1975, quando o ACNUR acordou a sua assistência aos refugiados e às pessoas deslocadas provenientes da Indochina. A aplicação deste termo refere-se actualmente às pessoas que não são consideradas cobertas pelo mandato clássico do ACNUR nos termos do estatuto de 1950, mas que necessitam de uma protecção internacional que lhes é atribuída na base de um mandato alargado.

lidar com migrações em larga escala e demonstrou o que se podia alcançar através de um esforço coordenado no quadro de uma agência internacional. Teve também um papel importante no campo da ajuda material (dadas as condições de pobreza geral do pós-guerra), procurando países onde a inserção dos refugiados fosse possível (assegurou a reinstalação de mais de um milhão de pessoas: 329.000 nos EUA, 182.000 na Austrália, 132.000 em Israel, 123.000 no Canadá, 86.000 na Grã-Bretanha e 38.000 na França) (VERNANT, 1953: 45). Contudo, estas estatísticas são difíceis de analisar e não exprimem a situação exacta dos refugiados no imediato do pós guerra. A sua classificação, segundo as categorias de refugiados e as suas datas de chegada é, de certa forma, impossível (CREPEAU, 1995: 73).

A OIR terminou em Janeiro de 1951, altura em que foi criado o Alto Comissariado das Nações Unidas para os Refugiados. Mas, só foi extinta em 28 de Fevereiro de 1952.

Com a esperança de resolver problemas económicos e sociais encorajando a imigração para países que careciam de mão-de-obra, alguns Estados criaram em 1952 uma organização cuja função consistia em facilitar o transporte e o estabelecimento de emigrantes, o Comité Intergovernamental para as Migrações Europeias (CIME). O CIME entrou em funções a 1 de Fevereiro de 1952,[38] e mudou de nome duas vezes: uma em 1980, passando a designar-se Comité Intergovernamental para a Migração e outra em Novembro de 1989, para Organização Internacional para as Migrações (OIM).

As funções do Comité consistiam em adoptar as medidas necessárias com vista a assegurar o transporte dos emigrantes (refugiados incluídos) de países europeus para países de imigração que estavam dispostos a recebê-los.

O CIME concluiu acordos com algumas sociedades de beneficência, nos termos dos quais, se comprometeu a ajudar na criação ou aumento dos fundos destinados a compensar os emigrantes pela sua partida. Concluiu ainda acordos com os Estados alemão, grego e italiano, que definiram as

---

[38] O Comité, em 15 de Novembro de 1952, era composto pelos seguintes Estados: Austrália, Áustria, Bélgica, Brasil, Canadá, Chile, Dinamarca, Estados Unidos, França, Grécia, Itália, Luxemburgo, Noruega, Paraguai, Países Baixos, República Federal da Alemanha, Suécia, Suíça, Venezuela (VERNANT, 1953: 54).

categorias de emigrantes a serem assistidos com prioridade.[39] Como o mandato do Comité estava estritamente limitado aos emigrantes originários da Europa, não podia financiar com os seus recursos, os movimentos dos refugiados de origem europeia que residiam fora da Europa.

Na sua origem, o CIME transportou cerca de 115.000 emigrantes para países além-mar, número que veio a diminuir devido a dificuldades administrativas e técnicas provocadas, em parte, pelas restrições que um certo número de países colocou em 1952, aos seus programas de imigração.

Este Comité teve um papel decisivo em reanimar o sistema através do qual a OIR restabeleceu 1 milhão de pessoas, e aliviou o trabalho do ACNUR. As agências voluntárias também deram uma importante contribuição (ZOLBERG et al., 1989: 80-81).

Outros dois organismos foram instituídos em 1950 pelas Nações Unidas: a Agência das Nações Unidas para a Reconstrução da Coreia (UNKRA),[40] que trabalhou até 1961 e a Agência das Nações Unidas de Socorro e Trabalho para os Refugiados da Palestina no Médio Oriente (UNRWA). Esta ocupa-se actualmente de cerca de dois milhões de refugiados palestinos que vivem na Jordânia, Líbano, Síria, Cisjordânia e na Faixa de Gaza. Entre as suas principais actividades constam, entre outras: a assistência sanitária, a instrução e a assistência básica aos refugiados palestinianos.

---

[39] Na Alemanha, estas categorias compreendiam os refugiados de origem alemã, os *Volksdeutsche*, os expulsos e os cidadãos alemães desempregados; na Grécia, os refugiados de origem estrangeira, os refugiados de origem étnica grega e os cidadãos gregos que, devido à guerra civil, se encontravam sem meios de subsistência, ou que estavam a cargo da assistência pública; na Itália, estas categorias compreendiam, sobretudo, os refugiados de origem estrangeira, os residentes das antigas colónias italianas, as vitimas das inundações do Vale do Pô e diversas pessoas que estavam a cargo da assistência pública (VERNANT, 1953: 56).

[40] A UNKRA tinha como objectivo socorrer os refugiados vítimas da Guerra da Coreia.

1.3.2. Após a II Guerra Mundial

1.3.2.1. Âmbito das Nações Unidas

A II Guerra Mundial, as alterações políticas na Europa de Leste e a tensão que se gerou na chamada Guerra-fria provocaram vagas sucessivas de refugiados. Estima-se que, em finais da década de 1950, existiam na Europa cerca de 1.250.000 refugiados, grande parte dos quais proveniente da Europa de Leste (CPR, 1994: 15).[41]

Conscientes de que o problema dos refugiados na Europa era grave e crónico, e que exigia uma atenção permanente, a Assembleia Geral das Nações Unidas, através da resolução 319 (IV) de 3 de Dezembro de 1949, criou o Alto Comissariado para os Refugiados com duas funções principais: assegurar a protecção internacional dos refugiados e procurar soluções permanentes para os seus problemas.

Goedhart J. Van Heuven, Alto Comissário durante a década de 1950,[42] concentrou os seus esforços principalmente na Europa, tratando de clarificar a situação dos antigos refugiados e de usar a sua influência para instalar os fugitivos que chegavam da Europa de Leste. Durante a Guerra-fria, o ACNUR assistiu entre 20.000 a 60.000 pessoas que chegavam por ano dos diversos países comunistas à República Federal da Alemanha, Áustria, Itália, Grécia e Turquia.

Apoiado nas suas funções por várias organizações internacionais, o ACNUR foi entendendo a sua acção humanitária num esforço conjunto com a comunidade internacional. Ao coordenar acções distintas de várias organizações, tanto em operações no terreno, como em países industrializados, foi fortalecendo a protecção e a assistência a refugiados, retornados e deslocados em todo o mundo. Algumas destas organizações pertencem ao Sistema das Nações Unidas como, por exemplo, a UNICEF, o Programa das Nações Unidas para o Desenvolvimento (PNUD), a Organização Mundial da Saúde (OMS) e a Organização Internacional para as Migrações.

---

[41] O maior êxodo que se conheceu na época, na Europa, foi o de 200.000 refugiados húngaros em 1956. Fora da Europa, a luta pela independência e as alterações políticas que se seguiram criaram também enormes fluxos de refugiados.

[42] Diplomata holandês, recebeu o Prémio Nobel da Paz em 1954.

Também várias organizações não governamentais participaram nas operações de socorro e nos programas de assistência jurídica do ACNUR.[43] Outros organismos, foram também solicitados a trabalhar com o ACNUR, dada a envergadura e a complexidade do problema.

Desde o inicio, a Assembleia Geral das Nações Unidas exortou os Estados a cooperar com esta organização "admitindo no seu território refugiados", sem referir de maneira específica a instituição de asilo (AGNU, 1950: parágrafo 2 c). Houve, no entanto, o compromisso por parte do ACNUR, em aconselhar os Estados na sua prática de asilo, através do diálogo e das conclusões do seu Comité Executivo (EXECOM). Esta prática tem sido visível, por exemplo, no acompanhamento e na orientação que o ACNUR tem dado a todo o processo de elaboração e preparação da construção de um sistema europeu comum de asilo.

Durante os trabalhos preparatórios da Convenção de Genebra (década de 1950), foram empreendidos esforços no sentido de introduzir uma disposição sobre a entrada de refugiados no território dos Estados, mas sem sucesso. Dada a falta de consenso nesta matéria, apenas se conseguiu que ficasse registado, no preâmbulo da Convenção, uma referência ao direito de asilo, reconhecendo a instituição de asilo como uma consequência do estatuto de refugiado.

Adoptada em 1951, a Convenção de Genebra é, ainda hoje, considerada a trave mestra das actividades de protecção do ACNUR. Enquanto tratado internacional vinculativo, este texto representa uma importante etapa do direito internacional relativo aos refugiados. Este instrumento jurídico com vocação universal foi complementado em 1967 com o Protocolo de Nova Iorque, que veio pôr fim às limitações temporais e geográficas da Convenção.

---

[43] É com as ONG que o ACNUR mantém o mais alto nível de cooperação. Enunciando algumas, temos: nos Estados Unidos, a CRS (Serviços Católicos de Auxílio), CARE (Cooperativa para o Auxílio Americano em Toda a Parte), IRC (Comité Internacional de Busca e Salvamento) e SCF; na Europa, a MSF (*Médecins sans Frontières*), SCF (*Save the Children Fund*), OXFAM; e, noutros países, LWF (Federação Mundial Luterana), CARITAS e numerosas Cruzes Vermelhas locais. O apoio das ONG ao ACNUR não se limita a tarefas operacionais no terreno. Nos países de asilo e doadores, as ONG apoiam a causa dos refugiados e ajudam-nos a integrarem-se localmente.

No plano do direito internacional, a Convenção marca, no seu conjunto, um progresso considerável em relação aos tratados anteriores.[44] Por um lado, alarga o conceito de refugiado e os seus respectivos direitos, e estabelece critérios no tratamento que é conferido aos refugiados. Por outro lado, ao contrário de todas as convenções e acordos anteriores, que eram sobretudo europeus, os signatários da Convenção representavam já vários continentes.

No espaço da União Europeia, um refugiado, reconhecido de acordo com o estatuto da Convenção de Genebra, tem direito a asilo seguro. Esta protecção vai para além da sua segurança física, ou seja, usufrui do direito de não ser devolvido ao país de origem e dispõe de assistência para encontrar uma solução permanente para os seus problemas (repatriação voluntária, integração local ou reinstalação). Só será expulso por razões "de segurança nacional ou de ordem pública" e apenas em execução de uma decisão tomada em conformidade com um procedimento que lhe garanta todos os direitos necessários à sua defesa.

Apesar de não ter como objectivo regulamentar a questão de asilo, a Convenção de Genebra tem um efeito a este nível. Os critérios que constam da convenção para a sua própria aplicabilidade são também aqueles que os Estados utilizam para acordar ou não asilo. Não se trata assim de conceder ou não asilo a um determinado indivíduo, mas saber se esse indivíduo corresponde ou não ao conceito de refugiado que consta da Convenção. Esta é, por sua vez, interpretada, mais ou menos de forma restrita conforme os interesses dos Estados e a conjuntura externa. A concessão de asilo é assim deixada ao critério de cada Estado.

É de destacar, no entanto, que a Convenção faz algumas referências ao direito de asilo, ao interditar as sanções penais para quem entrar e permanecer irregularmente num determinado país (artigo 31.°) e ao consagrar o princípio de *non-refoulement* e de não expulsão (artigo 33.°). Estas duas cláusulas são as únicas que limitam a liberdade soberana dos Estados no que respeita à instituição de asilo.

Ainda no âmbito das Nações Unidas, há alguns instrumentos internacionais que interessa destacar em matéria de asilo. Desde logo, a Decla-

---

[44] Foi a primeira vez que foi elaborado um estatuto internacional geral dos refugiados. Esta Convenção representa também uma ruptura em relação ao passado, onde existiam mais convenções e definições particulares de refugiados do que situações.

ração Universal dos Direitos do Homem, adoptada a 10 de Dezembro de 1948.[45]

Esta declaração contém elementos de dinamismo e de desenvolvimento, não podendo ser interpretada como sendo, unicamente, uma declaração que exprime uma certa manifestação moral pela protecção dos direitos humanos. Vários instrumentos fundamentais para a protecção destes direitos foram ulteriormente adoptados no espírito desta Declaração.[46]

Este célebre texto, composto por trinta artigos, foi influenciado pelas tradições francesas e anglo-saxónicas de consagração dos direitos do homem. De inspiração universalista, a Declaração refere-se à filosofia do Direito Natural ("Todos os seres humanos nascem livres e iguais em dignidade e em direitos") e aos princípios democráticos. Manifesta um certo individualismo e inscreve-se na tradição liberal, apesar de exprimir preocupações sociais. O catálogo dos direitos que proclama consagra mais direitos cívicos e políticos do que direitos económicos e sociais.

Enquanto Resolução da Assembleia Geral, o texto não tem, por si só, valor jurídico (não é vinculativo), mas tem, na prática, exercido uma grande influência, sendo referenciado e sido incorporado em numerosas ordens jurídicas nacionais, algumas delas, a nível constitucional (TOUSCOZ, 1989: 195).

Algumas das mais relevantes disposições da Declaração no que respeita aos refugiados, consistem na afirmação de que "Todo o indivíduo tem direito à vida, à liberdade e à segurança pessoal"[47] (artigo 3.°); na

---

[45] A Declaração Universal dos Direitos do Homem foi adoptada pela Resolução 217 A (III), da Assembleia Geral de 10 de Dezembro de 1948 (48 votos a favor, nenhum contra e oito abstenções: seis países do ex-grupo socialista, que consideraram o texto de inspiração muito liberal, a Arábia Saudita, que recusou admitir os direitos reconhecidos às mulheres pelo texto e a África do Sul, que não aprovou a condenação do apartheid).

[46] A nível universal temos o Pacto Internacional relativo aos Direitos Civis e Políticos e o Pacto Internacional Relativo aos Direitos Económicos, Sociais e Culturais, ambos aprovados pela Assembleia Geral em 16 de Dezembro de 1966 através da Resolução 2200 A (entraram em vigor, respectivamente, em 23 de Março e em 3 de Janeiro de 1976), e a nível regional, a Convenção Europeia de Salvaguarda dos Direitos do Homem e das Liberdades Fundamentais de 1950. O primeiro dos dois pactos, supra citados, tem dois protocolos facultativos, um de 1966, outro de 1989, este último especificamente dedicado à abolição da pena de morte (QUADROS; PEREIRA, 1993: 536).

[47] São elementos importantes para o exame da elegibilidade do estatuto do refugiado nos termos da definição da Convenção de Genebra, mas também para a

permissão de qualquer indivíduo deixar um país (artigo 13.°); e no direito de procurar asilo (artigo 14.°), referindo que "[T]oda a pessoa sujeita a perseguição tem o direito de procurar asilo e beneficiar de asilo noutros países". Ficou desta forma estabelecido um laço formal entre a protecção dos direitos do homem e a protecção dos refugiados.

Apesar de se tratar de uma declaração de intenções, a sua adopção foi significativa, já que foi a primeira vez que a comunidade internacional estabeleceu um código de conduta para a protecção dos direitos humanos básicos e das liberdades fundamentais de que devem beneficiar todos os homens, em qualquer parte do mundo, sem discriminação.[48]

É certo que não criou uma obrigação jurídica no sentido restrito do termo, no entanto, pela sua aplicação, conseguiu, gradualmente, obter um estatuto de fonte de Direito, mais importante que o da maior parte das resoluções e declarações emanadas da ONU.

Mais uma vez, a questão centra-se em saber a quem se dirige o direito de asilo, se ao indivíduo, se ao Estado. A resposta foi dada por várias vezes durante debates internacionais – o direito de asilo é um direito do Estado (WEIS, 1980: 152).[49] Segundo Grahl-Madsen, este direito significa, mais precisamente, o direito de admitir uma pessoa no seu território e permitir que fique; ou recusar a sua extradição, não a submetendo a um processo penal, nem restringindo a sua liberdade (GRAHL-MADSEN, 1972: 23). Na doutrina, considera-se que o asilo é um privilégio do Estado

---

determinação de outras pessoas que necessitem de protecção por motivo de violência generalizada.

[48] Alguns artigos desta Declaração que confirmam estas ideias são: o artigo 1.° "Todos os seres humanos nascem livres e iguais em dignidade e em direitos. Dotados de razão e de consciência, devem agir uns para com os outros em espírito de fraternidade"; o artigo 2.° "Todos os seres humanos podem invocar os direitos e as liberdades proclamados na presente Declaração, sem distinção alguma, nomeadamente de raça, de cor, de sexo, de língua, de religião, de opinião política ou outra, de origem nacional ou social, de fortuna, de nascimento ou de qualquer outra situação". Quanto aos direitos civis e políticos, estes estão especificados nos artigos 4.° ao 21.°. Os artigos 13.°, 14.° e 15.° têm especial relevância para os refugiados e para os requerentes de asilo. Dizem respeito, respectivamente, ao direito de deslocação e residência, ao direito a procurar e beneficiar de asilo e ao direito de nacionalidade. Declaração Universal dos Direitos do Homem, disponível em [afilosofia.no.sapo.pt/cidadania 1.htm]

[49] Segundo Paul Weis, trata-se da competência do Estado, que deriva da supremacia territorial.

em função da sua soberania, enquanto sujeito de direito internacional. E, até agora, os Estados têm tido grandes dificuldades em reconhecer este direito ao indivíduo (LEUPRECHT, 1988: 71).[50]

Para quem solicita asilo, o artigo 14.º da Declaração Universal refere o direito de "procurar asilo", resta-lhe, no entanto, encontrar o país que lho conceda. A este respeito, Soulier afirma que "Toda a terra está sob a influência do direito, mas não o direito do homem: o direito do Estado" (SOULIER, 1988: 104). O único direito à protecção universalmente reconhecido e que pertence ao refugiado, por direito internacional, é o de não ser reenviado para um Estado onde a sua vida ou liberdade possa estar em perigo (princípio de *non-refoulement*). Este representa uma restrição fundamental imposta ao Estado no exercício da sua soberania.

As situações de conflito que apareceram logo na década de 1950 (a crise na Hungria, a guerra na Argélia e as alterações políticas na China, entre outros), demonstraram que o ACNUR devia atender a situações novas, e não reduzir-se apenas àquelas pelas quais tinha sido criado. As causas de exílio destes e de novos grupos de refugiados não podiam ser relacionadas com acontecimentos ocorridos antes de 1951, como estava expresso na Convenção de Genebra. Como a função do Alto Comissário era protegê-los, a inadequação dos termos do mandato e da convenção tornaram-se flagrantes e dificultavam a sua acção. Neste sentido, a Assembleia Geral, na base do mandato, confiou ao ACNUR a resolução destas novas situações.

O apoio jurídico só apareceu vários anos mais tarde, com o Protocolo sobre o Estatuto dos Refugiados, assinado em Nova Iorque, a 31 de Janeiro de 1967.[51] Como o próprio documento o cita nas suas considerações: "desde que a convenção foi adoptada, surgiram novas situações de refugiados" e, como tal, era "desejável que todos os refugiados abrangidos na definição da convenção, independentemente do prazo de 1 de Janeiro

---

[50] Como verifica Leuprecht "...infelizmente, não existe em direito internacional um direito subjectivo ao asilo. Não existe o direito de um indivíduo receber asilo, mas unicamente o direito do Estado em concedê-lo ou não" (LEUPRECHT, 1988: 71).

[51] O Protocolo relativo ao estatuto dos refugiados foi adoptado pela Assembleia Geral da ONU na Resolução 2198 (XXI) de 16 de Dezembro de 1966 e assinado pelo Presidente da Assembleia Geral e pelo Secretário-geral em 31 de Janeiro de 1967. Entrou em vigor em 4 de Outubro de 1967 em conformidade com o artigo 8.º. Ver Anexo III.

de 1951, possam gozar de igual estatuto".[52] Neste sentido, o artigo 1.º (n.º 2) do Protocolo estipula que o "termo refugiado deverá...significar qualquer pessoa que caiba na definição do artigo 1, como se fossem omitidas as palavras "como resultado de acontecimentos ocorridos antes de 1 de Janeiro de 1951"." E, o artigo 1.º (n.º 3), enuncia que "o presente protocolo será aplicado pelos Estados sem qualquer limitação geográfica...". Esta evolução indica que em matéria de refugiados, o mundo não podia continuar a ser "eurocêntrico", dada a violação de direitos humanos noutras regiões do mundo. A Convenção devia, por isso, abrangê-las (COLLINSON, 1993:59-87).

O Protocolo de Nova Iorque tem uma dupla natureza. Serve de complemento da Convenção de 1951 para os Estados que já estavam envolvidos, e constitui um instrumento jurídico independente, ao qual os Estados podem aderir mesmo não sendo partes na convenção (apesar disso raramente acontecer). Estes comprometem-se a aplicar as disposições da Convenção aos refugiados que se enquadram na respectiva definição, mas sem considerarem a data limite de 1951. Se um Estado adere somente ao Protocolo, não há possibilidade de introduzir uma limitação geográfica mas, se aderir à Convenção e/ou ao Protocolo, pode fazer reservas aos artigos que entender inaplicáveis.[53]

Também no âmbito das Nações Unidas foi assinada em 1967 a Declaração das Nações Unidas Sobre Asilo Territorial.[54] Segundo Grahl-Madsen, este texto constitui, juntamente com a Declaração dos Direitos do Homem, o único texto com carácter universal sobre asilo territorial, com efeitos humanitários e jurídicos (GRAHL-MADSEN, 1980: 45). A declaração desenvolve diversas disposições de textos anteriores como, a

---

[52] Preâmbulo do Protocolo de Nova Iorque de 1967, relativo ao Estatuto dos Refugiados.

[53] O artigo 42.º da Convenção e o artigo 7.º do Protocolo indicam as reservas que os Estados podem fazer na altura da assinatura, ratificação ou acessão. Existem, contudo, certos artigos em relação aos quais não são permitidas reservas e que devem ser, como tal, aceites pelos Estados, nomeadamente: o artigo 1.º (conceito de "refugiado"); o artigo 3.º (não discriminação em virtude da raça, religião, ou país de origem); artigo 4.º (liberdade de crença religiosa); artigo 16.º (livre acesso aos tribunais); artigo 33.º (*non-refoulement*); artigos 36.º-46.º (informação sobre legislação nacional; disposições finais).

[54] Esta Declaração foi adoptada pela Assembleia Geral das Nações Unidas, em 14 de Dezembro de 1967 (Resolução N.º 2312 (XXII)).

Convenção Europeia de Salvaguarda dos Direitos Humanos e Liberdades Fundamentais de 1950 e o Pacto Internacional relativo aos Direitos Civis e Políticos de 1966.

A Declaração não utiliza o termo "direito" para não dar a impressão de se estar a reconhecer o direito de alguém a obter asilo. O termo "territorial" foi acrescentado para distinguir este género do asilo diplomático. A Declaração lembra que o asilo é concedido por um Estado, no exercício da sua soberania[55] e é considerado, por isso, um instrumento "conservador" (GRAHL-MADSEN, 1972: 102). Apesar da Declaração das Nações Unidas sobre Asilo Territorial fazer referência ao artigo 14.º da Declaração Universal dos Direitos do Homem, não cita a Convenção de Genebra.

A disposição mais importante deste texto consiste no artigo 3.º que enuncia o princípio de *non-refoulement,* De acordo com esta disposição "Nenhuma pessoa...será submetida a medidas tais como a recusa de admissão na fronteira ou, se já tiver entrado no território onde procura asilo, à expulsão ou ao *refoulement* para qualquer Estado onde corra risco de ser vítima de perseguição". Apesar de obrigar moralmente o Estado a não recusar a admissão de refugiados na fronteira, esta obrigação está limitada pelo carácter não obrigatório da Declaração. No entanto, convém mencionar que o reconhecimento da obrigação por parte da comunidade internacional em se ocupar dos refugiados, e a referência ao espírito de solidariedade internacional para partilhar os encargos que estes implicam, constitui uma manifestação política importante no domínio da cooperação internacional.[56]

Esta Declaração, adoptada por unanimidade, enuncia alguns conceitos como: soberania do Estado, quanto à concessão de asilo; qualificação dos factos pelo Estado de asilo; referência aos crimes contra a paz ou con-

---

[55] O Artigo 1.º declara explicitamente que: " O asilo acordado por um Estado, no exercício da sua soberania, a pessoas que invocam o artigo 14.º da Declaração Universal dos Direitos do Homem...deve ser respeitado por todos os outros Estados".

[56] O artigo 2.º desta Declaração refere que: "1. A comunidade internacional deve preocupar-se com a situação das pessoas visadas pelo parágrafo 1 do artigo 1.º, sob reserva de soberania dos Estados e dos objectivos e princípios das Nações Unidas. 2. Logo, que um Estado prove ter dificuldades em conceder ou continuar a dar asilo, os Estados devem, individualmente ou em comum, ou através da Organização das Nações Unidas, pensar nas medidas a adoptar, num espírito de solidariedade internacional, para minorar o "fardo" desse Estado".

tra a humanidade, como impeditivos do benefício de asilo; e, a reafirmação do princípio de *non-refoulement*. Refere também ideias essenciais como a partilha de "encargos" entre os países no que respeita ao acolhimento de refugiados e requerentes de asilo, o fluxo de refugiados e asilo provisório, que vieram a ser retomadas posteriormente nas conclusões sobre a protecção internacional dos refugiados adoptadas pelo Comité Executivo do ACNUR, o EXECOM. Este Comité pronunciou-se várias vezes a este respeito nas conclusões sobre asilo sem, no entanto, qualificar o conceito de asilo.

Em 1977, solicitou aos Estados a adopção de "práticas liberais acordando asilo permanente, ou pelo menos, temporário, aos refugiados que entram directamente no seu território..." e a cooperação "num espírito de solidariedade internacional" (EXECOM, 1977a). O conceito de asilo temporário tornou-se, frequentemente, a solução imediata em casos de urgência (EXECOM, 1980).

O respeito pelo princípio de *non-refoulement* no caso daqueles que correm o risco de ser perseguidos, "quer tenham sido ou não oficialmente reconhecidos como refugiados", foi uma das preocupações do Comité. Este procurou definir as exigências mínimas para os procedimentos nacionais de determinação do estatuto de refugiado, dando garantias jurídicas essenciais aos direitos dos que procuram asilo (EXECOM, 1977b).

O Comité Executivo pronunciou-se várias vezes sobre o asilo nas suas conclusões. Referiu explicitamente que "os Estados devem empregar tudo para conceder asilo às pessoas que lhes pedem de boa fé..." (EXECOM, 1979) e sublinhou "...a importância primordial do *non-refoulement* e do asilo, como princípios da protecção dos refugiados..." (EXECOM, 1981).

Tendo em conta o esforço que tem vindo a ser desenvolvido pela UE no que respeita à uniformização de regras sobre o asilo, o EXECOM defendeu que o tratamento dado, quer aos requerentes de asilo, quer aos refugiados no primeiro país de asilo, deve ser conforme "as normas mínimas humanitárias", que consistem basicamente na não-incriminação por permanência ilegal, gozo dos direitos civis fundamentais internacionalmente reconhecidos, concessão da assistência necessária e respeito pelos princípios de solidariedade internacional e partilha dos encargos, interdição dos tratamentos cruéis desumanos ou degradantes, princípio da não-discriminação, acesso à justiça, unidade da família e protecção de menores (EXECOM, 1982).

Reconhecendo os problemas colocados pelos pedidos de asilo manifestamente infundados ou abusivos, sobretudo na Europa (EXECOM, 1983), o Comité exprimiu as suas preocupações face às tendências restritivas no que respeita à concessão de asilo e à determinação do estatuto de refugiado, concluindo que "...a amplitude e as características actuais do problema dos refugiados e do asilo necessitam de uma reavaliação adequada das respostas internacionais...para fazer face às realidades contemporâneas" (EXECOM, 1990).

Num relatório em 1992 sobre o reforço da protecção internacional, o ACNUR referia que, apesar da "atenção tradicional sobre as necessidades do refugiado", a amplitude e a complexidade dos deslocamentos de população criaram uma tensão séria no que respeita à forma clássica de proteger os refugiados, enfraquecendo a solidariedade internacional e colocando em risco o princípio de asilo (AGNU, 1992: 32).

Dada a impossibilidade de concessão de asilo em situações de grande fluxo, o ACNUR e o EXECOM desde cedo aceitaram o asilo temporário (EXECOM, 1980) referindo, no entanto, mais recentemente, a necessidade de salvaguardar princípios fundamentais de protecção nestes casos (EXECOM, 2004).

Relativamente ao problema da protecção, ambas as instituições deram destaque à responsabilidade dos Estados que normalmente produzem refugiados, incitando ao repatriamento e à prevenção (EXECOM, 2005).

A protecção internacional dos refugiados nunca foi definida juridicamente num instrumento de direito internacional. No fim da década de 1970, na tentativa de elaboração de uma Convenção sobre Asilo Territorial,[57] procurou-se um compromisso entre o direito do Estado em outorgar ou recusar o asilo, e o dever humanitário de outorgar asilo. Enquanto que, uma minoria de especialistas se pronunciou a favor de um direito subjectivo ao asilo, a maioria defendia que a concessão de asilo era da competência do Estado. As reticências dos Estados em relação à perda da sua soberania absoluta no controlo da entrada no seu território, tornou impossível chegar a acordo nesta matéria.

---

[57] Para uma análise da realização da Convenção sobre Asilo Territorial, ver: WEIS, 1980: 151-171; GRAHL-MADSEN, 1980: 61-68.

O termo "protecção" comporta uma dimensão jurídica, uma dimensão política e uma dimensão humanitária (COLES, 1989: 3). No contexto da ONU, a evolução da competência do ACNUR em relação à protecção manifestou-se em várias resoluções. Em 1961, a Assembleia Geral fez referência às "acções" desenvolvidas em relação aos refugiados sob mandato e para as quais o ACNUR estendia os seus bons ofícios (AGNU, 1961). Com a conjuntura e o clima político da época, a questão da assistência material foi considerada "humanitária", uma vez que a protecção tinha sido considerada uma questão "política", e por isso, fora da competência do ACNUR (COLES, 1989: 131). Conscientes da necessidade de alterar esta interpretação, a Assembleia Geral atribuiu a tarefa humanitária de protecção internacional do ACNUR não só aos refugiados sob o seu mandato, como também, aos que não eram da sua competência (AGNU, 1969). Reforçando esta ideia, em 1973, solicitou ao ACNUR para "…prosseguir as suas actividades de assistência e de protecção a favor dos refugiados sob o seu mandato, bem como a favor daqueles a que oferece os seus bons ofícios, ou que é chamado a ajudar em conformidade com as resoluções pertinentes da Assembleia Geral".[58] De acordo com P. Hartling, estas resoluções demonstram que a Assembleia Geral reconheceu competência ao ACNUR para dar protecção às pessoas que *strictu jure* não eram cobertas pela definição da Convenção de Genebra, sem que tenha existido alguma emenda formal ao mandato que consta do Estatuto de 1950 (HARTLING, 1979).

Nos seus esforços de protecção, o fundamento jurídico do ACNUR apoia-se sobre o direito dos refugiados, os direitos do homem e o direito humanitário, tal como consta da Convenção de Genebra e do Estatuto de 1950 e de outros tratados multilaterais e regionais, incluindo o costume através, por exemplo, das resoluções sucessivas da Assembleia Geral, do Conselho Económico e Social e de Conclusões do Comité Executivo do ACNUR.

Segundo Goodwin-Gill, a responsabilidade de protecção do ACNUR não se encontra assim limitada ou circunscrita por tratados, mas estende-se, igualmente, a todos aqueles que necessitam de ajuda na procura de soluções para os seus problemas (GOODWIN-GILL, 1988: 157).

---

[58] Resolução 3143 (XXVIII) de 14 de Dezembro de 1973.

O ACNUR é encarregado de supervisionar o respeito pelos direitos do homem e do refugiado, e de dar protecção a quem precisa. Isto obrigou ao desenvolvimento do direito internacional nesta matéria. A prática mostra também que a maior parte dos Estados apoiaram os esforços das Nações Unidas no que respeita à protecção dos refugiados. Segundo Goodwin-Gill, a aprovação da extensão do mandato está intimamente ligada a um sentimento de necessidade dada a grave situação de refugiados em algumas partes do mundo. Para este autor, a falta de protecção criou um vazio que a comunidade internacional tratou de resolver recorrendo ao ACNUR (GOODWIN-GILL, 1989: 5). O sistema obteve assim flexibilidade, o que permitiu salvaguardar o seu dinamismo, indispensável ao exercício das funções de protecção. Para ser considerada eficaz, a protecção internacional deve basear-se na cooperação dos Estados e na aplicação dos princípios de solidariedade e de partilha, questões essenciais, independentemente da sua base jurídica.

Hoje, a definição de refugiado da Convenção de Genebra não cobre a maior parte da população que precisa de protecção internacional. Esta é constituída, maioritariamente, por vítimas de catástrofes provocadas pelo homem, não podendo voltar aos seus países sem colocar em perigo a sua vida ou liberdade.

O ACNUR, tal como já foi referido, procurou estender a sua protecção a todos aqueles que precisavam de ajuda, com base nas resoluções adoptadas pela Assembleia Geral a este propósito. Logo, os "refugiados sob a sua competência" passaram a ser não só, as pessoas que se encontravam fora do seu país de nacionalidade, como também, os que fugiam dos seus países em virtude de conflitos armados, revoluções internas ou situações de violação grave e sistemática dos direitos do homem.

O Comité Executivo do ACNUR reconheceu, no entanto, que apesar de ser internacionalmente aceite que estas pessoas devem beneficiar de assistência e de protecção do ACNUR na sua região de origem, não podem ser consideradas refugiadas. Aqui reside um dos aspectos mais difíceis do problema do conceito alargado de refugiado: a dependência da situação política e geográfica.

A divergência é ainda mais visível em relação ao conceito utilizado pelos Estados de refúgio, na sua avaliação do estatuto de refugiado, nos termos da Convenção de Genebra. Por um lado, a concessão da protecção dada sobre um determinado território e, por outro, o conceito de refugiado autorizado por esses mesmos Estados nos órgãos da ONU, no que respeita ao mandato do ACNUR. Para analisar esta divergência, assim como o desacordo internacional sobre o direito aplicável, o Comité Executivo do ACNUR tomou a iniciativa de estabelecer um grupo de trabalho de participação livre, para encontrar soluções e examinar a protecção a acordar aos indivíduos, a partir do conceito de refugiado definido pelo mandato do ACNUR.[59]

Passaram assim a ser avaliados em relação à definição de refugiado do mandato do ACNUR: os que eram visados pela Convenção de Genebra, pela Convenção da OUA e pela Declaração de Cartagena; os que eram obrigados a partir, ou impedidos de voltar para suas casas devido a catástrofes provocadas pelo homem ou catástrofes naturais ou ecológicas; as pessoas deslocadas no interior de um país e os apátridas.

As competências do ACNUR não são necessariamente as mesmas para a assistência e para a protecção. É mais fácil aceitar uma extensão do mandato em relação à assistência do que em relação à protecção. A assistência é sempre entendida como uma acção "humanitária", enquanto que, a protecção, pode ser considerada uma manifestação política e uma obrigação internacional para o Estado.

Com a evolução da situação, a Europa perdeu a primazia que tinha na década de 1950 sobre a questão dos refugiados. Instrumentos mais avançados foram estabelecidos noutras áreas do mundo para responder à mudança de natureza dos movimentos destes indivíduos.

As diferentes iniciativas regionais foram em diversas direcções, mas todas elas tiveram em conta a realidade regional em que se inseriam. Os continentes mais afectados pelo fenómeno do exílio em massa elaboraram instrumentos de direito internacionais que, apesar de terem um âmbito regional, alargaram a definição de refugiado e foram ao encontro das necessidades de protecção dos refugiados nessas zonas.

---

[59] Este grupo foi criado por uma iniciativa tomada a seguir a discussões informais, aquando de uma mesa redonda em San Remo em Julho de 1989, para examinar a relação entre os pedidos de protecção e as soluções eficazes para o problema dos refugiados.

1.3.2.2. No Âmbito Regional

Actualmente, para além da Convenção de 1951, do Protocolo de 1967 e do Estatuto do ACNUR, existe um conjunto de acordos, convenções e outros instrumentos regionais relativos aos refugiados, que constituem um avanço importante no direito dos refugiados.[60] Neste ponto iremos analisar alguns dos documentos mais importantes a este respeito nos continentes africano, americano e europeu, dando apenas destaque neste último, às recomendações do Conselho da Europa nesta matéria. A evolução do processo de harmonização da política de asilo no âmbito da União Europeia e a formação do sistema europeu comum de asilo será desenvolvido no terceiro e quarto capítulos deste livro.

Continente Africano

O fim da era colonial em África levou a sucessivos movimentos de refugiados. Em 1963, a Organização de Unidade Africana (OUA) determinou que era necessário um acordo regional para contemplar as características específicas da situação no continente africano. Neste sentido, a Conferência dos Chefes de Estado e de Governo da OUA, reunida em Adis-Abeba, adoptou, em 10 de Setembro de 1969, uma convenção para regular os aspectos específicos dos problemas dos refugiados em África, constituindo "o complemento eficaz da Convenção de 1951 das Nações Unidas sobre os Estatuto dos Refugiados" (Preâmbulo da Convenção da OUA, parágrafo 8). No preâmbulo consta a convicção de que "todos os problemas....do Continente Africano devem ser resolvidos no espírito da Carta da OUA e no quadro de África", e que a Convenção de Genebra de 1951, modificada pelo Protocolo de 1967, "constitui o instrumento jurídico fundamental e universal relativo ao estatuto dos refugiados...".[61] Afirma-se igualmente a exigência de uma estreita colaboração entre a OUA e o ACNUR para assegurar "a eficácia das medidas preconizadas pela presente Convenção, com vista a resolver o problema dos refugiados

---

[60] Como refere Danièle Joly, "há uma grande variedade de instrumentos internacionais/regionais e Declarações para regular uma grande variedade de situações dos refugiados, para além da Convenção de Genebra de 1951. Há cerca de 30 instrumentos internacionais e 20 instrumentos regionais referindo aspectos dos refugiados, em adição às numerosas resoluções do ACNUR" (JOLY, 1996: 15-16).

[61] Ver Preâmbulo da Convenção da OUA, parágrafo 8.

em África".[62] Não se tratou assim de criar um sistema africano à margem do ACNUR, mas de estender a protecção internacional a novas categorias de refugiados no continente africano.

Na origem desta Convenção encontrava-se o desejo de ultrapassar a limitação geo-cronológica da Convenção de 1951, que veio a caducar pelo Protocolo de 1967, e a vontade de traduzir a tradição africana de asilo, alargando os critérios materiais da definição de refugiado.

Com uma definição mais ampla de refugiado e disposições relativas ao asilo (artigo 2.º), ao repatriamento voluntário (artigo 5.º) e à proibição de actividades subversivas por parte dos refugiados (artigo 3.º), a Convenção da OUA constitui um instrumento jurídico de grande importância no que respeita aos refugiados.

A definição de refugiado da Convenção da OUA encontra-se dividida em duas partes: a primeira parte é idêntica à definição da Convenção de 1951 sem os limites temporais e geográficos; a segunda parte vai mais longe, estendendo a protecção às pessoas forçadas a deixar o seu país de origem "devido a agressão, ocupação externa, dominação estrangeira ou acontecimentos que perturbem gravemente a ordem pública, numa parte ou na totalidade do seu país de origem ou do país de que têm nacionalidade, seja obrigada a deixar a sua residência habitual para procurar refúgio noutro lugar fora do seu país de origem ou de nacionalidade".[63] Esta tratou-se de uma adição importante. Significa que, aqueles que fogem de distúrbios civis, violência e guerra tinham direito a reclamar o estatuto de refugiado nos Estados signatários desta convenção (ACNUR, 1996: 30). Já não se estava apenas perante a possibilidade de uma perseguição individual, mas perante acontecimentos de natureza geral que envolvem toda uma comunidade.

Esta Convenção foi inovadora em vários aspectos. A Convenção de Genebra de 1951 não possui nenhuma disposição que obrigue os Estados a acordar asilo aos que o solicitam. Reconhecer o direito de asilo, seria negar soberania aos Estados. Logo, ninguém tem direito a obter automaticamente asilo. Pelo contrário, a Convenção da OUA afirmava que "os Estados membros comprometem-se a fazer tudo o que estiver ao seu alcance, no quadro das suas respectivas legislações, para acolher os refu-

---

[62] Ver Preâmbulo da Convenção da OUA, parágrafo 11.
[63] Ver Convenção da OUA, artigo 1.º, parágrafo 2.

giados, e assegurar a instalação daqueles que...não podem ou não querem voltar aos seus países de origem ou de que têm nacionalidade".[64] Acrescentava que "a concessão do direito de asilo aos refugiados constitui um acto pacífico e humanitário e não pode ser considerado por nenhum Estado como um acto de natureza hostil".[65] Este conceito aplicava-se às situações onde a falta de protecção era provocada por perseguição e violência, perpetuadas pelo Estado em relação à sua população, ou por guerras civis, cobertas pela cláusula "...acontecimentos que perturbem gravemente a ordem pública...". Aplicava-se, igualmente, no caso "...de uma agressão, ocupação externa, dominação estrangeira...", o que significa logicamente, que admitia uma fuga por razões de agressão cometida, quer por um poder estrangeiro, quer pelas autoridades do próprio país. Como refere Hathaway, esta cláusula permitia tomar em consideração os factos e a realidade e não tanto as formalidades autoritárias estruturais de um país (HATHAWAY, 1991: 17).

Em matéria de *non-refoulement*, a Convenção da OUA indicava que "todo o refugiado a que não foi concedido o direito de residir num determinado país de asilo, poderá ser admitido temporariamente no primeiro país de asilo onde se apresentou como refugiado, aguardando que sejam tomadas disposições para a sua reinstalação...".[66]

Esta regulamentação no continente africano testemunha o desenvolvimento significativo do direito internacional e a preocupação de adaptação às necessidades específicas regionais, onde os êxodos maciços eram muito mais significativos do que os pedidos de asilo individuais. Uma determinação do estatuto de refugiado em termos individuais, e em contextos similares, não seria evidentemente possível.

Também alguns dos princípios codificados na Convenção da OUA foram fundamentais para o respeito pelos direitos humanos e do direito humanitário: o princípio da inviolabilidade (respeito pela vida, integridade física e moral), o da não-discriminação (fundada sobre a raça, religião, opiniões, etc.), e o da segurança (que interdita, entre outros, as represálias, as penas colectivas e a deportação). A estes convém acrescentar os princípios que devem ser respeitados no tratamento das vítimas de conflitos armados, que se encontram várias vezes na origem dos movimentos de

---

[64] Convenção da OUA, artigo 2.°, parágrafo 1.
[65] Idem, art. 2.°, parágrafo 2.
[66] Idem, art. 2.° ponto 5.

refugiados: os princípios de neutralidade (a assistência humanitária não constitui uma ingerência nos assuntos internos de um Estado) e de normalidade (as pessoas protegidas devem poder levar uma vida normal).

Apesar da generosidade do alargamento da definição de refugiado, os critérios da definição não cobriam, no entanto, todas as instâncias de imigração em África. O conceito não englobava as pessoas deslocadas no interior do país, e a quem as organizações humanitárias internacionais, como o ACNUR, tratavam de prestar assistência. Também não se referia às catástrofes naturais e económicas, restringindo-se apenas àquelas que eram provocadas pelo homem (HATHAWAY, 1991: 17). Esta delimitação foi inicialmente praticada de maneira análoga no sistema de bons ofícios da ONU mas, a partir de 1985, o ACNUR passou a ser competente para dar assistência humanitária aos que fugiam por uma combinação de catástrofes (provocadas pelo homem ou de causas naturais).

Todos os Estados africanos viam benefícios na existência desta Convenção. Esta referia o princípio da solidariedade entre eles em caso de fluxo maciço de refugiados (JOLY, 1992: 14). Enquanto potenciais Estados de origem e de destino de refugiados, este princípio revestia-se de uma enorme importância. Claro que, assentava na suposição de que os refugiados eram consequência das lutas de libertação e que regressariam a casa depois da independência, o que não se veio a verificar.

A Convenção da OUA influenciou a elaboração de outros acordos regionais como a Declaração de Cartagena sobre o alargamento do conceito de refugiado na América Latina. Suscitou ainda o desenvolvimento da questão dos refugiados "de facto" no seio do Conselho da Europa, e ajudou à tentativa de elaboração da Convenção sobre Asilo Territorial no âmbito da ONU, já mencionada.

Contudo, um dos problemas na protecção dos refugiados em África, ainda hoje, consiste na falta de legislação interna em conformidade com esta Convenção e a de Genebra. Na prática, a intenção destes instrumentos internacionais para a protecção dos refugiados nem sempre foi respeitada pelos Estados africanos.

Continente Americano
O direito de asilo tem uma longa tradição no continente americano. Caracterizado por várias perturbações de ordem política, económica e social, a concessão de asilo político foi desenvolvendo-se particularmente na América Latina.

Os primeiros textos remontam ao final do século XIX, como é o caso do Tratado de Direito Penal Internacional de Montevideu (1889), que especifica que o direito a asilo é inviolável para os exilados políticos. A este documento seguiram-se outros instrumentos jurídicos sobre asilo regional, diplomático e territorial, como o Acordo sobre Extradição assinado em Caracas em 1911, a Convenção de Havana sobre Asilo de 1928 e a Convenção de Montevideu de 1933 sobre o Asilo Político. No quadro da Organização dos Estados Americanos (OEA), foram adoptadas, em 1954, duas convenções, uma respeitante ao Asilo Diplomático e outra ao Asilo Territorial. Esta última, veio reafirmar o direito soberano dos Estados em conceder asilo e o dever dos outros Estados em respeitá-lo.[67] Defendia ainda a não extradição ou expulsão dos que eram perseguidos por delitos políticos.[68]

No continente americano, podemos referir igualmente, o Pacto de San José de Costa Rica (1969), ou a Convenção Americana relativa aos Direitos do Homem (também de 1969), que comportam, contrariamente ao seu equivalente europeu, disposições relativas ao direito de asilo. Nesta última, destaca-se o artigo 22.º sobre o "direito de deslocação e de residência" (parágrafos 7 e 8) que se refere ao "direito de procurar e de receber asilo" em caso de perseguição por delitos políticos, e ao princípio de *non-refoulement*.

Na Convenção Interamericana sobre Extradição analisaram-se as causas de recusa da extradição. Apesar de não restringir de nenhuma forma o direito de asilo, menciona apenas como causas de perseguição a raça, a religião e a nacionalidade.[69]

Os esforços de paz dos dirigentes da região, em particular do Grupo Contadora, deram origem à Acta de Contadora para a Paz e a Cooperação na América Central, em 20 de Outubro de 1984, a qual contém uma série de compromissos no que respeita aos refugiados e pessoas deslo-

---

[67] Ver Convenção de Caracas, artigo 2.º.
[68] Idem, art. 3.º e 4.º.
[69] O Artigo 4.º da Convenção Interamericana sobre Extradição de 1981 tem, como epígrafe, as causas de recusa de extradição, e o seu art. n.º 5 refere que "...intenção de perseguir o autor ou os autores da infracção por considerações de raça, religião ou nacionalidade, ou que a situação do indivíduo incriminado se arrisca a ser agravada por uma outra destas razões."

cadas.[70] Estes foram retomados na Declaração de Cartagena, adoptada em 22 de Novembro de 1984 por dez Estados da América Central.[71] Nesta Declaração, alguns países latino-americanos defenderam "...o carácter pacífico, apolítico e exclusivamente humanitário da concessão do asilo ou do reconhecimento do estatuto do refugiado" e sublinharam a importância do princípio internacionalmente aceite, segundo o qual, nenhuma destas medidas pode ser interpretada como sendo "um acto hostil para com o país de origem dos refugiados".

Baseando-se no conceito de refugiado da OUA, a declaração acrescentou o critério de "violação maciça de direitos humanos" que surge inspirada nas condições vigentes nos países do sul da América Latina durante os regimes militares autoritários (VILLALPANDO, 1996a: 45).

No espaço abrangido por esta Declaração os refugiados são considerados "...pessoas que fugiram dos seus países porque a sua vida, segurança ou liberdade foram ameaçadas por violência generalizada, agressão estrangeira, conflitos internos, violação maciça dos direitos humanos ou outras circunstâncias que tenham perturbado gravemente a ordem pública".[72]

Enquanto o conceito da OUA exigia apenas que alguém fosse obrigado a deixar o seu país, nesta Declaração, o conceito pode ser considerado ainda mais amplo. Tem em conta os refugiados *stricto sensu*, e todas as vítimas de problemas de ordem pública. A estes critérios acrescenta a "violação maciça dos Direitos do Homem" que pode ser usada para restringir a interpretação dos problemas de ordem pública.[73]

---

[70] Ver os artigos 58.º a 73.º do acordo citado, que estabelecem as bases de uma cooperação para a gestão do problema dos refugiados, sua protecção no respeito pelos direitos e liberdades e a procura de soluções para a eliminação das causas de exílio e, os artigos 74.º a 76.º, que procuram organizar a protecção e a assistência das pessoas deslocadas.

[71] Os dez Estados foram: Belize, Colômbia, Costa Rica, El Salvador, Guatemala, Honduras, México, Nicarágua, Panamá e Venezuela.

[72] Terceira Conclusão da Declaração de Cartagena.

[73] A Declaração de Cartagena responde assim a Goodwin-Gill, que tinha referido que a definição africana constituía apenas uma etapa na evolução potencial do conceito de refugiado: "Estabelecer que uma guerra civil terminou, que a lei e a ordem terminaram... é relativamente simples. A noção de falta de protecção é, contudo, potencialmente perigosa e chama a atenção para o assunto geral de que o Estado deve proteger e promover os direitos humanos" (GOODWIN-GILL, 1983: 46).

Embora proclame boas intenções no que se refere à América Central, esta Declaração não tem valor de tratado (não é formalmente vinculativa). Tem somente a força de uma opinião compartilhada internacionalmente, e nada trouxe à protecção dos pobres camponeses que abandonaram as suas aldeias e atravessaram fronteiras, fugindo aos conflitos que devastaram a região da América Central, no decurso dos anos 1980. Tornou-se, contudo, a base da política de refugiados na região e foi incorporada na legislação nacional de diversos Estados.

Em Cartagena reconheceu-se a amarga experiência de perseguição provocada pelos governos autoritários da América do Sul nos anos 1970 e 1980 e a necessidade de enfrentar a situação do refugiado como uma consequência dos diversos conflitos regionais que acabaram por despoletar naquela região.

A característica marcante da definição é, no entanto, o seu pragmatismo. A qualificação de perseguição é eliminada, mas as situações que merecem protecção internacional são definidas num contexto humanitário (CUÉLLAR, 1991: 488). Pela primeira vez, um instrumento internacional do direito dos refugiados contém uma referência explícita à violação dos direitos humanos. No entanto, como defende Hathaway, a partir do momento em que o refugiado sente que a sua vida, liberdade ou segurança estão ameaçadas, há já uma referência à violação dos direitos humanos em geral (HATHAWAY, 1991: 20-21). Logo, esta declaração não acrescenta nada verdadeiramente de novo. A mesma coisa acontece no que respeita à questão dos "conflitos internos" que, segundo o mesmo autor, não é mais que especificar princípios já estabelecidos. Toda a situação de "conflito interno" consiste numa perturbação de ordem pública sendo, por isso, coberta, quer pela Convenção da OUA, quer pela Declaração de Cartagena.

Hathaway coloca o direito internacional dos refugiados como uma parte do direito internacional dos direitos e liberdades do ser humano, definindo perseguição como uma violação constante ou sistemática dos direitos fundamentais, resultante da ausência de uma protecção estatal efectiva, e definindo o dever da protecção do Estado (HATHAWAY, 1991: 99-134).

A referência aos direitos humanos tem os seus méritos. Há, de facto, uma ligação entre os direitos do homem e o direito dos refugiados. Para aqueles que analisam o direito dos refugiados, esta ligação existe e é evidente na teoria. Contudo, na prática, na interpretação do conceito de "perseguição" da Convenção de Genebra, os direitos humanos, apesar de fundamentais, estão geralmente num contexto indirecto e dependente da interpretação daqueles que o aplicam. A doutrina argumenta e defende que as referências explícitas aos direitos humanos se deverão manifestar claramente em qualquer ocasião onde esteja em causa o direito dos refugiados, para se poder insistir sobre a importância da sua ligação.

A definição alargada de refugiado, quer da Convenção da OUA, quer da Declaração de Cartagena, contemplam com protecção internacional um grande número de pessoas que poderiam não estar abrangidas pela Convenção de Genebra de 1951, e que foram forçadas a deslocar-se devido a um conjunto complexo de motivos, como violação de direitos humanos, conflitos armados e violência generalizada. Este alargamento do conceito tem particular importância em situações de fluxo em larga escala, quando é geralmente impraticável analisar pedidos individuais do estatuto de refugiado. Tratou-se assim de incorporar novas realidades e de superar as condições materiais de uma intervenção de urgência, o que veio proporcionar uma flexibilidade na acção internacional em benefício daqueles que são forçados a fugir dos seus países. No entanto, introduziu uma nova complexidade no tratamento destas situações, uma vez que, quem for reconhecido como refugiado numa determinada região pode não o ser num outro lugar.

Além dos instrumentos regionais já referidos há ainda, no Continente Americano, a Declaração de S. José de 1994. Esta teve origem num Colóquio Internacional de Comemoração do 10.º Aniversário da Declaração de Cartagena sobre Refugiados. Reconhece que a Declaração de Cartagena é "um eficaz instrumento da protecção internacional",[74] no sentido de orientar a prática humanitária dos Estados e a influência exercida por esta "fora do âmbito da América Central, através da incorporação de algumas das suas disposições em normas legais e práticas administrativas de países latino-americanos".[75]

É ainda de salientar que, na primeira conclusão da Declaração, os Estados participantes reconheceram a "extrema importância da Declaração de Cartagena no tratamento das situações de refugiados que tiveram origem em conflitos ocorridos...na América Central". Ao afirmar a sua actualidade e importância, nomeadamente, dos seus princípios,[76] os Esta-

---

[74] Declaração de S. José, segundo Considerando.
[75] Idem, Nono Considerando.
[76] Idem, Segunda Conclusão.

dos consideraram necessário recorrer à Declaração de Cartagena "para encontrar respostas para os problemas pendentes e novos desafios surgidos na América Latina e nas Caraíbas em matéria de desenraizamento."[77]

Mais recentemente, no vigésimo aniversário da Declaração de Cartagena (Novembro de 2004), o ACNUR, juntamente com o Conselho Norueguês para os Refugiados, a Comissão Interamericana de Direitos Humanos, o Tribunal Interamericano de Direitos Humanos, o Instituto Interamericano de Direitos Humanos e os governos do Brasil, Costa Rica e México, analisaram conjuntamente os principais desafios que se colocavam à protecção dos refugiados de todos aqueles que precisavam de protecção internacional na América Latina. Concluiu-se que subsistem ainda situações que geram deslocamento forçado, particularmente na região andina, e identificaram-se algumas linhas de acção, concretamente, ao nível da formação de todos aqueles que lidam com os refugiados (funcionários públicos da fronteira e aeroportos, juízes, defensores públicos, entre outros), e na procura de soluções duradouras efectivas, como a repatriação voluntária.[78]

Continente Europeu

A nível regional, foi sobretudo na América Latina e em África que se criaram instrumentos obrigatórios. Na Europa, tudo se passou ao nível de recomendações e resoluções emanadas pelo Conselho da Europa, sem que nenhuma definição de asilo tivesse sido adoptada. No início dos anos 1990, a cooperação europeia inspirou novas iniciativas no sentido de uma harmonização da política de asilo, contudo, a instituição de asilo e a sua prática estão ainda subordinadas ao regime nacional de cada Estado membro.

Nesta parte, analisar-se-á apenas o trabalho empreendido pelo Conselho da Europa em matéria de asilo deixando, para os próximos capítulos, o processo de harmonização da política de asilo no âmbito da União Europeia.

---

[77] Idem, Primeira Conclusão.

[78] Ver a este propósito o Plano de Acção do México "Para fortalecer a Protecção Internacional dos Refugiados na América Latina", adoptado em 16 de Novembro de 2004. Disponível em [http://www.acnur.org/t3/fileadmin/Documentos/portugues/BD_Legal/Instrumentos%20Internacionais/Declaracao_e_Plano_de_Acao_do_Mexico.pdf]

O desenvolvimento da regulamentação relativa aos refugiados e ao asilo a nível europeu passou do Conselho da Europa para uma cooperação entre os Estados membros da União Europeia. No entanto, tal como afirma Christian Bruschi, o objectivo da União Europeia não é o mesmo que o do Conselho da Europa (BRUSCHI, 1990: 52). A União Europeia consiste num mercado homogéneo, onde os países membros tratam das questões relativas ao direito de asilo para se protegerem contra o fluxo de refugiados, enquanto que, o Conselho da Europa, dá prioridade à salvaguarda e ao desenvolvimento dos direitos do homem e das liberdades fundamentais. Composto por 47 Estados membros, o Conselho destaca-se enquanto fórum de países europeus, que pode contribuir para uma maior protecção da instituição de asilo não só na Europa, como também a nível internacional.

O Conselho da Europa, a mais antiga (1949) organização política do continente europeu tem, entre os seus objectivos, a defesa dos direitos do homem. Sob a sua égide, foi assinada a Convenção Europeia de Salvaguarda dos Direitos do Homem e das Liberdades Fundamentais, de 1950, que instituiu um sistema original de protecção internacional dos Direitos do Homem, proporcionando às pessoas, o benefício de um controlo judicial do respeito pelos seus direitos. A Convenção não contém directamente disposições sobre o direito dos refugiados, nem sobre o direito de asilo, mas parece evidente que, como a Convenção é aplicável a todos aqueles que se encontram no território dos países signatários, aplica-se igualmente aos refugiados e aos que pedem asilo. De entre os Protocolos adicionais à Convenção destacamos, em matéria de asilo: o Protocolo adicional n.º 4 (1963),[79] artigo 4.º, que proibe as expulsões colectivas de estrangeiros e o Protocolo adicional n.º 7 (1984),[80] artigo 1.º, que enuncia as condições de expulsão dos estrangeiros.

O papel do Tribunal Europeu dos Direitos do Homem, enquanto garante da salvaguarda, aplicação e interpretação da Convenção Europeia de Salvaguarda dos Direitos do Homem e das Liberdades Fundamentais, tem também sido relevante em matéria de asilo. Defende que, mesmo que o direito de asilo não esteja garantido enquanto tal na Convenção, as medidas de repatriamento podem causar problemas do ponto de vista do

---

[79] Entrou em vigor a 2 de Maio de 1968.
[80] Entrou em vigor a 1 de Novembro de 1988.

artigo 3.°, que proíbe a tortura e o tratamento desumano ou degradante, ou do artigo 13.°, onde se garante o direito a um recurso efectivo.

Enunciando algumas das recomendações, resoluções e acordos adoptados pelo Conselho da Europa que, directa ou indirectamente, referem a questão de asilo, destacamos:

- a Recomendação 293 (1961) da Assembleia Consultiva do Conselho da Europa, onde se propõe a introdução um artigo específico sobre o direito de asilo no segundo protocolo à Convenção Europeia dos Direitos do Homem;
- a Recomendação n.° 434 (1965) da Assembleia Consultiva do Conselho da Europa, relativa à "Aplicação do direito de asilo aos refugiados europeus", lembra que "o direito de asilo faz parte integrante do património comum que representa as tradições europeias", convida os Estados a respeitar o princípio de *non-refoulement*, oferecendo aos requerentes de asilo, pelo menos, um "asilo provisório", e invoca a Convenção Europeia de Salvaguarda dos Direitos do Homem e das Liberdades Fundamentais, mais concretamente, o artigo 3.° que interdita o tratamento desumano.
- a Resolução 14 (1967) do Comité de Ministros, sobre a concessão de asilo a pessoas ameaçadas de perseguição, onde se recomenda "mostrar um espírito particularmente liberal e humanitário para com as pessoas que procuram asilo nos seus territórios;" e "...assegurar que nenhuma pessoa sofra da recusa de admissão na fronteira, de expulsão ou de qualquer outra medida, que teria como efeito, obrigá-la a voltar ou ficar num território onde estaria ameaçada de perseguição devido à sua raça, religião, nacionalidade, da sua pertença a um certo grupo social, ou por causa das suas opiniões políticas";
- a Resolução 817 (1977) da Assembleia Parlamentar relativa a certos aspectos do direito de asilo, e a Declaração relativa ao asilo territorial do Comité de Ministros, vieram apoiar o conteúdo da Resolução 14, pedindo ao Comité de Ministros para apelar aos Estados membros para que reconhecessem a competência da Comissão Europeia dos Direitos do Homem em analisar os pedidos individuais e mantivessem a sua atitude liberal face às pessoas que procuram asilo no seu território. A Declaração do Comité de Ministros foi adoptada depois do fracasso da Convenção sobre o

asilo territorial e visava reafirmar as regras existentes, manter a atitude liberal, e considerar o asilo como acto pacífico e humanitário; e o direito de conceder asilo a todos aqueles que correspondem à noção de refugiado expressa na Convenção de Genebra, ou consideram "dignas de receber asilo por razões humanitárias";
- o Acordo Europeu sobre a Transferência da Responsabilidade relativa a Refugiados (1980) e a Recomendação sobre Harmonização de Procedimentos Nacionais Relativos ao Asilo (1981);
- a *Recomendação* relativa à Protecção de Pessoas que satisfazem os Critérios da Convenção de Genebra e que não são Formalmente Reconhecidas como Refugiados (1984);
- a Recomendação 787 (1986) da Assembleia Parlamentar do Conselho da Europa, que institui a harmonização em matéria de elegibilidade em conformidade com a Convenção de Genebra e com o Protocolo de 1967, relativos ao Estatuto de Refugiados.
- a Recomendação 1088 (1988) relativa ao direito de asilo territorial, alínea 6, onde a Assembleia Parlamentar exprime o seu desejo de "...salvaguardar plenamente o direito ao asilo territorial", o que mostra vontade em perseguir os trabalhos de harmonização do direito ao asilo territorial nos Estados membros do Conselho da Europa.
- a Recomendação 1237 (1994) relativa à situação dos pedidos de asilo indeferidos, onde a Assembleia Parlamentar manifestou o direito de toda a pessoa "...perante a perseguição ou quando a sua vida ou integridade estejam ameaçadas, procurar e beneficiar de asilo". Mas constatou igualmente que "...em virtude do princípio da soberania nacional, a decisão de conceder asilo cabe ao Estado de acolhimento".

A defesa da uniformização em matéria de elegibilidade do estatuto de refugiado, por parte do Conselho da Europa, tornou-se particularmente importante. Dada a diferenciação de procedimentos e de interpretação entre os Estados europeus no que respeita à instituição de asilo e ao refugiado, é ainda hoje difícil solucionar alguns dos problemas que persistem nestas matérias.

2. A INSTITUIÇÃO DE ASILO ENQUANTO PRERROGATIVA DO ESTADO

O asilo é, como vimos, de tradição imemorial. A I Guerra Mundial trouxe a necessidade de uma acção coordenada de ajuda aos refugiados, de maneira a permitir deslocarem-se de forma ordenada, protegendo as fronteiras dos Estados ocidentais contra o fluxo incontrolado de refugiados. Por sua vez, as consequências da II Guerra Mundial tornaram necessária uma reavaliação do tratamento acordado aos refugiados e obrigaram a uma universalização do conceito de refugiado. Os resultados da descolonização sublinharam a necessidade de uma mundialização de meios para atenuar e prevenir as misérias de vários povos. Os meios de comunicação, os transportes e o crescimento das economias ajudaram a promover um maior fluxos de requerentes de asilo. A decisão de concessão ou recusa de asilo, acto soberano do Estado, passou a estar ao serviço de objectivos, como o de bloqueamento dos fluxos de imigração indesejável.

Nenhum texto internacional obriga o Estado a receber no interior das suas fronteiras um refugiado que não deseje. Mesmo estando no país de acolhimento, o refugiado não é protegido contra o reenvio para o seu país de origem; a Convenção de Genebra interdita apenas certos casos precisos de reenvio. O asilo territorial é uma realidade, mas expressão da soberania territorial dos Estados.

Os Estados europeus, ao adoptarem nos últimos anos uma série de medidas jurídicas, administrativas e técnicas, destinadas a evitar e a diminuir os fluxos crescentes de imigração incontrolada, alteraram o significado da instituição de asilo. De forma a limitar ao máximo a aplicação do Direito Internacional dos refugiados aos que procuram asilo, invocaram a sua prerrogativa soberana de controlo das fronteiras e, em particular, o seu poder soberano de asilo, para recusar a sua permanência. O objectivo era, desta forma, filtrar os requerentes de asilo antes que estes pudessem concretizar o seu pedido, isto é, recusar a priori o pedido de asilo sem sequer os analisar. Uma recusa de asilo ou de estatuto de refugiado leva depois à expulsão do território e ao reenvio para o país de origem. É aqui que o conceito de asilo é pervertido. Os Estados europeus ao controlarem discricionariamente os pedidos de asilo que são formulados no seu território, permite-lhes reenviar rapidamente o requerente de asilo para o país de origem com fundamento num determinado critério, sem despesas com o alojamento ou com procedimentos administrativos.

Esta prática de eliminação a priori permite proteger os Estados dos fluxos de refugiados. Esta estratégia, objecto de uma cooperação colectiva e activa, limita no âmbito da União Europeia, o acesso ao território comum. Estabelece aquilo que foi várias vezes designado de "cordão sanitário", à volta da "fortaleza ocidental", constituindo um obstáculo ao desenvolvimento do direito internacional dos refugiados. Ao estabelecer mecanismos repressivos, dissuasivos ou preventivos, destinados abertamente a bloquear os fluxos de requerentes de asilo, os países ocidentais violam a sua "obrigação" de direito internacional geral de respeitar o "direito de procurar asilo", que consta, como vimos, da Declaração Universal dos Direitos do Homem de 1948, da Declaração das Nações Unidas sobre o Asilo Territorial de 1967, e da obrigação em cooperar com o ACNUR, tal como consta da Convenção de Genebra de 1951.

Na Europa, o direito de asilo sofreu as consequências da sua vinculação com o problema – muito mais generalizado e tecnicamente distinto – da imigração. Como já foi referido, os imigrantes, que saem dos seus países de origem por razões estritamente económicas, vêem-se muitas vezes obrigados a recorrer ao direito de asilo como meio de ultrapassar a legislação restritiva existente. Esta situação, se bem que humanamente compreensível, prejudica os verdadeiros refugiados.

A ausência de harmonização internacional a este respeito tem provocado inúmeros problemas aos que necessitam verdadeiramente de protecção. Os Estados para se protegerem dos grandes fluxos de refugiados, foram aumentando as restrições à entrada no seu território que, apesar de não serem necessariamente contrárias à carta da Convenção de Genebra, são contrárias ao seu espírito. Na ausência de um regulamento internacional obrigatório no que respeita ao direito de asilo, este deve ser examinado à luz dos instrumentos universais e regionais que existem.

Enquanto referência para várias regiões do mundo, a forma como a UE trata esta questão tem reflexos directos na forma como outros países e regiões também lidam com o problema dos refugiados. Como se podem convencer os países pobres a aceitar refugiados, se os mais ricos lhes "fecham as portas"? O que a Europa decidir nesta matéria influenciará de forma decisiva a decisão e a boa vontade dos países de África e da América Latina para com os refugiados.

Quando um pedido de asilo é formulado, o Estado em questão escolhe, normalmente, entre duas opções: analisar a elegibilidade do candidato, acordando provisoriamente o acesso ao território àquele que pretende o asilo; ou impedir o seu acesso ao território, tendo em consideração, por exemplo, a aplicação do princípio de primeiro país de asilo (primeiro país onde solicitou asilo). Neste caso, o requerente é conduzido para o Estado considerado responsável pela análise do seu pedido.

O efeito positivo da primeira opção é, consoante a legislação interna, a possível concessão de asilo a quem o solicita, tornando-se desta forma refugiado. Na maior parte destes casos, o asilo é outorgado pelos Estados membros da Convenção de Genebra como solução permanente.

A protecção daqueles que não preenchem os critérios definidos pela Convenção de Genebra, mas que correm riscos similares aos dos refugiados, é obtida através de uma espécie de permissão para residir por razões "análogas às dos refugiados", ou por razões "humanitárias". Esta solução tende a ser temporária, ou seja, aplica-se enquanto a situação no país de origem dos refugiados se mantiver perigosa. Foi o caso de todos os que fugiram do conflito na ex-Jugoslávia entre 1992 e 1995. Os Estados europeus não lhes atribuíram o estatuto de refugiado, mas permitiram que ficassem temporariamente no seu território até a situação ficar resolvida.

2.1. A Soberania dos Estados

O princípio da soberania territorial dos Estados é um dos princípios fundamentais do direito internacional público contemporâneo e inclui a possibilidade de controlar a entrada de estrangeiros no território de um Estado ou de os reenviar para o seu país de origem. A concessão de asilo é uma manifestação reconhecida e um exercício legítimo, que pode nascer tanto do sentimento de um dever moral, como de considerações de simples conveniência política.

Tal como já foi referido, nenhum texto internacional comporta uma definição de asilo. A protecção é entendida como conceito central do direito de asilo e é acordada em virtude de um texto de direito internacional (direito convencional dos refugiados) ou pelo simples exercício de soberania estatal (asilo propriamente dito).

Assim, enquanto exercício de soberania estatal, o direito de asilo é, em direito internacional, o direito que um Estado tem em conceder protecção sobre o seu território a alguém que o solicita. Não é o direito de alguém em obter asilo ou ter direito a asilo. Este exercício de soberania pode tomar várias formas junto do requerente de asilo: autorização para entrar ou ficar no território; ou recusa da sua expulsão ou da sua extradição.[81]

Acto soberano, a concessão de asilo é, para o Estado de asilo, um simples cumprimento dos seus deveres de humanidade, um gesto humanitário que não o faz incorrer em nenhuma responsabilidade internacional e que deve ser respeitado por todos os outros Estados. Qualquer Estado pode conceder asilo a um indivíduo segundo os critérios que determina, sem nenhuma outra limitação, excepto as que assumiu voluntariamente em virtude de convenções internacionais (por exemplo, as convenções de extradição e de repressão do terrorismo ou o direito internacional relativo aos crimes de guerra e aos crimes contra a humanidade).

Muito cedo se tratou saber se, para além do direito de procurar asilo existe um direito em obter asilo. Nenhuma regra de direito internacional tem este efeito. Assim sendo, através de instrumentos bilaterais ou multilaterais, os Estados obrigam-se mutuamente a certos comportamentos no que respeita aos cidadãos de outros Estados e, através de resoluções ou declarações, em diversos fóruns, em que estes se comprometem, moral e politicamente, a certas condutas.

Se as restrições previstas pelos tratados de extradição e as cláusulas de *non-refoulement* previstas nas convenções respeitantes aos refugiados, são ainda insuficientes para garantir a um indivíduo o direito de entrar ou de se manter no país de asilo, textos mais recentes incluem no princípio de *non-refoulement*, a interdição da recusa de admissão à fronteira, regra que poderá, eventualmente, obrigar um Estado a receber um requerente de asilo (GRAHL-MADSEN, 1980: 41-42).

---

[81] GOODWIN-GILL refere que "O Estado é que decide como exercer o seu direito, a favor de quem, e a forma e conteúdo do asilo a ser concedido" (GOODWIN-GILL, 1992a: 121).

A eventual obrigação do Estado em acolher um refugiado provém dos próprios Estados, partes integrantes dos instrumentos internacionais, que impõem essa obrigação, e não do indivíduo que requer asilo. Neste sentido, os sujeitos da relação internacional, comportando um eventual direito ao asilo, não serão o indivíduo e o Estado de asilo, mas o Estado de origem e o Estado de asilo. Mesmo em caso de concessão de asilo, o Estado de acolhimento não está comprometido com nenhuma norma particular de tratamento do requerente de asilo: a sua protecção pode limitar-se a um simples não-reenvio para o país de origem, não existindo nada em direito internacional que evite o país de asilo de expulsar o requerente de asilo para um terceiro país.

Para reforçar esta noção de soberania do Estado em matéria de concessão de asilo podemos referir Gil Loescher que defende que "a existência de refugiados resulta directamente de decisões políticas tomadas por Estados soberanos, com consequências que se estendem para lá das fronteiras nacionais. Os Estados continuam a ser os actores decisivos em tudo aquilo que se relaciona com os refugiados" (LOESCHER, MONAHAN, 1989: 8-19).

Actualmente, temos dois fenómenos distintos: o Estado soberano a controlar todas as suas fronteiras, *versus*, os fenómenos de integração, regionalização e globalização, onde o Estado, fruto da interdependência que existe a todos os níveis, perde soberania e vê a sua fronteira diluída (como aconteceu no processo de integração da União Europeia).

A soberania nacional, que desde o século XVIII e até à última guerra, era considerada privilégio absoluto de cada Estado, autorizando os governos, dentro dos seus territórios, a tratar os seus nacionais e certas minorias da forma que quisessem, sofreu uma forte limitação. Os Estados passaram a ter de respeitar os Direitos Humanos definidos nas declarações e nas convenções internacionais. A Acta Final de Helsínquia consagra, no seu princípio n.º 7 que o dever que incumbe a cada Estado de respeitar os Direitos Humanos e as liberdades fundamentais, traduz-se numa obrigação assumida não apenas relativamente aos seus nacionais, mas perante toda a comunidade internacional.

O Estado soberano aparece hoje diminuído. Com a globalização, fala-se da crise do Estado soberano. Vivemos num mundo cada vez mais interdependente, em que o grande desafio que se coloca a todas as soberanias, a todos os Estados, é saber gerir a sua independência numa sociedade interdependente.

O conceito de soberania continua a ser importante na retórica política, sobretudo para aqueles que procuram atrasar as progressivas reduções da soberania face à globalização. No entanto, de forma prática, as capacidades do Estado em termos de soberania, tal como era concebida tradicionalmente, terminaram. A soberania estatal fazia sentido numa época em que os territórios eram bem demarcados e os governos exerciam uma total e exclusiva autoridade sobre eles, o que não acontece actualmente (BAYLIS, SMITH, 1998: 19).

Os fluxos transnacionais desenvolvem-se a todos os níveis. O mundo transformou-se com as tecnologias de comunicação, com a mundialização da economia e a abertura das fronteiras. Estas deixaram de ter o mesmo significado (BADIE, 2000: 19). Esta evolução acentuou-se fortemente com as integrações económicas regionais, de que são exemplo a União Europeia e o Mercosul.

Com a interdependência, surgiram outros actores das relações internacionais, como as Organizações internacionais, as Organizações Não Governamentais (ONG), as multinacionais, as associações, os lobbys, as igrejas. No entanto, os Estados continuam a querer afirmar a sua soberania sobre o conjunto do seu território, como forma de se defenderem das ameaças que têm um cariz global, como o terrorismo, problemas ecológicos, tráfico ilícito de armas e drogas, proliferação nuclear, redes clandestinas de imigração ilegal, entre outras.

De acordo com Pierre Hassner um progresso teórico e prático em matéria de refugiados e de asilo deve ter em consideração três dialécticas:

- a das minorias, das fronteiras e das migrações. O problema dos refugiados intervém em toda a sua gravidade quando não se consegue organizar a coexistência das minorias num mesmo Estado, a modificação pacífica das fronteiras, ou as transferências de população.
- a da democracia, estado de direito e Direitos do Homem. Não há estado de direito sem democracia. Os Direitos do Homem são o fundamento filosófico de ambos. Só a presença destes três elementos garante a ausência de problemas étnicos ou cívicos, raciais ou ideológicos e, consequentemente, a "produção" de refugiados.
- a dialéctica Kantiana do Estado republicano, da Organização internacional e do direito cosmopolita. Segundo o autor, apenas

neste quadro internacional é que a "produção" de refugiados pode regredir (HASSNER, 1995: 122).

2.2. O Princípio de *Non-Refoulement*

O princípio de *non-refoulement*, frequentemente referido como elemento chave para a protecção de refugiados, constitui uma garantia contra o reenvio forçado para situações de perseguição ou situações ainda mais graves. Este tem sido expresso, sob diferentes formas, em diversos instrumentos internacionais sobre refugiados e direitos humanos, em especial no Artigo 33.º (1) da Convenção de Genebra de 1951:

> "Nenhum dos Estados contratantes expulsará ou repelirá um refugiado, seja de que maneira for, para as fronteiras dos territórios onde a sua vida e a sua liberdade sejam ameaçadas em virtude da sua raça, religião, nacionalidade, filiação em certo grupo social ou opiniões políticas".

Até agora assistiu-se à incorporação deste princípio noutros instrumentos ao nível das Nações Unidas. Várias resoluções da Assembleia Geral da ONU e conclusões do Comité Executivo do ACNUR fazem referência a este princípio.[82] Também o artigo 3.º da Declaração sobre o Asilo Territorial da ONU foi considerado um verdadeiro progresso na evolução do direito de asilo, uma vez que menciona o princípio de *non-refoulement* e a interdição da recusa de admissão na fronteira. Este princípio foi entretanto consagrado na legislação de vários Estados, europeus e não europeus.

Embora o princípio de *non-refoulement* não seja violado de forma sistemática na Europa Ocidental, há um risco crescente de isso acontecer especialmente nos aeroportos e noutros pontos de entrada, como os portos marítimos. Os procedimentos de selecção prévia ("pre-screening") e de

---

[82] Em 1977, por exemplo, o Comité Executivo do ACNUR adoptou a Conclusão n.º 6 sobre o princípio de *non-refoulement*, onde "reafirma a importância fundamental da observância do princípio – tanto nas fronteiras como no interior do território de um Estado – para aquelas pessoas que possam estar sujeitas a perseguição se reenviadas para o seu país de origem, quer tenham sido ou não formalmente reconhecidas como refugiados" (alínea c).

admissibilidade dos potenciais refugiados, conjuntamente com a aplicação extensiva de conceitos, como "país terceiro de acolhimento" e "país seguro de origem" sem as necessárias garantias processuais, têm aumentado o risco de *refoulement*.

As medidas adoptadas pelos Estados em defesa do seu interesse legítimo de controlo da imigração irregular, colide muitas vezes com a possibilidade dos refugiados procurarem protecção. As medidas de fiscalização fronteiriça, como o controlo nas portas de desembarque e a bordo dos aviões, juntamente com os requisitos de visto, impedem o acesso dos requerentes de asilo ao procedimento de determinação do estatuto e, consequentemente, resulta no seu reenvio para situações onde a sua vida e liberdade estão em perigo. Estas medidas são adoptadas em vários países da Europa Ocidental (França, Alemanha, Holanda, Noruega e Espanha). Apesar da instrução administrativa incluir formalmente disposições especiais para requerentes de asilo, na prática, estas não são, por vezes, observadas. O risco de reenvio para o país de origem aumenta igualmente com as deficientes condições de interpretação e de tradução, as dificuldades de acesso a apoio jurídico e a falta de informação preliminar relativa aos procedimentos de asilo.

Uma aplicação mecânica do conceito de "país terceiro de acolhimento", sem as necessárias garantias, pode conduzir a situações de refugiados "em órbita" (em que nenhum Estado se reconhece como competente para analisar o pedido de asilo) ou ao reenvio dos requerentes de asilo para países onde a sua protecção contra o reenvio para o país de origem não está assegurada. Estes casos são conhecidos como *refoulement* indirecto.

O princípio de *non-refoulement* é um corolário dos princípios dos direitos humanos fundamentais que incluem o direito de procurar e beneficiar de asilo contra perseguição noutros países, conforme previsto no Artigo 14.° da Declaração Universal dos Direitos do Homem. Este princípio reflecte a preocupação e o compromisso da comunidade internacional em assegurar, àqueles que necessitam de protecção, os direitos humanos fundamentais que incluem, entre outros, o direito à vida, a não sujeição à tortura, nem a penas ou tratamentos cruéis, desumanos ou degradantes, e à liberdade e segurança pessoais (AA.VV., 1995).

O carácter normativo do princípio emana da sua larga aceitação, do reconhecimento do seu carácter fundamental e da sua incorporação em tratados de que são parte numerosos Estados, em diferentes regiões do mundo. Foi igualmente aceite na prática dos Estados, não tendo sido posta em causa a sua natureza.

O *refoulement* refere-se a qualquer acção do Estado que force um refugiado, directa ou indirectamente, a regressar ao seu país de origem ou o reenvie para um país onde possa ser vítima de perseguição ou de ameaça à sua vida e liberdade.

Na Conclusão n.º 6 do EXCOM, o princípio foi enunciado para ser aplicado, quer nas fronteiras, quer no interior do território dos Estados, a todos aqueles que podiam estar sujeitos a perseguição se reenviados para o seu país de origem, independentemente de terem sido ou não formalmente reconhecidos como refugiados.

Por sua vez, o artigo 33.º da Convenção de Genebra, exige o respeito do princípio de *non-refoulement* pelos Estados, em qualquer situação, no interior ou exterior do território nacional, ou mesmo na fronteira. Por isso, reenviar refugiados que ainda não tenham atravessado as fronteiras de um Estado para uma situação de ameaça ou perseguição, equivale à violação deste princípio. Note-se que, em circunstâncias onde o acesso ao procedimento de asilo constitui o único meio de evitar o reenvio, a recusa desse acesso pode constituir uma violação do princípio de *non-refoulement*. Esse será o caso, quando a admissão num território está directamente relacionada com esse acesso.

No caso da União Europeia há de forma efectiva um acolhimento, a nível supranacional, do princípio de *non-refoulement*, estabelecido na Directiva 83/2004, relativa às normas mínimas a serem preenchidas para obter protecção internacional.[83] Segundo o texto desta directiva os "Estados membros devem respeitar o princípio da não-expulsão, de acordo com as suas obrigações internacionais" (art. 21). Tal norma aplica-se quer aos refugiados, quer aos requerentes de asilo, eliminando qualquer tipo de dúvida sobre a sua aplicação com a frase "formalmente reconhecidos ou não" (art. 21, 2). O princípio de *non-refoulement* não pode, no entanto, ser considerado autonomamente ou desvinculado de toda a outra legislação jurídico-administrativa comunitária. Tem que

---

[83] Directiva 83/2004 do Conselho de 29 de Abril de 2004 que estabelece as normas mínimas relativas às condições a preencher por nacionais de países terceiros ou apátridas para poderem beneficiar do estatuto de refugiado ou de pessoa que, por outros motivos, necessite de protecção internacional. JO L304/12 de 30 Setembro de 2004.

ser analisado conjuntamente com as medidas normalmente utilizadas para retirar estrangeiros do território do Estado: a deportação, a expulsão e a extradição. Cada uma delas com características próprias e implicações diferenciadas.

No caso da deportação, esta só é aplicável para os requerentes de asilo que, após a análise do seu pedido, não lhes é reconhecido o estatuto de refugiado. Em caso de não cumprimento da obrigação de abandonar o espaço integrado, a medida de afastamento deve ser executada pelo Estado membro que analisou o pedido de protecção internacional.

Relativamente, à expulsão, esta acontece quando alguém atenta contra a segurança nacional ou contra a tranquilidade pública. No caso de expulsão de refugiados, esta deve ser analisada em conjunto com a norma do artigo 32 da Convenção de Genebra relativa às medidas de expulsão, dado que a norma respeitante ao *non-refoulement* e esta são complementares, funcionando a expulsão, em muitos casos, como um meio de implementar o afastamento do refugiado do território nacional. Importa ainda referir que, as medidas relacionadas com a expulsão de refugiados, ainda que comportem limites fixados pelo direito internacional, são consideradas expressão da soberania estatal e, portanto, lícitas. A disposição comunitária relativa à expulsão de refugiados estende também o seu âmbito aos requerentes de asilo (art. 14, 5). Nestes casos, estes devem constituir um "perigo para a segurança do Estado membro" ou ter sido condenado por um "crime especialmente grave" para poder ser expulso.

O princípio de *non-refoulement* não tem um carácter absoluto, dada a existência de excepções à sua aplicação que resguardam a soberania estatal. No entanto, há que salientar que, quer o refugiado, quer o requerente de asilo devem estar protegidos do *refoulement*.

Apenas duas razões retiram a garantia contra a não-expulsão. Nos termos da Convenção de Genebra, não tem protecção "um refugiado que por motivos sérios seja considerado um perigo para a segurança do país", ou se o refugiado "tendo sido condenado definitivamente por um crime ou delito particularmente grave, constitui ameaça para a comunidade do referido país" (art. 33, 2 da Convenção de Genebra).

Por fim, no que respeita à extradição e ao seu relacionamento com o *refoulement*, esta é uma área muito controversa. Não há ainda uma perfeita delimitação do alcance de cada uma e, sobretudo, não se sabe qual deve prevalecer em caso de conflito entre o pedido de extradição e o princípio de *non-refoulement*. A inexistência de um tratado de alcance universal que regulamente a prática, e a insuficiência das normas europeias sobre este assunto (limita-se às relações entre os Estados membros) torna difícil a decisão a este respeito. Segundo a directiva 85/2005, é permitida a concessão de extradição, mesmo que ainda não tenha terminado a análise do pedido de asilo (art. 7.º, 2). Assim, se não existir um elevado grau de certeza na implementação dessa medida, há um claro conflito entre o *non-refoulement* e a efectivação da extradição.

2.3. Factores que Condicionam a Política de Asilo

Em matéria de asilo tudo se resume a uma questão de soberania, uma vez que parece existir um acordo universal entre os Estados sobre a autoridade exclusiva de quem pode ou não entrar no seu território. Contudo, a soberania já não tem o mesmo significado que tinha no passado. O Estado, nas democracias ocidentais, é objecto de diferentes influências provenientes da sua organização social. Em consequência, a estrutura do poder e a configuração de classes e grupos de interesse, ajudam a explicar as variações e a complexidade da política de asilo no espaço e no tempo.

A própria soberania encontra barreiras. Os compromissos assumidos pelo Estado no que respeita aos direitos humanos condicionam a orientação e as decisões adoptadas no âmbito das suas políticas, interna e externa, e impõem limites ao poder do Estado.

O direito dos refugiados encontra-se entre os direitos humanos, o que justifica que os factores éticos façam parte das políticas de asilo. Estes estão protegidos por instrumentos internacionais e, por vezes, encontram-se consagrados na constituição nacional do Estado.

Referindo alguns dos factores que influenciam as políticas adoptadas ao nível da instituição de asilo, destacamos: as considerações de política interna e externa, assim como, os factores éticos.

O "interesse nacional" regula a decisão e a política de asilo dos Estados. Contudo, esta situação está repleta de contradições e engloba uma série de variações possíveis, sobre o que melhor promove o interesse nacional e a correlação de forças que suportam interpretações divergentes no que se refere ao asilo e aos refugiados. O poder político, a opinião dos diferentes sectores da sociedade, a conjuntura económica interna, os custos sociais, as questões ideológico-culturais, e a segurança interna, acabam por determinar e influenciar de forma decisiva as políticas adoptadas pelos Estados em matéria de asilo.

Também as condições económicas influenciam as atitudes do Estado e da sua população em geral em termos de maior ou menor aceitação de refugiados ou de outros imigrantes. Em épocas de crescimento económico, a política de asilo é normalmente mais generosa e flexível do que em períodos de recessão. O aumento do desemprego, frequentemente interpretado como resultado do excesso de mão-de-obra provoca, muitas vezes, atitudes e políticas hostis à recepção, acolhimento e integração de refugiados. A diminuição do nível de vida, a perda de confiança no governo, a incerteza no futuro, combinada com a ansiedade no que respeita a minorias e estrangeiros leva à adopção de políticas restritivas face à concessão de asilo. Na Europa, os países que permaneceram relativamente abertos aos refugiados foram os que continuaram a ter uma certa harmonia e estabilidade internas, assim como situações de prosperidade económica.

Os custos sociais, concretamente, em matéria de segurança social também condicionam a política de asilo. Os requerentes de asilo necessitam de alojamento, cuidados médicos, serviços sociais, educação e outros serviços e, a falta destas condições, serve por vezes de justificação ao Estado para não aceitar mais refugiados.

De entre os factores internos estão também um conjunto de factores intangíveis relacionados com a questão ideológica. A coesão e identidade nacional, os valores partilhados e a integridade das estruturas políticas internas condicionam, cada vez mais, a política de asilo adoptada pelo Estado.

A segurança interna, preocupação essencial dos Estados, obriga a especificar critérios negativos que permitam identificar aqueles que não são aceitáveis do ponto de vista político e social, uma vez que podem pôr em causa a segurança do Estado, a segurança física da população e do território, e a preservação das instituições e dos seus valores.

Mas, para além destas questões de âmbito interno, é necessário ter também em consideração a influência e o impacto de factores externos na política de asilo.

Após a II Guerra Mundial e até ao fim de 1980, o contexto da política de asilo foi determinado pela Guerra-fria. Cada bloco, liderado pelos Estados Unidos (bloco Ocidental) e pela ex-União Soviética (bloco Oriental), respectivamente, evitava qualquer influência do "inimigo" na sua área de hegemonia. Neste contexto, a relação com o país de origem era um factor de política externa que condicionava fortemente a política de asilo do Estado de acolhimento. Esta podia ser mais ou menos generosa consoante os interesses políticos que estavam em causa. Assim, os refugiados provenientes de países comunistas eram normalmente bem recebidos no Ocidente. Se, pelo contrário, as relações entre o país de origem e o de acolhimento fossem boas, seria difícil admitir e reconhecer um refugiado, uma vez que tal poderia ser considerado uma crítica pública ao regime político aí existente.

Apesar da Convenção de Genebra estabelecer que o estatuto de refugiado não prejudica as relações diplomáticas entre os Estados, a prática mostra que o relacionamento entre o país de acolhimento e o de origem influencia largamente a decisão sobre grupos específicos de refugiados.

As considerações de política externa assumem uma influência considerável, quando se entende que a política de asilo ameaça a segurança regional ou internacional. As relações internacionais têm também um papel importante neste domínio. A relação entre os factores de política externa é complexa, e qualquer alteração governamental pode levar a uma alteração da política adoptada, sem que tenha existido uma alteração de regime político.

No que respeita aos factores éticos, e de acordo com os teóricos liberais, há duas razões essenciais para a admissão de refugiados: a prioridade atribuída à liberdade (Carens) e a impossibilidade de exportar o sofrimento, no caso dos refugiados (Walzer) (JOLY, 1996: 33). A este respeito, a conjuntura justifica restrições quando um largo fluxo de refugiados destabiliza ou provoca o caos na sociedade de acolhimento. A questão ética, no que se refere aos refugiados e ao Estado de acolhimento, é complicada, existindo uma tensão inerente entre a soberania do Estado e as suas obrigações universais. Pode argumentar-se que os factores éticos são os únicos que devem ser tidos em conta. Contudo, os Estados estão limitados pelas Convenções internacionais de que são signatários. Logo, não têm total liberdade de decisão no que respeita ao asilo e à correspondente política adoptada. A prática internacional mostra que os Estados procuram manter a sua soberania e controlo sobre as suas fronteiras e são guiados pelos interesses nacionais, expressos através das suas políticas, interna e externa, e não por imperativos morais.

As Organizações Não Governamentais que representam os refugiados junto dos Estados podem, por vezes, ajudar a empreender alterações na legislação sobre asilo. Há vários exemplos na Europa Ocidental do papel adoptado por sectores organizados da sociedade e do seu sucesso em matéria de política de asilo. Também as discussões e resoluções das Nações Unidas têm tido um papel significativo nesta questão. O ACNUR, a Organização Internacional do Trabalho, o Conselho da Europa e outros fóruns relevantes ao nível dos direitos humanos em geral, pressionam os Estados a adoptarem políticas favoráveis em relação aos refugiados.

Entre os grupos de refugiados, os que têm alguma afinidade com a sociedade, seja histórica, cultural, linguística, étnica ou ideológica, ou que podem contribuir para o desenvolvimento do país, são bem recebidos pelos países de acolhimento. É, no entanto, difícil avaliar o papel desempenhado pelos factores éticos nas decisões sobre asilo, uma vez que dependem de uma complexa rede de circunstâncias. Normalmente, são relativamente visíveis quando se trata de valores supranacionais ou quando uma determinada conjuntura permite coincidir o interesse dos refugiados com os interesses nacionais ou internacionais.

A nova conjuntura internacional pós 1989 veio libertar a política de asilo das directivas dos dois blocos e, consequentemente, esperava-se que esta viesse a ser mais equilibrada. Contudo, como coincidiu com um período de recessão económica e de graves problemas sociais, tal não se verificou. As considerações de política externa deram lugar às preocupações de política interna, que aumentaram o seu peso num contexto de crise. A recessão e o desemprego, combinados com o receio dos refugiados se tornarem num "fardo" para os sistemas de segurança social, juntamente com os sentimentos xenófobos e racistas, que normalmente são exacerbados com os fluxos em massa de refugiados, mais o risco de permanência a longo prazo, levam os Estados, sobretudo os europeus, a restringirem o asilo e a adoptar um conjunto de políticas que dificultam e entravam o acesso ao território europeu.

Importa no entanto referir que, o fim da rivalidade Leste-Oeste tornou possível uma acção internacional mais forte contra a violação dos direitos humanos e a violência generalizada nos países de origem. Nos casos mais graves de perseguição e de violência, como foi o caso na guerra civil da ex-Jugoslávia, os Estados europeus, apesar de não concederem o estatuto de refugiado, deram "protecção temporária" a todos aqueles que fugiram para a Europa.

A influência dos factores éticos nas questões relacionadas com o asilo é proporcional ao respeito pelos direitos humanos e ao grau de solidariedade de uma sociedade. Os acontecimentos ao longo da década de

1990 fizeram falhar todas as tentativas directas de se chegar a uma harmonização jurídica do conceito de asilo em direito internacional. Até agora, não se conseguiu chegar a acordo sobre um conceito de asilo e as suas respectivas implicações a nível internacional. O número crescente de requerentes de asilo que utilizam a instituição de asilo de forma abusiva, a crise económica e as tensões culturais, contribuem para que a prática e a política dos Estados continuem restritivas. Esta tem sido a tendência no âmbito do processo de harmonização que tem vindo a ser paulatinamente construído dentro do processo de integração da União Europeia.

Concluindo, o direito de asilo é um direito político que pertence ao Estado e que se exerce a propósito de motivos políticos. Mas este direito é também cultural, porque supõe uma ligação normativa das nossas democracias à tese de universalidade dos direitos humanos. A instituição de asilo depende dos interesses do Estado. A vontade/impulso em conceder refúgio a estrangeiros em fuga, faz parte da natureza humana que nós encontramos, praticamente, em todas as culturas e religiões. É uma manifestação fundamental da solidariedade humana. Contudo, nos períodos conturbados, as sociedades e os Estados tendem a preocupar-se essencialmente com questões internas descurando o apoio e a ajuda aos refugiados, numa óptica claramente realista.

3. A INSTITUIÇÃO DE ASILO NA UNIÃO EUROPEIA

Analisada conceptual e historicamente a instituição de asilo e esboçada a sua importância para o Estado enquanto uma das suas prerrogativas, iremos agora estudar a instituição de asilo no quadro da União Europeia, desde a década de 1990 até ao presente.

3.1. O Contexto dos Anos 1990

Nas últimas décadas, a imigração, sobretudo a involuntária, tornou-se um assunto essencial da agenda política dos países europeus. Pela sua riqueza, estabilidade e carácter democrático dos seus governos, a Europa é, desde há muito tempo, um polo de atracção para os indivíduos que procuram protecção ou uma vida melhor. Também graças ao seu passado colonial, situação geopolítica e tradição em matéria de asilo, os países europeus são confrontados frequentemente com o fenómeno dos refugiados.

O fim da Guerra-fria gerou um forte sentimento de optimismo relativamente à situação internacional dos refugiados, uma vez que acreditou-se numa mais fácil resolução dos conflitos. No entanto, começou uma nova série de graves situações de emergência humanitária em regiões como os Balcãs, o Cáucaso e a África Central. Após a dissolução da União Soviética, um grande número de Estados independentes foi confrontado com conflitos violentos fundados em questões étnicas, ideologias ou simples rivalidades de poder. Vários Estados fragmentaram-se e algumas regiões foram submetidas a novas formas de instabilidade, o que deu origem a um grande número de refugiados. A proliferação de conflitos internos, caracterizados por uma forte hostilidade étnica, tribal ou social, e a facilidade de acesso a armas ligeiras, minas e outros instrumentos de violência foram alguns dos factores que marcaram a década de 1990.

Actualmente, o problema dos refugiados ultrapassa a preocupação relativa à dimensão humanitária e aos direitos humanos, pois coloca em "jogo" questões fundamentais ligadas à paz e à segurança internacional. Dada a complexidade da situação, há uma maior necessidade de proteger os refugiados e de encontrar soluções duráveis para os seus problemas.

Mas a situação do refugiado no mundo não é inteiramente negativa. As Nações Unidas e as suas agências aumentaram a sua operacionalidade. Até 1989, respeitavam escrupulosamente o princípio da soberania dos Estados membros, ou seja, só actuavam mediante a autorização das autoridades governamentais. Após esta data, a Assembleia Geral passou gradualmente a autorizar as agências da ONU a negociar directamente com os detentores do poder político no terreno – sejam governos ou movimentos rebeldes – para ter acesso às populações de refugiados. Este foi um passo positivo, porque o princípio de soberania era um entrave sério à ajuda humanitária. A flexibilidade actual no tratamento desta questão tem tido repercussões complexas no sistema internacional, e representa, sem dúvida, uma vitória da acção internacional humanitária contra a monopolização do poder, responsável, na maior parte dos casos pela existência de terríveis crises humanitárias.

Algumas destas crises provocaram a deslocação em massa de populações, não só em consequência de conflitos armados, como também, enquanto objectivo explícito das partes envolvidas. Na guerra civil na ex-Jugoslávia, foi posto em prática o conceito de "limpeza étnica". Mais de três milhões de pessoas foram vítimas de violação dos direitos humanos, de detenção arbitrária, tortura, violação e outras formas de intimidação física e psicológica. O mesmo se passou nas ex-Repúblicas da ex-União Soviética, em particular, nas repúblicas caucasianas da Arménia, do Azerbeijão e da Geórgia, onde o desaparecimento do aparelho de Estado comunista e as lutas pelo poder e pelo território entre líderes e comunidades locais, desenraizaram mais de dois milhões de pessoas. Desenvolvimentos semelhantes puderam também ser observados em países fora da esfera ocidental: a Leste, na Somália, a Ocidente, na Libéria, e no Ruanda, na região central do continente africano. Palco de violência étnica, este continente tem provocado fluxos maciços de refugiados que procuram refugio, em primeiro lugar, em regiões do seu próprio país ou em países vizinhos, e só depois no Ocidente. Daí que, os principais encargos com os refugiados continuam a ser suportados pelos Estados designados de "Terceiro Mundo".[84] Os países pobres continuam a acolher um

---

[84] Ver Anexo IV.

grande número de refugiados apesar da sua realidade política, social e económica marcada pela pobreza, marasmo económico, instabilidade política e degradação ecológica.

O fim da Guerra-fria e outros desenvolvimentos internacionais deram lugar a uma redefinição dos conceitos de segurança nacional e internacional. Durante a era da rivalidade entre as superpotências, estes conceitos eram entendidos, exclusivamente, em termos de poder militar, alianças estratégicas, progresso tecnológico e desempenho industrial. Com o fim do confronto entre as ex-superpotências, surgiram novas noções de segurança, baseadas no reconhecimento de que os Estados e os seus cidadãos enfrentam um conjunto bastante mais alargado de problemas como: a poluição ambiental e o esgotamento dos recursos naturais do planeta; o rápido crescimento demográfico; a produção e distribuição de drogas; o crime organizado; o terrorismo internacional; a violação dos direitos humanos; a proliferação de armas ligeiras; o desemprego; a pobreza e os movimentos migratórios em massa. Para além da reconhecida importância destas questões, os Estados estão cada vez mais conscientes de que estas não podem ser abordadas de forma eficaz numa base unilateral. Em consequência, ensaiaram e desenvolveram novas formas de cooperação e reforçaram outras já existentes, em particular, a nível regional. Tal aconteceu, por exemplo, com o número de Estados que aderiram à Organização para a Segurança e Cooperação na Europa (OSCE). Estes países com tradições políticas e culturais diferentes, compreenderam a real vantagem de abordar colectivamente, tanto questões convencionais, como o novo leque de questões de segurança.

O problema dos refugiados tem no mundo actual uma grande acuidade; são cerca de 15 milhões de pessoas que deixam o seu país na sequência de conflitos ou de violações graves dos direitos do homem e das minorias. Alguns fogem das convulsões internas ou conflitos armados que assolam os seus países, outros procuram no estrangeiro condições de sobrevivência quando os seus países atravessam graves dificuldades económicas. O conceito de refugiado tende, por isso, a tornar-se, cada vez mais, extenso, ao ponto de perder toda a sua especificidade, não se podendo reconhecer o estatuto de refugiado a todos aqueles que fogem à insegurança ou à pobreza.

Neste contexto, a Europa continua a ser confrontada com um problema de consideráveis dimensões. Tal como o resto do mundo, sofre as consequências de uma imensa população em busca de condições sociais e político-económicas mais favoráveis. O fluxo de refugiados deve entender-se no contexto destes grandes movimentos populacionais modernos. Não é por isso de estranhar que os países europeus tenham adoptado políticas de controlo migratório e populacional que visam desencorajar a vinda desses fluxos. Também não é estranho que, como parte destas restrições, a instituição de asilo e o exercício da protecção do refugiado sejam afectados e, às vezes, seriamente limitados.

Os movimentos que a necessidade faz convergir para a União Europeia, tendem a ser de grande amplitude. Há assim uma dupla necessidade de se encontrar soluções para as crises provocadas pelo problema da deslocação de populações: uma necessidade de natureza humanitária, fundamentada no sofrimento dos refugiados; e, uma necessidade estratégica, decorrente dos problemas de segurança provocados pelos movimentos de população e pelas forças que os provocam.

As medidas legislativas ou regulamentares adoptadas na Europa nestas duas últimas décadas, vieram reforçar o poder do Estado em matérias relacionadas com a entrada, permanência e emprego de estrangeiros, luta contra o tráfico de mão-de-obra e actividades económicas ilegais, e prevenção dos abusos da instituição de asilo. Tal impôs uma selecção mais severa à entrada e um controlo mais restrito e frequente no interior do Estado. Em termos gerais, algumas destas medidas consistiram em:

- dificultar a avaliação dos requerimentos de asilo e do acesso às fronteiras dos Estados;
- alargar a exigência de visto a países de onde normalmente provêm um número significativo de requerentes de asilo;
- impor sanções financeiras e penais a companhias aéreas que transportam passageiros desprovidos de documentos de viagem ou com documentos falsos;
- consignar obrigatoriamente os requerentes a campos ou a alojamentos colectivos;
- diminuir a qualidade do acolhimento, nomeadamente, através da detenção dos requerentes de asilo em condições semelhantes às prisionais;
- excluir ou reduzir o direito ao trabalho e às prestações sociais;
- interditar requerentes de asilo em alto mar, seguido do seu repatriamento sumário ou transferência para um local diferente do país onde pretendiam pedir asilo;
- analisar rápida e imediatamente o requerimento de asilo, com o

objectivo de permitir a rápida deportação dos que apresentam pedidos fraudulentos ou manifestamente infundados.

A motivação desta linha de conduta restritiva por parte dos Estados europeus foi motivada, entre outros factores, pelo aumento do número de pedidos de asilo, pela forte pressão migratória, pela crise económica que se fez sentir no início da década de 1990, e pelo "abuso" de que foi alvo a instituição de asilo por parte de imigrantes com motivações económicas.

De facto, no início da década de 1990, em comparação com as décadas anteriores, o número de requerentes de asilo na Europa aumentou de forma significativa, como se pode ver no quadro n.º 1.

QUADRO n.º 1
Pedidos de asilo registados na Europa (1987-1995)

Países onde os pedidos foram apresentados	1987	1988	1989	1990	1991	1992	1993	1994	1995
EUR 15	163.471	209 841	289 114	403 496	514 428	674 056	516 710	306 532	270 862
Alemanha	57 379	103 076	121 318	193 063	256 112	438 191	322 599	127 210	127 927
Áustria	11 406	15 790	21 822	22 789	27 306	16 238	4 744	5 082	5 920
Dinamarca	2 726	4 668	4 588	5 292	4 609	13 884	14 247	6 651	5 112
Espanha	2 500	4 516	4 077	8 647	8 138	11 712	12 645	10 230	4 429
Finlândia	49	64	179	2 743	2 137	3 634	2 023	839	854
França	27 672	34 352	61 422	54 813	47 380	28 872	27 564	26 044	20 170
Grécia	7 000	8 400	4 033	10 569	5 944	3 822	862	1 107	--
Holanda	13 460	7 486	13 898	21 208	21 615	20 346	35 399	52 576	29258
Irlanda	50	49	36	62	31	--	91	355	--
Itália	11 000	1 300	2 240	3 570	24 490	2 589	1 323	1 834	1732
Luxemburgo	98	44	87	114	238	120	225	--	--
Portugal	178	252	116	61	233	655	2 090	614	332
Reino Unido	5 863	5 739	16 775	38 200	73 400	32 300	28 500	42 200	55000
Suécia	18 114	19 595	30 335	29 420	27 351	84 018	37 581	18 640	9046

Fonte: EUROSTAT, 1996.
Notas:
– todos os dados são referentes a adultos
– estes números não compreendem as pessoas deslocadas originárias da República Federal da Jugoslávia que beneficiaram de protecção temporária.

No conjunto, o maior número de pedidos de asilo registou-se em 1992 (674.056 pedidos nos países da União Europeia e 127.000 na EFTA), período que coincidiu com a fase mais violenta da guerra na ex-Jugoslávia

(EUROSTAT, 1996c). O encerramento das fronteiras aos imigrantes económicos; o aumento do nacionalismo no Leste europeu e de movimentos extremistas de cariz religioso ou étnico no Sul; os governos autoritários em países latino americanos, africanos e asiáticos; a multiplicidade de conflitos armados; a globalização das comunicações e transportes, que tornaram a Europa mais acessível aos refugiados, quer mental, quer fisicamente, são alguns dos factores que estiveram na origem do aumento dos requerimentos de asilo na Europa (JOLY, 1992: 11).

Estes acontecimentos fizeram da questão dos refugiados uma preocupação estratégica e cultural tratada em termos de segurança. Contudo, apesar de muitos dos pedidos serem provenientes de nacionais de países caracterizados por graves desordens internas, guerras civis ou repressões, uma grande parte ficou a dever-se ao grande número de imigrantes económicos que procuravam entrar na Europa nessa altura. O procedimento de asilo constituía um mecanismo de imigração de facto, uma vez que permitia permanecer num determinado país e, frequentemente, trabalhar ou receber benefícios, enquanto decorria o processo de elegibilidade. Como referiu a ex-Alta Comissária para os Refugiados, Sadako Ogata, em 1997, "para os potenciais imigrantes que não preenchem as condições necessárias para a obtenção de um visto, os procedimentos de asilo parecem oferecer uma oportunidade de garantir a sua admissão e de melhorar a sua vida num novo país. Na ausência da janela da imigração, as pessoas que procuram emprego e um futuro melhor tentam passar pela porta do asilo".[85] Também John Horekens, ex-director do Gabinete Regional do ACNUR para a Europa, comparou os fluxos de refugiados e de imigrantes a dois caudais que durante muito tempo correram lado a lado sem problemas. Quando um dos caudais ficou obstruído – o dos imigrantes – este extravasou para o outro – o dos refugiados. O resultado foi uma inundação. Assim, quando as portas da Europa Ocidental se fecham à imigração, a única forma de entrar, para as pessoas que procuram melhores condições económicas – mas que não fogem necessariamente de perseguição – é através da instituição de asilo.

A primeira, e geralmente a mais reconhecida, forma de diluição da distinção entre refugiado e imigrante decorre da forma como os governos têm interpretado a Convenção de Genebra sobre o Estatuto de Refugiado,

---

[85] [http://www.cidadevirtual.pt/acnur/] Servidor da delegação do ACNUR de Lisboa.

que descreve o refugiado como um indivíduo "receando com razão ser perseguido" no seu país de origem. Como já foi referido, muitos países africanos e latino-americanos alargaram esta definição para que incluísse aqueles que fogem do seu país devido a violência generalizada, a conflitos internos e a graves perturbações da ordem pública. Pelo contrário, os Estados europeus foram insistindo no significado mais restrito do conceito e, em muitas situações, negam o estatuto de refugiado a pessoas que se incluem numa definição mais alargada. Na prática, reconhecem que há pessoas que, apesar de não preencherem os critérios para a obtenção do estatuto de refugiado, não podem regressar aos seus países de origem sem colocar a sua vida ou liberdade em perigo. Para esses, os Estados europeus têm vindo a conceber um conjunto de alternativas jurídicas, como a "protecção temporária", o "estatuto humanitário" (Portugal), o "estatuto de tolerância" (Alemanha) e a "autorização excepcional de permanência" (Reino Unido), que oferecem o direito de residência temporária até as condições no país de origem melhorarem e permitirem o regresso.

3.2. A Cooperação Intergovernamental

Há cinquenta anos que a cooperação entre os Estados membros da União Europeia no domínio da Justiça e dos Assuntos Internos se desenvolve a diferentes níveis: bilateral, regional (no quadro do Conselho da Europa, por exemplo) e mundial (no quadro da Interpol e das Nações Unidas). No âmbito da União Europeia esta cooperação é mais recente. Apesar de, em 1957, o Tratado de Roma colocar entre os seus objectivos, a livre circulação de pessoas no território da Comunidade, não estava prevista qualquer medida em matéria de transposição de fronteiras, de imigração ou de política de vistos. A livre circulação era, nessa altura, encarada numa perspectiva económica e referia-se exclusivamente aos trabalhadores. A vontade de alargar esta liberdade a todos, e o desenvolvimento de alguns fenómenos, como a criminalidade organizada transfronteiriça e o terrorismo, incentivaram os Estados membros a desenvolver uma cooperação pragmática neste domínio.

Em 1967, a Convenção de Nápoles relativa à Assistência Mútua e à Cooperação entre as Administrações Aduaneiras, constituiu um primeiro quadro de intercâmbio entre os Estados membros. À medida que a construção europeia ia progredindo, os domínios da União Europeia alargaram-se progressivamente, ilustrando a vontade dos Estados na concretização de acções conjuntas em áreas que, até aqui, eram estritamente nacionais, como a segurança interna ou a luta contra o racismo e a xenofobia.

A cooperação entre os Estados não é usual numa área política que pertence tradicionalmente à sua soberania, nomeadamente, o direito de decidir livremente sobre a entrada ou saída de estrangeiros. No entanto, tornava-se evidente a necessidade de uma cooperação no campo das políticas de asilo e imigração. A partir de 1975, vai sendo paulatinamente criada uma cooperação intergovernamental, à margem do quadro jurídico da Comunidade Europeia, nos domínios da imigração, do direito de asilo e da cooperação policial e judiciária; áreas consideradas essenciais no combate à imigração ilegal, ao crime internacional organizado, à fraude internacional, ao contrabando e ao tráfico de drogas. Esta cooperação intergovernamental era caracterizada pelo facto dos Estados se comportarem como se não fossem membros da comunidade. Os ministros reuniam-se para negociar como numa conferência internacional clássica; a Comissão não tinha nenhum papel; as decisões, adoptadas por unanimidade, tomavam a forma seja da criação de grupos de especialistas, seja de compromissos sem valor jurídico, ou ainda, de convenções internacionais clássicas que se distinguiam por dois aspectos fundamentais dos actos jurídicos adoptados no quadro do direito comunitário: só entravam em vigor quando os Estado os ratificavam e, nenhum mecanismo obrigava ao seu respeito pelo conjunto dos Estados signatários. Tratava-se de um inter-câmbio informal de experiências, informações e competências entre os Estados membros.

Foram assim sendo criados grupos de trabalho, como o grupo TREVI[86] ("Terrorismo, Radicalismo, Violência Internacional"), constituído por funcionários dos serviços dos vários Estados membros envolvidos. Inicialmente responsável por questões relativas ao terrorismo e à segurança interna, as suas competências foram alargadas, em 1985, à imigração ilegal e à criminalidade organizada. Este grupo contribuiu para a preparação de textos europeus em matéria de livre circulação de pessoas e de asilo e acabou por ser integrado no Comité Director II do Conselho "Justiça e Assuntos Internos" da UE.

---

[86] Foi criado em aplicação de uma decisão do Conselho Europeu, de 29 de Junho de 1975, com vista a combater o terrorismo e a coordenar a cooperação policial na Comunidade em matéria de segurança.

Paralelamente, os Ministros da Administração Interna e da Justiça dos Estados membros iniciaram encontros regulares semestrais sobre cooperação policial, judiciária e aduaneira, concretizando-se o significado do princípio de "livre circulação de pessoas". Contudo, dada a impossibilidade de se chegar a um acordo ao nível da Comunidade Europeia, a França, a Alemanha, a Bélgica, o Luxemburgo e os Países Baixos, decidiram criar entre si um território sem fronteiras, o "espaço Schengen".[87] A ideia de supressão de todas as fronteiras internas dos países constituintes exigiu, no entanto, um conjunto de medidas rigorosas e complexas, dentro do princípio de que seria necessário conjugar a livre circulação com a segurança. Era fundamental atingir a harmonização entre todos os aderentes no que toca às formalidades relativas à circulação de mercadorias, pessoas e bens e às políticas nacionais de concessão de vistos. Foram levadas a cabo medidas compensatórias elaboradas na perspectiva da total abolição de controlo fronteiriço, que permitissem o surgir de harmonização, regulamentação, cooperação internacional a nível judicial e policial, de concordância relativamente a vistos, políticas imigratórias, e de um controlo do tráfico de drogas e armas de fogo. A importância de tais medidas e políticas está patente no artigo 17.º do Acordo, do seguinte modo:

> "Em matéria de circulação das pessoas, as Partes procurarão suprimir o controlo nas fronteiras comuns e transferi-los para as respectivas fronteiras externas. Para o efeito, esforçar-se-ão previamente por harmonizar, se for caso disso, as disposições legislativas e regulamentares, relativas às proibições e restrições, que estão na base do controlo, e por tomar as medidas complementares, tendo em vista a salvaguarda da segurança e a luta contra a imigração ilegal de nacionais de Estados não membros das Comunidades Europeias".

---

[87] Na origem do Acordo de Schengen de 1985 estão dois documentos: a Declaração do Conselho Europeu (1984), que referia a supressão nas fronteiras internas do bloco europeu, das formalidades policiais e aduaneiras para a circulação de pessoas e mercadorias; e, o acordo intergovernamental entre a França e a Alemanha Federal (1984 – Acordo de Saarbrücken) – cujo objectivo era uma gradual abolição de controlo nas fronteiras comuns. Neste acordo, os dois países expressaram o desejo de uma maior liberalização nas fronteiras, que permitisse uma movimentação acrescida de pessoas e mercadorias relativamente ao que até à altura se verificava entre os países da Comunidade Europeia (TIZANO; VILAÇA, 1997: 526-530).

Ainda em 1985, no Livro Branco sobre o Mercado Único,[88] a Comissão apresentou sugestões sobre a configuração de uma política comum de imigração, que deveria ser estabelecida pelo Conselho até 1990, e obrigava-se a propor, até 1988, medidas sobre o direito de asilo. Neste sentido, apresentou um projecto de directiva sobre direito de asilo que estabelecia disposições sobre a cooperação no domínio do intercâmbio de informação, da resolução de litígios em caso de sobreposição de competências, da coordenação dos critérios para a obtenção do estatuto de refugiado, bem como, da concessão de liberdade de circulação aos refugiados reconhecidos. A directiva correspondente não foi, todavia, adoptada.

No seguimento do Acto Único, os Estados membros criaram novos grupos de trabalho, novamente à margem do quadro comunitário, em função das suas necessidades, tais como o Grupo ad hoc Imigração,[89] o Comité Europeu de Luta Contra a Droga (CELAD), e o Grupo de Assistência Mútua (GAM). Estes grupos discutiam assuntos de interesse e preocupação comuns e incentivaram a adopção de algumas resoluções e recomendações sobre asilo e imigração.

No início da década de 1990, o Grupo ad hoc Imigração sublinhou a necessidade de "preservar o objectivo da livre circulação na comunidade", "de abrir para um sistema que, sem dar azo ao abuso, facilite e acabe por abolir as formalidades nas fronteiras para os cidadãos da comunidade"[90] e de definir um certo número de sectores, nos quais as medidas deveriam

---

[88] O Livro Branco foi aprovado em Maio de 1985 no Conselho Europeu de Milão e reúne a maioria das medidas legislativas necessárias para se chegar ao Mercado Único, agrupando-as sob a forma de três objectivos fundamentais que consistem na eliminação das fronteiras: físicas (abolição dos controlos das mercadorias e das pessoas nas fronteiras internas); técnicas (eliminação dos obstáculos constituídos pelas regulamentações nacionais relativas aos produtos e aos serviços, quer através da sua harmonização quer através do seu reconhecimento mútuo); e fiscais (supressão dos obstáculos criados pela disparidade dos impostos indirectos, mediante a harmonização ou a aproximação das taxas do IVA e dos impostos sobre consumos específicos).

[89] Criado em Londres, em Outubro de 1986, por iniciativa do Governo do Reino Unido, que nessa época ocupava a Presidência do Conselho, o Grupo *ad hoc* Imigração reunia todos os Ministros da Administração Interna e tinha como tarefa tratar dos problemas relacionados com o desaparecimento do controlo fronteiriço, a luta contra a imigração ilegal, o tráfico de drogas e o terrorismo.

[90] GRUPO *ad hoc* Imigração – Relatório dos Ministros da Administração Interna, apresentado ao Conselho Europeu de Maastricht sobre a Política de Imigração e de Asilo dos Doze, 3 de Dezembro de 1991.

ser tomadas, onde figuram, não só, o controlo das fronteiras externas, como também, a política relativamente aos vistos e os problemas colocados pelos requerentes de asilo.

Os primeiros passos para uma cooperação europeia em matéria de asilo foram dados sob o impulso do Acto Único Europeu (AUE).[91] Concluído em Fevereiro de 1986, o AUE marcou, de facto, uma viragem nesta cooperação que, até então, se tinha processado de modo pouco transparente, tanto no que se refere aos cidadãos, como às instituições comunitárias. O objectivo de abolir o controlo de pessoas nas fronteiras internas da Comunidade foi consagrado no tratado, mais concretamente, no artigo 8.º-A:

> "O Mercado Interno comporta um espaço sem fronteiras em que a livre circulação de mercadorias, pessoas, serviços e capitais é assegurada segundo as disposições do presente tratado".

Ao estipular que "o Mercado Interno[92] comporta um espaço sem fronteiras internas, no qual a livre circulação...de pessoas...é assegurada", define a livre circulação de pessoas como um dos quatro elementos principais do Mercado Único e transfere expressamente para a esfera comunitária as acções que se inscrevem nesse domínio.

---

[91] O Acto Único Europeu, resultante das conclusões do Conselho Europeu de Dezembro de 1985, pode ser considerado como o primeiro passo de um longo processo relacionado com a iniciativa institucional do Parlamento Europeu e com as decisões dos Conselhos Europeus dos anos de 1984-1985, constituindo a primeira modificação substancial do Tratado de Roma. Os principais objectivos do Acto Único Europeu foram: a realização do grande Mercado Interno em 1 de Janeiro de 1993; o reforço do papel do Parlamento Europeu, visando diminuir o défice democrático observado no sistema decisório comunitário; e a melhoria da capacidade de decisão do Conselho de Ministros. A revisão dos Tratados comporta, principalmente, o alargamento do campo de acção da Comunidade, mediante o desenvolvimento das políticas comuns existentes e a criação de novas políticas; o alargamento do sistema de votação por maioria no Conselho; a instituição de um processo de cooperação entre o Conselho e o Parlamento Europeu; a atribuição a este último de um poder de emissão de "parecer favorável" e o reforço da cooperação política. Por outro lado, atribui à Comissão, guardiã dos tratados, competências de execução mais amplas, conferindo-lhe um direito exclusivo de apresentar propostas relativamente a todas as matérias comunitárias que deverão ser regulamentadas. Ver a este propósito o artigo 10.º, terceiro travessão do Acto Único Europeu.

[92] A expressão "Mercado Interno" já tinha sido utilizada pelo Tribunal de Justiça da Comunidade Europeia em várias sentenças relativas à livre circulação de mercadorias.

A livre circulação dos trabalhadores comunitários, nomeadamente, o seu direito de permanência nos outros Estados membros, estava já bastante desenvolvida. Contudo, a ideia de livre circulação de todos – cidadãos europeus e nacionais de países terceiros – que implicava a supressão do controlo nas fronteiras, era mais difícil de estabelecer devido às reservas de alguns Estados. Este controlo que se pretendia suprimir era apenas o das fronteiras intracomunitárias, e não os que existiam nas fronteiras externas de cada um dos Estados membros. Paralelamente, era necessário que a livre circulação de pessoas fosse acompanhada por medidas ditas "de compensação" que consistiam em reforçar o controlo nas fronteiras externas e definir uma política europeia de asilo e de imigração (LOBKOWICZ, 1992: 93-102).

Cedo se tornou evidente que os Estados membros tinham ideias diferentes do significado do artigo 8.°-A. Por um lado, a Comissão e a maioria dos Estados membros (signatários de Schengen) afirmavam que o mesmo aplicava-se a todas as pessoas – cidadãos da UE e nacionais de terceiros países. O objectivo era a completa abolição do controlo nas fronteiras internas. Por outro lado, para alguns Estados, como o Reino Unido, a liberdade de movimento de pessoas de "acordo com o tratado" aplicava-se apenas a cidadãos da UE; logo, o controlo de nacionais de Estados terceiros tinha que se manter, não existindo nenhuma obrigação de abolir controlos fronteiriços. Desde então, esta divergência impediu os trabalhos da Comunidade nesta área.

A Comissão e a maioria dos Estados membros estabeleceram, desta forma, uma ligação inseparável entre as medidas compensatórias e a completa implementação da liberdade de movimento. Como resultado, o processo de Schengen tornou-se precursor e "laboratório" para uma política com base nesta interpretação do artigo 8.°-A. Todos os Estados membros que compreenderam este artigo desta forma entraram no processo Schengen.

O projecto europeu, criador de um espaço sem fronteiras, mexeu com mentalidades arreigadas ao nacionalismo, ao tradicionalismo, e interferiu com conceitos históricos de soberania dos Estados. Daí que tenha sido difícil conseguir um caminho consensual no que respeita à consecução do objectivo da livre circulação de pessoas. Neste contexto, surge a Convenção de Aplicação do Acordo de Schengen[93] (CAS) como instru-

---

[93] A Itália (pelo Protocolo de Paris de 27 de Novembro de 1990), a Espanha e Portugal (pelo Protocolo de Bona em 25 de Junho de 1991) e, posteriormente, a Grécia

mento necessário ao desbloqueamento de uma situação que afectava negativamente a credibilidade da Comunidade Europeia. Segundo José Marques Vidal:

> "não só o nacionalismo e o tradicionalismo condicionaram os avanços nesta matéria. Não se pode esquecer que a passagem do pólo aglutinador da economia para o domínio puro da política, envolvendo questões de segurança interna e de definição de fronteiras, fez crescer as dificuldades de ordem técnica e política, que a dimensão e soluções económicas não comportavam. Tudo isto encontra-se relacionado, independentemente de posicionamentos ideológicos, com a disparidade das posições históricas dos Estados membros e a diversidade de situações concretas a enfrentar por cada um deles, nomeadamente, as ligadas a concepções próprias da estrutura e organização estadual, e à existência de problemas internos referentes à sua própria unidade. Tratam-se de dificuldade objectivas, como são as decorrentes da harmonização de procedimentos de Estados, submetidos a uma estrutura e organização unitária" (VIDAL, 1997: 13).

Apesar de constituir um passo importante no sentido da liberdade de circulação dos cidadãos, substanciada por uma redução significativa da burocracia, a CAS visava proteger os Estados dos pedidos de asilo que não correspondiam aos critérios da Convenção de Genebra, e diminuir o fluxo migratório para a Europa como resposta às crescentes dificuldades económicas, que se traduzem quase sempre num clima de instabilidade social (BLANC, 1991: 723).

Foi assim, uma tentativa de combinar objectivos divergentes: a abolição do controlo interno nas fronteiras, em nome da livre circulação de

---

(pelo Protocolo de Madrid em 6 de Novembro 1992), juntaram-se aos 5 Estados signatários do Acordo de Schengen de 1985. A Áustria, que beneficiava desde Junho de 1994 do estatuto de observador, entrou em 28 de Abril de 1995. A Finlândia e a Suécia aderiram em 19 de Dezembro de 1996, mais a Dinamarca, país que não ratificou, porém, o Acordo de Schengen. A Convenção entrou em vigor a 1 de Setembro de 1993 para os Estados fundadores (Bélgica, Holanda, Luxemburgo, França e Alemanha) e, em 1 de Março de 1994, para Portugal e Espanha. Esta Convenção começou a ser efectivamente aplicada em Março de 1995 entre sete Estados membros, uma vez que nem todos os Estados signatários preenchiam as condições indispensáveis à sua aplicação. A Itália, Grécia e Áustria aplicam-na desde Outubro de 1997.

pessoas, com a criação de medidas compensatórias no sentido de reforçar o controlo na fronteira externa,[94] e combater o tráfico de droga, a imigração ilegal e o crime organizado (GUIMEZANES, 1994: 11-22). A supressão das fronteiras entre os Estados membros priva-os de um instrumento nacional importante para controlar e filtrar a entrada e a identidade de pessoas e garantir a segurança interna nos seus territórios. Um indivíduo que se encontre num Estado poderá atravessar as fronteiras de um outro Estado sem qualquer obstáculo, sejam elas terrestres, aéreas ou marítimas. Para assegurar um nível de segurança razoável sem este instrumento, era necessário reforçar o controlo nas fronteiras externas.[95]

É neste contexto que a CAS reservou algumas normas relativas aos refugiados, destinadas, exclusivamente, a determinar qual dos Estados deve analisar um pedido de asilo. Contudo, só no Tratado de Amesterdão é que esta experiência intergovernamental é transposta para o seio da União Europeia e integrada plenamente no âmbito comunitário. Actualmente, faz parte do *acquis* comunitário.

As discussões intergovernamentais[96] entre os Estados membros no que respeita à política de asilo e a procura de uma solução coerente para o problema do aumento do número de pedidos de asilo levaram também à adopção da Convenção de Dublin em 1990. Nesta altura, havia duas opções possíveis: restringir a entrada dos que procuravam asilo (o que contrariava os objectivos, quer do Mercado Único, quer da Convenção de Schengen); ou adoptar políticas e práticas internas harmonizadas no que se

---

[94] A eliminação das fronteiras internas entre os Estados implica o reforço das fronteiras externas do espaço unificado, com vista a garantir a segurança interna desses mesmo Estados e dos cidadãos que neles vivem ou residem, sem esquecer o combate à imigração clandestina.

[95] Neste sentido, elaborou-se a Convenção Provisória sobre a Passagem das Fronteiras Externas em 1991 que, no entanto, acabou por não ser adoptada pelos Estados, uma vez que supera amplamente a sua aparente natureza administrativa, de regulação da passagem das fronteiras externas, para entrar numa nova tentativa de elaboração de uma política migratória comum incipiente, ou seja, uma nova tentativa de definir, não só as condições de acesso ao limite externo do espaço comunitário, como também, as condições de circulação e permanência dos nacionais dos Estados terceiros.

[96] No âmbito destas discussões surgiu o Documento de Palma, preconizando uma abordagem mais coordenada dos diferentes aspectos da cooperação em matéria de Justiça e de Assuntos Internos, e propondo um conjunto de medidas que considerava indispensáveis para concretizar a livre circulação consagrada no artigo 8.°A do Tratado CEE.

refere ao asilo, imigração e entrada dos nacionais de terceiros países. No início, os Estados membros optaram por restringir unilateralmente a entrada de requerentes de asilo no seu território o que, consequentemente, levou a um desvio destes para os Estados com menos restrições. Depois, tentou-se a segunda opção, com a Convenção de Dublin. Esta representou, sem dúvida, um importante passo no caminho da harmonização do direito de asilo nos Estados membros.

A Convenção de Dublin (sobre a determinação do Estado responsável pela análise de um pedido de asilo apresentado num Estado membro), assinada em 15 de Junho de 1990,[97] representa um progresso do direito humanitário dos refugiados. Entre outros elementos, possui um conjunto de critérios que permitem determinar qual é o Estado responsável para analisar um pedido de asilo efectuado em qualquer país da comunidade: a presença de um membro da família do refugiado (laço familiar), ser portador de um visto ou título de residência atribuído por um Estado parte (laço institucional); e a responsabilidade pelo controlo da entrada no território dos Estados membros (se um indivíduo entrou ilegalmente no espaço comunitário é resultado de uma falha no controlo da fronteira de um determinado Estado, logo, esse Estado deverá ser responsabilizado). Se nenhum destes critérios referidos anteriormente fosse aplicável, seria responsável o Estado onde tinha sido depositado o primeiro pedido de asilo (artigo 8.º).

A Convenção tinha como objectivo terminar com os "refugiados em órbita", ou seja, os requerentes de asilo que eram sucessivamente enviados de um Estado membro para outro, sem que nenhum deles se reconhecesse como competente para analisar o seu pedido.[98] Procurou desta forma prevenir, não só, o movimento incontrolado dos que procuram asilo durante a análise do seu processo, como também, os pedidos múltiplos, sucessivos ou simultâneos, que davam origem a vários procedimentos de asilo e à consequente multiplicação de processos do mesmo requerente em diferentes Estados membros (fenómeno conhecido por *asilo-shopping*).

---

[97] A Convenção entrou em vigor a 1 de Setembro de 1997, entre doze Estados, juntando-se a 1 de Outubro de 1997, a Áustria e a Suécia e a 1 de Janeiro de 1998, a Finlândia.
[98] Convenção de Dublin – 4.º Considerando.

O Estado considerado responsável pelo exame de um pedido de asilo tinha, como consequência, cinco obrigações (artigo 10.º):

- permitir a entrada do indivíduo no seu território; analisar o pedido de acordo com as leis nacionais e suas obrigações internacionais (artigo 3.º n.º 3);
- "readmitir ou retomar a seu cargo qualquer requerente de asilo, cujo pedido esteja a ser analisado, e que se encontre noutro Estado membro em situação irregular" (artigo 10.º n.º 1 c);
- "retomar a seu cargo qualquer requerente de asilo que tenha retirado o seu pedido durante a análise e que tenha formulado um pedido de asilo noutro Estado membro" (artigo 10.º n.º 1 d); ou
- "retomar a seu cargo, qualquer estrangeiro cujo pedido tenha sido indeferido e que se encontre noutro Estado membro em situação irregular" (artigo 10.º n.º 1 e).

É certo que a Convenção de Dublin não trouxe nada de novo sobre as condições de análise de um pedido de asilo, que continuava a depender do direito nacional de cada Estado membro, desde que em conformidade com a Convenção de Genebra. Comporta até, uma disposição que reserva o direito de todo o Estado analisar, se desejar, um pedido de asilo que lhe seja apresentado mesmo que não seja o Estado responsável. Ficou desta forma expressa a vontade em preservar a soberania nacional e elaborar um dispositivo que autorizasse os Estados, sem obrigatoriedade, a reenviar um pedido de asilo para o Estado definido como responsável. Tudo isto levou a que se evitasse qualquer solução que pudesse dar um carácter "comunitário" às decisões. O Estado competente, nos termos da Convenção, continuou a aplicar as regras de fundo do seu sistema normativo.

No entanto, e apesar de parecer limitada no seu alcance, a Convenção constitui uma etapa importante no processo de harmonização. Defende o princípio da responsabilidade de um só Estado para a análise de um pedido de asilo, o que até então nenhuma norma internacional tinha imposto, e exprime uma confiança recíproca dos Estados membros nos procedimentos de asilo dos seus parceiros, já que cada um aceita que um pedido de asilo possa ser analisado por outro Estado.

Contudo, o direito "subjectivo" de análise da elegibilidade do estatuto de refugiado não era, contrariamente a outras disposições da Convenção, directamente aplicável. Isto dava um efeito muito limitado à Convenção de Dublin, já que o princípio, segundo o qual qualquer pedido de asilo é analisado, era minado pelo facto de um determinado país poder, em certas condições, reenviar um requerente de asilo para o país de origem ou um país terceiro. Os Estados membros conservaram assim este direito, tendo apenas que respeitar o princípio de *non-refoulement* da Convenção de Genebra. Este direito era utilizado quando o pedido era considerado "manifestamente infundado", o que significava que o interessado podia ser reenviado para o seu país de origem ou para um "terceiro país de acolhimento". Existia aqui uma contradição expressa entre o princípio segundo o qual qualquer pedido de asilo é analisado e o poder mantido pelos Estados de *refouler*.[99]

A noção de "país terceiro de acolhimento" tornou-se omnipresente em toda a legislação europeia, e veio a ser completada com a realização de vários acordos de readmissão entre os países da União Europeia e países limítrofes. O objectivo destes acordos consiste em possibilitar o reenvio dos requerentes sem analisar o seu pedido, desde que provenham de Estados com os quais tenha sido celebrado um acordo de readmissão.[100] Estes acordos visam facilitar o regresso, sem qualquer formalidade, dos nacionais de países terceiros que se encontrem em situação irregular num dos Estados membros, e ainda, conceber critérios, fixar os meios e os procedimentos de forma a assegurar aos refugiados, aos requerentes de asilo e/ou aos deslocados protecção efectiva, independentemente, do lugar em que se

---

[99] A este propósito ver Convenção de Aplicação do Acordo de Schengen, artigo 5 (2), 29.º (2) e Convenção de Dublin artigo 3.º (5).

[100] CONSELHO EUROPEU – Declaração sobre os princípios que regulam os aspectos externos da política migratória, 11-12 de Dezembro de 1992, onde se refere que: "a Comunidade e os seus Estados membros favorecerão a conclusão de acordos bilaterais ou multilaterais com os países de origem ou de trânsito, afim de assegurar que os imigrantes clandestinos possam ser reconduzidos para o seu país de origem". A 30 de Novembro de 1994, o Conselho adoptou uma recomendação relativa a um modelo de acordo bilateral de readmissão entre um Estado membro e um país terceiro. Esta recomendação fixa três tipos de modelos de readmissão: a readmissão dos nacionais; a readmissão de nacionais de países terceiros que atravessem a fronteira externa; e, por último, a readmissão de nacionais de países terceiros pela parte contratante responsável pela entrada. Fixa igualmente, os prazos a respeitar (JOCE, 1996: 0020-0024). Esta recomendação entrou em vigor a 1 de Janeiro de 1995.

A 24 de Julho de 1995, foi adoptada uma Recomendação relativa aos princípios directores a seguir na elaboração de protocolos sobre a execução de acordos de readmissão. Esta Recomendação fixou uma série de normas técnicas para a execução de acordos de readmissão. Entrou em vigor a 1 de Julho de 1995.

encontrem. Na prática permite que cada país readmita os nacionais que estejam em situação irregular noutro Estado.

A Convenção de Dublin também não trouxe nada de novo à protecção de quem procurava asilo na Europa, nem instituiu qualquer tipo de garantias jurídicas a seu favor. Foi dada aos Estados liberdade de acção em função da sua legislação nacional. Qualquer pedido era tratado segundo as disposições do seu direito nacional. Mesmo que um requerente de asilo conseguisse entrar no processo nacional de reconhecimento do estatuto de refugiado num país de acolhimento, não existia nenhuma disposição na Convenção que estabelecesse critérios comuns nesta matéria, ou quaisquer garantias processuais para os requerentes de asilo no decurso deste procedimento.[101] A Convenção não garantia, por isso, uma aplicação justa e equilibrada do seu conteúdo (MEIJERS, 1990: 439-441). Em 2003, a Convenção de Dublin, inserida o âmbito da cooperação intergovernamental, passou para o plano comunitário através da regulamentação Dublin II, que estabeleceu novamente os critérios e mecanismos de determinação do Estado membro responsável pela análise de um pedido entregue num Estado por um nacional de um terceiro Estado.

Importa ainda referir que a Convenção de Dublin adoptada no início da década de 1990, criou algumas obrigações relacionadas com a transferência e troca de informação sobre requerentes de asilo e refugiados. Foi desta forma criado, em 1992, o Centro de Informação, Investigação e Intercâmbio em matéria de Asilo (CIREA), e o Centro de Informação, Investigação e Intercâmbio em matéria de Passagem das fronteiras e de Imigração (CIREFI), com vista à recolha e troca de informação respeitante à imigração clandestina, tráfico de falsos documentos, legislação e práticas em matéria de responsabilização de transportadores. O CIREA visava recolher, intercambiar e divulgar informações e elaborar documentação sobre todas as questões relativas ao asilo. Funcionou como centro de documentação permitindo a troca e a difusão de informações escritas sobre a regulamentação, a política, a jurisprudência e os dados estatísticos dos Estados membros. Como lugar de debate entre especialistas nacionais, trocavam-se experiências nos diferentes domínios do asilo.[102] Em 2002, o

---

[101] Ver Convenção de Aplicação do Acordo de Schengen, artigo 32.º, e Convenção de Dublin, artigo 3.º (3).
[102] Ver Relatórios de actividades do CIREA JOCE, 1996; JOCE, 1997.

CIREFI foi designado EURASIL e a Comissão tornou-se responsável pela sua gestão.

Neste período, entre as décadas 1980 e 1990, a política de asilo desenvolveu-se lentamente fora do enquadramento comunitário. Por um lado, a incerteza quanto à completa realização do Livro Branco e do Acto Único Europeu, a falta de conhecimento dos regimes de asilo dos Estados membros e a diversidade de posições face às medidas comuns necessárias de adoptar nesta matéria, contribuíram para que o progresso na área do asilo fosse limitado. Por outro lado, o carácter intergovernamental das actividades relativas ao direito de asilo no âmbito do Acordo de Schengen e da Convenção de Dublin foram fortemente criticadas por organizações internacionais e pelo Parlamento Europeu, dado o secretismo que as caracterizou.[103]

3.2.1. *Até ao Tratado de Maastricht*

No início da década de 1990, mais concretamente, em 1991, a Comissão elaborou uma comunicação que compreendia três acções a desenvolver em matéria de asilo e imigração na Europa. A primeira acção reportava-se à "pressão migratória", entendida como "todos os movimentos migratórios reais e potenciais dirigidos para a Europa" (COMISSÃO, 1991: 13). Entendia-se que as políticas de imigração e de asilo estavam "plenamente integradas nas políticas externas da União e que os diferentes instrumentos políticos de que dispõe a União sejam utilizados para compreender as causas profundas dessas pressões" (COMISSÃO, 1991: 2). Como refere a Comissão "uma abordagem global da pressão migratória exige uma coordenação da acção da União e dos seus Estados membros nos domínios da política externa, da política comercial, da cooperação para o desenvolvimento e das políticas de imigração e de asilo" (COMISSÃO, 1991:14).

A segunda acção destinava-se a "controlar os fluxos migratórios" respeitando as tradições humanitárias e as obrigações internacionais dos Estados, quer através da "...definição e a implementação de abordagens comuns em matéria de políticas de admissão no que diz respeito à admissão de trabalhadores, de trabalhadores por conta própria e de estu-

---

[103] Ver Resolução do Parlamento Europeu sobre o Acordo Schengen e a Convenção de Dublin, 14 de Julho de 1990.

dantes e à aproximação das políticas de admissão por razões humanitárias", quer de políticas que "abordem de forma mais eficaz o problema da imigração ilegal..." (COMISSÃO, 1991: 2). No que respeita à política de asilo, a ênfase deveria "ser dada à garantia de que a análise dos pedidos de asilo pode continuar a ser efectuada de forma justa e eficaz" (COMISSÃO, 1991: 2).[104]

A terceira acção consistia em aprofundar as políticas de integração a favor dos imigrantes legais (liberdade de circulação e de estabelecimento, informação e diálogo, luta contra o racismo e a xenofobia). Este reforço das políticas de integração pressupunha, segundo a Comissão, a "realização de acções com o objectivo de criar as condições económicas, sociais e culturais adequadas de uma integração com êxito através de acções no domínio do emprego e da educação".[105]

A Comissão considerava assim indispensável desenvolver estes três vectores de forma simultânea e concertada a nível europeu, para se ter a garantia de que a união continuaria a ser, simultaneamente, "um espaço de liberdade, um modelo de democracia e um exemplo de humanidade". A vantagem de uma abordagem global deste tipo consistia em permitir ajustar as medidas de controlo e de admissão no território a uma cooperação a longo prazo com os países e as regiões de origem, e a uma política activa de reforço dos direitos dos nacionais de países terceiros, que já residiam legalmente na União.

De acordo com esta ideia, era necessário ter em conta dois aspectos da política de imigração e asilo no espaço da União Europeia: as questões internas e as externas. A nível interno, tornava-se essencial a partilha de encargos entre os Estados membros e uma maior harmonização legal no que respeita ao tratamento conferido aos que precisam de protecção internacional (refugiados de facto) em razão de guerras civis ou situações gerais de violência, mas que não são reconhecidos como refugiados. A nível externo, a aposta iria no sentido de prevenir e evitar as causas da imigração e dos refugiados. Neste âmbito, era dado destaque à política de desenvolvimento e de cooperação e à política de defesa dos direitos humanos, consideradas essenciais para prevenir a fuga e o êxodo, e contribuir para o regresso dos que fogem. Contudo, dada a sua difícil implementação

---

[104] Idem, Preâmbulo, 11.º parágrafo.
[105] Idem, Preâmbulo, 13.º parágrafo.

importa investir na coordenação e harmonização destas políticas entre todos os Estados, no sentido de obter coerência e evitar situações díspares.

No âmbito do processo da primeira geração da harmonização em matéria de asilo, os Estados membros adoptaram, entre 30 de Novembro e 1 de Dezembro de 1992, as "Resoluções de Londres", que englobam o seguinte conjunto de documentos: a "Resolução sobre os pedidos de asilo manifestamente infundados", a "Resolução relativa à abordagem harmonizada das questões referentes ao país terceiro de acolhimento", e as "Conclusões sobre os países onde, regra geral, não se verificam graves riscos de perseguição". Estas resoluções representaram um compromisso político dos Estados relativamente a certos objectivos e o respeito por determinadas regras mínimas em matéria de asilo.

A Resolução Sobre os Pedidos de Asilo Manifestamente Infundados foi utilizada como meio de libertar o Estado do reconhecimento do estatuto de refugiado, justificando a existência de um procedimento preliminar, que eliminava os pedidos de asilo designados como "claramente abusivos ou fraudulentos" ou "manifestamente infundados". Eram assim classificados os pedidos que não estavam em conformidade com a Convenção de Genebra, quer por ausência de fundamento do alegado receio de perseguição no país de origem do requerente, quer pela existência de uma fraude deliberada ou utilização abusiva da instituição de asilo.[106] A resolução prevê para estes pedidos um "processo acelerado...que não terá de incluir uma análise completa de cada nível do processo. São inseridos neste contexto, os pedidos apresentados por nacionais de um Estado membro da União Europeia, uma vez que todos os Estados membros são considerados "seguros".

Por sua vez, a Resolução Relativa à Abordagem Harmonizada das Questões Referentes ao País Terceiro de Acolhimento definiu os critérios para determinar o Estado terceiro de acolhimento e os princípios aplicáveis para o regresso de um requerente de asilo a esse Estado.

O conceito de "primeiro país de asilo" já era aplicado pelos Estados europeus há alguns anos. O resultado consistia em negar ao requerente de asilo uma análise do seu pedido, por razões processuais, baseando-se no facto de que ele tinha beneficiado, poderia ter requerido ou deveria ter requerido essa análise noutro Estado. Esta noção é igualmente expressa

---

[106] Resolução Relativa aos Pedidos manifestamente Infundados, ponto 1, alínea a).

pelo conceito de "país terceiro seguro", "protecção noutro lugar" ou "país terceiro de acolhimento". Em vários países europeus, a protecção é interpretada em sentido restrito para incluir de modo exclusivo, a protecção contra a perseguição, enquanto que, noutras legislações, como a holandesa, a finlandesa ou a alemã, alargou-se a noção de perseguição, de modo a incluir a protecção contra a tortura e os tratamentos degradantes e desumanos.

Considera-se país terceiro de acolhimento, os países onde o requerente de asilo não tenha a sua vida ou liberdade ameaçada, não se encontra exposto à tortura nem a tratamentos desumanos ou degradantes, obteve já protecção nesse país podendo, manifestamente, ser admitido, ou beneficia de uma protecção eficaz contra a expulsão.[107]

A noção de país terceiro de acolhimento, na maioria das legislações europeias, proíbe o envio para um país onde o requerente corra o risco de estar sujeito a perseguição, ou onde possa ser reenviado para outro local onde seja vítima de perseguição. O termo "protecção" deve ser interpretado como abrangendo, no mínimo, a protecção contra o reenvio para situações de perseguição, insegurança grave ou outras situações que justifiquem a concessão de asilo. Isto significa que os refugiados devem ter condições de poder satisfazer as suas necessidades básicas de subsistência no país de asilo, se necessário, com o apoio da comunidade internacional.

Por fim, as Conclusões sobre os países onde, regra geral, não se verificam graves riscos de perseguição, referem-se à aplicação do conceito de "país de origem seguro":

> "um país em relação ao qual se possa demonstrar claramente, de forma objectiva e verificável que, em princípio, não contribui para o aparecimento de refugiados, ou em relação ao qual se possa demonstrar claramente, de forma objectiva e verificável, que as circunstâncias que anteriormente podiam justificar o recurso à Convenção de Genebra de 1951 deixaram de existir" (ponto 1 da Conclusão).

Com a criação das listas de países seguros, os Estados membros partem do princípio que os países incluídos nesta lista sejam "seguros".

---

[107] Idem, ponto 2, alíneas a), b), c) e d).

Logo, os pedidos de asilo de nacionais provenientes desses países, podem ser automaticamente rejeitados e os requerentes reenviados para os seus países de origem. Este texto visava conferir um tratamento harmonizado aos pedidos de asilo manifestamente infundados.

O princípio de "país de origem seguro" é um instrumento jurídico relativamente novo, no entanto, a utilização deste critério nos procedimentos não é novidade. É utilizado com frequência pelas entidades que analisam a elegibilidade dos pedidos de asilo, quando avaliam a fundamentação do receio, baseando-se no conhecimento geral das condições existentes nos países de origem.

Os critérios para a determinação da segurança de um país são: o número de refugiados e as taxas de reconhecimento de requerentes de asilo nos últimos anos[108]; o respeito pelos direitos humanos (adesão aos instrumentos internacionais adequados e, em especial, a aplicação, na prática, deste princípio);[109] a existência de instituições democráticas,[110] e a estabilidade do país.[111]

Contudo, o facto de ser proveniente de um "país de origem seguro" não basta, segundo as conclusões, para rejeitar automaticamente um pedido de asilo. Os Estados membros podem, no entanto, optar por

---

[108] Idem, ponto 4 alínea a), onde se refere que "É necessário ter em conta as taxas de reconhecimento dos requerentes de asilo do país em questão que entraram em Estados membros nos últimos anos. Como é óbvio, a situação pode mudar, na sequência (por exemplo) de um golpe de Estado violento. Todavia, na ausência de qualquer alteração significativa no país de origem, é razoável pressupor que as baixas taxas de reconhecimento continuarão a verificar-se e que o país tende a não produzir refugiados".

[109] Idem, ponto 4 alínea b), onde consta que "É necessário considerar as obrigações formais assumidas por um país através da subscrição de instrumentos internacionais no domínio dos Direitos do Homem e da legislação nacional desse mesmo país, bem como o modo como, na prática, esse país cumpre as suas obrigações. O cumprimento das obrigações é evidentemente mais importante, e a adesão ou não a um determinado instrumento não pode, só por si, resultar que se considere que num determinado país não se verifica geralmente risco grave de perseguição".

[110] Idem, ponto 4 alínea c) onde se refere que a existência ou não de várias instituições democráticas não constitui condição *sine qua non*, devendo, também dedicar atenção ao "processo democrático, às eleições, ao pluralismo político e à liberdade de expressão e de pensamento".

[111] Idem, ponto 4 alínea d), que refere: "...deverá ser feita uma avaliação das perspectivas de alterações drásticas no futuro imediato. Qualquer avaliação deverá ser revista com o tempo, à luz dos acontecimentos".

apreciar esses pedidos através do chamado processo acelerado, tal como é descrito na Resolução Sobre os Pedidos de Asilo Manifestamente Infundados.

Nos últimos anos, este conceito foi transformado em lei em diversos países. Algumas destas legislações prevêem que certos Estados possam ser considerados seguros, apenas por acção do poder executivo, como no caso da Suíça e da Finlândia, ou por acção conjunta dos poderes legislativo e executivo, no caso da Alemanha.

O problema consiste nos diferentes critérios utilizados pelos Estados membros na avaliação da segurança de um determinado Estado. Na Alemanha, um país é colocado na lista de "país seguro" se a situação jurídica, a aplicação da lei e as circunstâncias políticas gerais justificarem a suposição de que nesse país não se verificam perseguições políticas, nem penas ou tratamentos desumanos ou degradantes. A legislação portuguesa define "país de origem seguro" em termos idênticos aos da Conclusão. Retirar um país da lista é normalmente possível só pela acção do poder executivo (como acontece na Alemanha e na Finlândia).

Um pedido de asilo, apresentado por alguém proveniente de um Estado considerado seguro, é rejeitado por ser manifestamente infundado, a não ser que o requerente refira factos ou produza meios de prova que demonstrem, de um modo geral, razões para recear uma perseguição no seu país de origem.

O perigo do conceito de "país de origem seguro" surge quando o princípio é utilizado para excluir grupos inteiros de uma determinada nacionalidade do processo de asilo. A situação política e o plano dos direitos humanos é difícil de apurar, já que a situação pode alterar-se rapidamente e diferir consoante os grupos étnicos e/ou sociais. A combinação entre uma classificação rígida dos países de origem seguros e a recusa de admissão ao processo de asilo, pode levar a um risco de *refoulement*. Nestes casos, os Estados violam o dever internacionalmente estabelecido de protecção dos refugiados, podendo colocar em risco a vida ou segurança física desses indivíduos.

O princípio fundamental do Direito Internacional dos Refugiados, nomeadamente, o de que cada pedido de asilo deve ser analisado individualmente, é posto em causa pelas referidas práticas. Saber se um requerente de asilo corre riscos de perseguição no respectivo país de origem é um processo difícil e complexo que, em grande parte, se baseia nas explicações e declarações do requerente, que nem sempre consegue provar.

Segundo a Amnistia Internacional, só uma apreciação individual de cada pedido de asilo pode dar resposta a tais circunstâncias.

3.2.2. Após o Tratado de Maastricht

Os Estados membros sempre lutaram em conjunto contra fenómenos transnacionais como o terrorismo, o tráfico de droga ou a imigração clandestina. A livre circulação de pessoas foi reconhecida em 1986, como um dos principais elementos do Mercado Interno, mas esta cooperação informal entre os governos mostrou-se insuficiente no combate à internacionalização das redes de actividades criminosas e na resposta às necessidades de segurança dos cidadãos europeus. Em consequência, decidiu-se que a cooperação, em matéria de Justiça e de Assuntos Internos (JAI), seria integrada no Tratado de Maastricht passando assim a constituir integralmente uma política da União Europeia. A cultura política, os sistemas jurídicos, as tradições e as práticas administrativas diferentes de Estado para Estado, tornavam a concertação, a compreensão e o diálogo no âmbito da Cooperação em matéria de Justiça e Assuntos Internos (CJAI) fundamental.

Para garantir uma maior eficácia desta cooperação em matéria de JAI, bem como, um melhor controlo democrático, afigurou-se então necessário integrar os grupos de trabalho numa estrutura global no âmbito do quadro jurídico da União Europeia. Assim sendo, a revisão do Tratado da UE consagrou os três pilares da União Europeia e deu lugar a modificações importantes no processo de decisão.

O primeiro pilar, constituído pelas Comunidades Europeias, radica nos Tratados de Paris e de Roma, com as modificações neles introduzidas pelo Acto Único Europeu. Os Estados membros e as instituições da Comunidades asseguram, em conjunto, o funcionamento deste pilar, cujo âmbito foi alargado. O segundo pilar, consiste nas acções comuns da União no domínio da Política Externa e da Segurança, regido por disposições que prevêem uma cooperação essencialmente intergovernamental, em que a Comissão é associada e o Parlamento Europeu consultado. A JAI constitui o terceiro pilar, cujo funcionamento se processa igualmente segundo um *modus* intergovernamental, sem que as instituições comunitárias sejam ainda dotadas de um verdadeiro poder de decisão. O conjunto destes três pilares constitui a União Europeia, na qual as Comunidades ocupam o lugar mais importante e os Estados membros assumem, por essa razão, as obrigações mais específicas e de mais largo espectro

Ainda que seja menos linear do que os procedimentos de tomada de decisão da Comunidade introduzidos pelo Acto Único Europeu, o título VI do Tratado de Maastricht prevê, no entanto, no que diz respeito ao asilo e à imigração, que os Estados membros e a Comissão têm poder de iniciativa (artigo K.3) e que o Parlamento Europeu é informado e consultado periodicamente sobre "os aspectos da actividade nos domínios visados" (artigo K.6).

Diversas instâncias intergovernamentais em matéria de JAI foram substituídas por instâncias da União: a Conferência Interministerial do Grupo *ad hoc* Imigração foi integrada no seio do Conselho de "Justiça e Assuntos Internos" composto pelos Ministros da Administração Interna e da Justiça. Considerada a instituição mais importante no desenvolvimento da política de asilo, o Conselho JAI não funcionou como uma instituição comunitária. Pelo contrário, serviu de fórum de cooperação intergovernamental onde as decisões foram sendo tomadas por unanimidade. Os assuntos relacionados com o asilo continuaram sob o domínio dos Estados membros que actuavam através deste Conselho e do Comité de Coordenação, composto por altos funcionários, designado Comité K.4.

Como unidade do Secretariado Geral da Comissão, este Conselho elaborou duas propostas de acção conjunta: uma sobre protecção temporária (1997), e uma revisão desta com uma proposta separada sobre partilha de encargos (1998) baseada no princípio de solidariedade entre os Estados membros.

Esta cooperação integrava os grupos de trabalho pré-existentes, numa estrutura complexa de cinco níveis: grupos de trabalho específicos, Comités directores, Comité K.4, Comité de Representantes Permanentes (COREPER), e Conselho JAI. Os Estados membros tinham um dever de informação e de consulta mútua no seio do Conselho.[112]

Pode-se assim compreender a articulação que foi feita entre o comunitário e o intergovernamental. Os então doze Estados membros responderam, desta forma, às críticas que denunciavam o carácter secreto e anti democrático das negociações sobre a liberdade de circulação interna.

---

[112] Ver TUE, artigo K.3.

Para a realização desta livre circulação, os Estados membros consideraram questões de "interesse comum", a política de asilo e de imigração, e as política para os nacionais de terceiros Estados no que respeita à entrada e movimento, condições de residência e reunificação familiar. As políticas de combate às drogas e imigração ilegal estavam entre as prioridades do terceiro pilar. Segundo Lobkowicz tratou-se de "uma clarificação política, sendo objecto de uma cooperação com condições de maior transparência conduzida no quadro do Tratado. Antes a cooperação era tributária da boa vontade dos Estados membros" (LOBKOWICZ, 1995b: 21).

De acordo com o tratado, estas questões passaram a ser desenvolvidas em conformidade com a Convenção Europeia dos Direitos do Homem e a Convenção de Genebra (tendo em conta a protecção acordada pelos Estados membros às pessoas perseguidas por motivos "políticos", e sem prejuízo dos seus poderes de manutenção da ordem pública e de salvaguarda pela segurança interna).[113] Desta forma, e pela primeira vez, os Estados europeus fizeram referência às suas obrigações internacionais, ao seu poder soberano de conceder asilo e às suas responsabilidades internas.

Debatendo-se com problemas similares na questão de asilo, a cooperação foi entendida como sendo melhor do que acções descoordenadas. Contudo, na prática, nem os interesses, nem a necessidade de acção eram exactamente os mesmos para todos os Estados membros. Alguns recebiam menos pedidos de asilo do que outros ou serviam apenas de trânsito, o que dava origem a conflitos de interesse nacional. Os Estados membros com maior número de pedidos de asilo e de refugiados pediam um maior equilíbrio na partilha dos encargos, os outros não.

O Título VI (que comporta as disposições relativa à cooperação nos domínios da JAI – terceiro pilar) inscreveu num instrumento vinculativo, a obrigação assumida pelos Estados membros de cooperarem num certo número de domínios, concretamente, em matéria de asilo. Em certa medida, este compromisso formal consolidou e codificou uma cooperação que já existia através de mecanismos *ad hoc* para tratar de questões que se reconhecia reclamarem uma resposta conjunta e não dispersa. A passagem de uma cooperação intergovernamental casuística, teoricamente reversível a qualquer momento, para um compromisso inscrito no Tratado de coope-

---

[113] Ver TUE, artigo K.2

rar numa base permanente, constituiu, desta forma, um importante sinal político tanto para a opinião pública dos Estados membros, como para o todo o mundo. Este título VI estabeleceu, igualmente, regras e procedimentos claros para a cooperação nestes novos domínios, indicando as funções que cabem aos Estados membros, à Comissão e ao Parlamento Europeu e prevendo a possibilidade de recorrer ao poder interpretativo do Tribunal de Justiça. Ficou assim definido, pela primeira vez, o papel das instituições da Comunidade no processo de harmonização destas matérias.

A nível institucional, o terceiro pilar, tal como foi concebido no Tratado de Maastricht, apenas atribuiu um papel limitado às instituições comunitárias, sem possibilidade real de exercerem um controlo nas decisões dos Estados membros. Entre os principais problemas apontados, contam-se: o limitado controlo jurídico do Tribunal de Justiça, que só era competente para a interpretação de convenções e a resolução de litígios entre os Estados membros nos casos expressamente previstos nas cláusulas do respectivo texto; a falta de informação do Parlamento Europeu que, de acordo com o Tratado, devia ser consultado pelo Conselho mas, na maior parte dos casos, apenas era informado à posteriori, sem possibilidade de formar uma opinião sobre as discussões em curso; um direito de iniciativa da Comissão limitado a seis domínios, entre os nove mencionados sob o Título VI do TUE e partilhado pelos Estados membros (os únicos que podiam regular em questões de cooperação judiciária em matéria penal, policial e aduaneira); e, a votação por unanimidade no Conselho que, frequentemente, paralisava a tomada de decisão, nomeadamente em matéria de asilo.

Estas dificuldades com que se depararam os actores da cooperação em matéria de Justiça e de Assuntos Internos, explicam os pedidos e críticas formuladas pela Comissão, pelo Parlamento e por outras fontes nos debates realizados antes e durante a Conferência Intergovernamental de 1996-97 que elaborou o Tratado de Amesterdão.

O Tratado de Maastricht previu ainda a possibilidade de uma certa "comunitarização" da acção em matéria de imigração e de asilo.[114] Para

---

[114] Conclusões do Conselho de 20 de Junho de 1994 relativas à eventual aplicação do artigo K.9 do TUE à política de asilo. O Conselho, tal como a Comissão, consideraram que não tinha chegado a altura de propor tal aplicação atendendo ao facto de que o tratado recentemente tinha entrado em vigor. JOCE C274/34 de 19 de Setembro de 1996.

além vez de preparar apenas as convenções intergovernamentais a adoptar pelos Estados membros segundo o Direito Internacional ordinário, o Conselho podia, por unanimidade, adoptar uma política de asilo, uma política de abertura das fronteiras externas ou uma política de imigração, como o artigo 100.°-C lhe dava já o poder de o fazer em matéria de vistos.[115] Conhecida como "cláusula passarele" (artigo K9),[116] esta disposição ia contra a soberania dos Estados e por isso nunca foi utilizada em matéria de asilo.

Instituída na sequência da entrada em vigor do Tratado da União Europeia, em 1993, esta cooperação não foi considerada muito satisfatória, tanto no que se refere ao seu funcionamento, como no que toca aos seus resultados. Apesar da cooperação entre alguns Estados membros ter permitido progredir, este método intergovernamental tinha inconvenientes que os observadores não deixaram de assinalar. O principal, consistia na ausência de coordenação entre as actividades dos grupos de trabalho. Com efeito, os vários grupos, que ao longo dos anos se tinham constituído, trabalhavam separadamente e elaboravam os seus relatórios tendo como destinatários ministros que faziam parte de diferentes elencos, o que conduzia, por vezes, à duplicação de esforços. Além disso, o Parlamento Europeu e os parlamentos nacionais, pela própria natureza desta cooperação, não podiam exercer qualquer controlo sobre as acções desenvolvidas neste quadro. Os instrumentos utilizados correspondiam a um método intergovernamental tradicional: as convenções e a formulação de resoluções, conclusões e recomendações. Enquanto instrumentos do Direito Internacional clássico, estes actos eram adoptados fora do âmbito do Conselho da União Europeia.

Entre as medidas adoptadas durante o período do Tratado de Maastricht, destacam-se: as medidas relacionadas com a aplicação da Convenção de Dublin (EURODAC); a adopção de uma Posição comum

---

[115] O artigo 100.°-C do TUE transfere para a Comunidade apenas a competência de determinar quais os países terceiros cujos nacionais deverão ser detentores de visto para transporem as fronteiras externas dos Estados membros.

[116] O artigo K.9 do Título VI criou igualmente a possibilidade de novos desenvolvimentos institucionais, na medida em que prevê que "o Conselho, deliberando por unanimidade, por iniciativa da Comissão ou de um Estado membro, pode decidir tornar aplicável o artigo 100.°-C do Tratado que institui a Comunidade Europeia a acções que se inscrevam nos domínios a que se referem os n.° 1 a 6 do artigo K.1".

na aplicação do conceito de refugiado; e uma Resolução sobre Garantias Mínimas nos Procedimentos de Asilo; e uma Resolução sobre protecção temporária, incluindo um procedimento de emergência de alerta para partilha de encargos.

Dadas as diferenças de tratamento que cada Estado conferia aos que procuravam asilo no seu território, tornava-se necessário estabelecer um equilíbrio entre os Estados membros nesta matéria. Os Estados mais generosos eram penalizados com um maior número de pedidos face aos mais restritivos. É neste contexto que, em Abril de 1995, surge a Resolução sobre as "Garantias Mínimas para os Procedimentos de Asilo". Esta Resolução definiu o conjunto de direitos que os requerentes de asilo devem beneficiar no território dos Estados membros durante o tempo em que decorre a análise do seu pedido. Estabeleceu também, as regras a aplicar aos pedidos de asilo manifestamente infundados e aos que são apresentados nas fronteiras, definindo-se, desta forma, as garantias processuais mínimas em matéria de asilo que cada Estado deve respeitar.

De acordo com esta resolução, um Estado membro que analisou um pedido de asilo (não obstante as disposições nacionais quanto à aplicação do conceito de país terceiro de acolhimento), deve conceder asilo ao requerente que preencha os critérios do Artigo 1.°-A da Convenção de Genebra.

Ficou ainda definido que os pedidos de asilo seriam analisados individual, objectiva e imparcialmente, podendo permanecer no território do Estado, o requerente de asilo cujo pedido estivesse a ser analisado.

Apesar dos esforços na procura de um tratamento uniformizado no espaço da União Europeia em matéria de asilo, a diferente interpretação dada pelos Estados membros ao conceito de refugiado, tal como consta da Convenção de Genebra, provocou ao longo dos anos vários problemas. Alguns Estados interpretavam o conceito de forma restritiva, não reconhecendo o estatuto aos que eram perseguidos por entidades não estatais, outros concediam-no a indivíduos cujos pedidos eram recusados noutros Estados.

Numa tentativa de resolução do problema, o Conselho adoptou, em Março de 1996, uma posição comum sobre a aplicação harmonizada do conceito de "refugiado" em conformidade com a Convenção de Genebra de 1951 (JOCE, 1996a). Procurou-se assim, harmonizar a aplicação dos critérios de determinação da qualidade de refugiado, definindo orientações comuns para o reconhecimento e o acolhimento de refugiados nos Estados membros. O objectivo consistia em evitar que o mesmo indivíduo pedisse asilo simultaneamente em vários Estados membros (fenómeno de *asilo shopping*).

Importa aqui referir que os princípios gerais da interpretação de tratados, tal como estão estabelecidos no artigo 31.º da Convenção de Viena sobre o Direito de Tratados, exigem que um tratado seja interpretado segundo o significado atribuído aos termos legais, de acordo com o contexto e à luz do objecto e fim do mesmo. O significado comum do conceito de "perseguição", engloba todos os actos persecutórios, independentemente de envolverem ou não a cumplicidade do Estado. É igualmente oportuno mencionar o Preâmbulo da Convenção de Genebra que destaca a importância dos direitos humanos no contexto dos refugiados. Nesta perspectiva, seria contrário ao objecto e ao propósito da Convenção excluir do seu âmbito pessoas em perigo de perseguição.

O Parlamento Europeu fez referência, por várias vezes, ao conceito de refugiado e aos esforços europeus de harmonização nesta matéria, sublinhando a importância de seguir à letra o espírito da Convenção de Genebra. Para o Parlamento, a Convenção de Genebra é um instrumento que garante um princípio de civilização de longa data, principalmente, o direito de protecção daqueles que são perseguidos. Considerava, por isso, que os Estados membros da Comunidade tinham uma responsabilidade particular no respeito pela Convenção de Genebra, cuja filosofia deveria consistir em "abordar o problema de uma forma generosa face aos que necessitam de protecção internacional" (JOCE, 1992: 3). Reconhecendo as dificuldades relacionadas com a interpretação dos termos "receando com razão" e "perseguição", que constam da definição de refugiado da Convenção de Genebra, o Parlamento realçou a necessidade de se chegar a uma harmonização da interpretação, de forma a assegurar uma prática harmonizada no seio da Comunidade. Neste sentido, propunha que os Estados recorressem ao Guia do ACNUR para resolver os problemas de interpretação (JOCE, 1992:3).

Também no Relatório da Comissão das Liberdades Públicas e dos Assuntos Internos, sobre os princípios gerais de uma política de asilo europeia (conhecido por Relatório Lambrias), o Parlamento Europeu apela a que os Estados membros "providenciem para que seja alargada e complementada a Convenção de 1951 e para que, na definição do conceito de refugiado, sejam tomadas em consideração as deliberações adoptadas nessa matéria pela OUA",[117] considerando que "é necessário a UE proceder a uma harmonização da políticas de asilo, para cujo efeito é necessário uma política europeia global de refugiado".[118] Neste relatório, o Parlamento afirma ainda, que cabe à União Europeia "uma responsabilidade especial na solução do problema dos refugiados à escala mundial, dado que, para além da responsabilidade histórica...constitui uma das regiões mais ricas da terra" devendo, por isso, "contribuir a nível mundial para a definição de uma estratégia global e a longo prazo que permita enfrentar o desafio dos crescentes e imprevisíveis fluxos de populações".[119]

Uma das questões mais susceptíveis de controvérsia no espaço da União Europeia consiste na noção de "alternativa interna de fuga". Esta era utilizada pelos Estados membros para rejeitar requerentes de asilo, com o fundamento de que eles poderiam ter procurado, ou podem procurar, com segurança, refúgio noutra parte do seu país de origem. Para reconhecer o estatuto de refugiado, o receio de perseguição não necessita de se estender a todo o território do país de origem do refugiado. Um exemplo disso é a perseguição de um grupo específico, étnico ou nacional, que pode ocorrer apenas numa parte do país. O pressuposto subjacente à aplicação deste conceito consiste na ideia de que as autoridades do Estado estão dispostas a proteger os direitos dos seus cidadãos, mas são impedidas ou não estão em condições de assegurar essa protecção, em determinadas zonas do país.

O Tratado de Maastricht colocou como uma das prioridades da agenda política europeia, a política de imigração e o direito de asilo, domínios que suscitavam questões complexas e urgentes. Simultaneamente, reafirmou a sua dependência dos valores de justiça social e do respeito da pessoa humana, que são próprios do património europeu.

Este tratado substituiu todos os acordos anteriores referentes à política de asilo e imigração e procurou o desenvolvimento de uma abordagem global que combinasse os seguintes aspectos: a coordenação da política social; a política externa e de segurança e as trocas comerciais; os instrumentos de cooperação e de desenvolvimento de uma política de imigração; e uma abordagem europeia coerente para combater fenómenos de expansão, como o tráfico de mulheres e de crianças para exploração sexual.

---

[117] Relatório Lambrias, ponto 13, p. 7.
[118] Idem, alínea d), p. 15.
[119] Idem, alínea e) e f), p. 15.

Com a entrada em vigor do TUE, a discussão sobre a política de asilo, que até então tinha decorrido num contexto puramente intergovernamental, passou a efectuar-se num quadro institucional único.[120] O direito de asilo foi expressamente mencionado, o que não acontecia, nem no Tratado de Roma, nem no Acto Único.

O desenvolvimento de políticas de asilo uniformizadas entre os Estados membros foi limitado neste período. A cooperação intergovernamental levou à adopção de um conjunto de instrumentos que representavam mais a prática dos Estados do que uma tentativa concertada em harmonizar as políticas de asilo tendo como base princípios comuns. Contudo, este período foi importante para a mudança de atitude dos Estados membros em relação à harmonização. A maior cooperação entre as autoridades no contexto do Acordo de Schengen e da Convenção de Dublin, a formalização da cooperação intergovernamental no Conselho JAI, destacaram as inconsistências entre as políticas e as práticas dos Estados e destacou a necessidade de acabar com essas diferenças.

Enquanto preocupações comuns, o problema dos pedidos infundados e o tráfico ilegal requeriam uma solução comum. Além disso, nem sempre os direitos dos requerentes de asilo, refugiados e imigrantes eram respeitados. Tornava-se, por isso, essencial, a adopção de instrumentos coerentes e consistentes baseados em princípios comuns que, apesar de serem mais difíceis de alcançar, serviriam melhor os interesses dos Estados.

---

[120] O artigo C do tratado refere que "A União dispõe de um quadro institucional único, que assegura a coerência e a continuidade das acções empreendidas para atingir os seus objectivos, respeitando e desenvolvendo simultaneamente o acervo comunitário. A União assegurará, em especial, o conjunto da sua acção externa no âmbito das políticas por si adoptadas em matéria de relações externas, de segurança, de economia e de desenvolvimento...".

4. O PROCESSO DE HARMONIZAÇÃO DA POLÍTICA DE ASILO

Finalmente, neste capítulo, reflecte-se sobre a evolução do processo de harmonização da política de asilo em termos de cooperação versus coordenação, e o desenvolvimento de um sistema europeu de asilo, terminando com a análise do Tratado de Lisboa quanto a esta matéria.

4.1. A Cooperação e Coordenação

Com a entrada em vigor do Tratado de Amesterdão, em 1999, começou uma nova fase para a integração europeia, particularmente, ao nível das políticas de imigração e de asilo. Até então, as iniciativas legislativas relacionadas com a entrada no território dos Estados membros, eram consideradas parte exclusiva das competências dos Estados, o que dificultava o processo de harmonização nestas áreas.

O Tratado de Amesterdão (TA) representou um passo na evolução para uma maior harmonização e coordenação entre os Estados, ao transferir a imigração e o asilo do terceiro para o primeiro pilar, criando o Título IV relativo a "Vistos, asilo, imigração e outras políticas ligadas à livre circulação de pessoas".[121] O controlo das fronteiras externas, o asilo, a imigração e a cooperação judiciária em matéria civil, passaram a fazer parte

---

[121] Houve uma renumeração dos tratados, assim o título III A artigos 73.º I a 73.º Q, passaram para o título IV artigos 61.º a 69.º. Todo o título IV do Tratado que institui a Comunidade Europeia constitui uma das mais importantes novidades do Tratado de Amesterdão. Trata-se de um novo dispositivo sobre um espaço de liberdade, de segurança e de justiça e da integração no Tratado da Convenção de Schengen, o que constitui um passo decisivo no sentido da Europa dos cidadãos: a construção europeia está em curso para os cidadãos e com os cidadãos. Estes artigos 61.º a 69.º são particularmente precisos quanto à realização de um verdadeiro espaço europeu de liberdade, de segurança e de justiça (LOPES, 1999: 57).

do primeiro pilar e a regerem-se pelo método comunitário.[122] Realizou-se assim a transferência de um domínio relevante, no quadro institucional da União, do método intergovernamental (2.º e 3.º pilar) caracterizado pela regra da unanimidade, para o método comunitário (1.º pilar). Estas questões passaram a estar submetidas às regras comunitárias e inseridas no âmbito dos instrumentos comunitários (directivas, regulamentos, decisões, recomendações e pareceres), e a ter a participação das instituições comunitárias e o controlo da legalidade pelo Tribunal de Justiça da Comunidade. Esta alteração, designada de "comunitarização", assenta na relação lógica que existe entre a livre circulação de pessoas e a criação de medidas que garantam a sua segurança dentro do espaço da União Europeia. Este nexo entre o antigo e o novo primeiro pilar encontra-se no artigo 61.º alínea a) do tratado, onde se refere a necessidade de adoptar medidas destinadas a conseguir a livre circulação de pessoas.

Ao colocarem os direitos fundamentais em primeiro plano, os redactores do Tratado de Amesterdão pretenderam consagrar na lei o respeito pelos direitos humanos. Neste sentido, o tratado procurou consolidar uma série de princípios fundamentais para a União, tais como, "a liberdade, a democracia, o respeito pelos direitos do homem e pelas liberdades fundamentais, bem como, o estado de direito". Ficou definido o procedimento a adoptar em caso de violação dos princípios da União por parte de um Estado membro, e a necessidade de combater de forma mais eficaz a discriminação que, a partir de então, passou a incluir, a discriminação com base na nacionalidade, no sexo, raça ou origem étnica, na religião ou nas crenças, numa deficiência, na idade ou na orientação sexual (artigos 12.º e 13.º do Tratado).

O Tratado estabeleceu um programa de cinco anos para adoptar medidas em áreas consideradas prioritárias, tais como: assegurar a livre circulação de pessoas (cidadãos da UE e nacionais de países terceiros); criar normas comuns para a imigração e o direito de asilo; e garantir, ao mesmo tempo, a segurança de todos, combatendo todas as formas de criminalidade organizada (tráfico de seres humanos, exploração sexual de crianças, tráfico de droga, de armas, de automóveis, corrupção, fraude), bem como, o terrorismo. Este último domínio englobava a cooperação

---

[122] O método comunitário é baseado na ideia da defesa do interesse geral dos cidadãos da União, já que as instituições comunitárias gozam plenamente o seu papel no processo de decisão, respeitando o princípio da subsidiariedade.

judiciária em matéria civil, a cooperação administrativa, e a cooperação policial e judiciária em matéria penal.

Sendo a coordenação das acções e a cooperação nestas áreas entre os diversos departamentos dos Estados membros considerada essencial, ficou previsto um sistema de informação e de consulta mútua entre todos no âmbito do Conselho. Os Estados passaram a poder defender posições comuns nas instâncias internacionais, mas tinham, acima de tudo, um papel de iniciativa, podendo propor ao Conselho a adopção de posições ou de decisões comuns, ou mesmo, a elaboração de convenções em matérias de cooperação abarcadas pela JAI. Os Estados membros conservaram assim as suas prerrogativas, especialmente em matéria de livre circulação de pessoas, continuando a ser da sua exclusiva responsabilidade a garantia da ordem pública e a salvaguarda da segurança interna.

Quanto ao Conselho, o TA definiu um plano de acção no sentido de implementar políticas comuns no que respeita à instituição de asilo, refugiados e deslocados, imigração e direitos dos nacionais de países terceiros. A ideia era criar um sistema de asilo comum, identificando como áreas a desenvolver (artigo 63.°): os critérios e mecanismos para determinar qual o Estado responsável para analisar um pedido de asilo; os princípios comuns a respeitarem no acolhimento de requerentes de asilo, na atribuição do estatuto de refugiado e na concessão de protecção temporária; e a promoção de um esforço de partilha dos encargos que os refugiados representam para os Estados. No conjunto tratou-se de delinear um sistema de asilo comum em duas fases complementares. Numa primeira fase, seria necessário desenvolver uma legislação de base, classificada de "normas mínimas", para depois numa segunda fase, o processo ficar completo e se alcançar a harmonização de conteúdos e procedimentos. No entanto, como estes foram definidos entre os Estados, as disposições normativas criadas então foram a expressão do "mínimo denominador comum". A exigência da unanimidade e os interesses díspares dos Estados baixaram o nível de protecção internacional que era conferido aos refugiados na Europa. Ficou contudo expresso no tratado o compromisso dos Estados em consultar o ACNUR e outras organizações internacionais sobre questões relacionadas com a política de asilo, continuando a Convenção de Genebra e o Protocolo de Nova Iorque a servir de referência nesta matéria.[123]

---

[123] Ver Declaração para a Acta Final. Ver também, Declaração do artigo 73.° K do Tratado que institui a Comunidade Europeia, nos termos da qual, proceder-se-á a con-

Com vista à elaboração da política comum de asilo, os Estados membros concordaram em adoptar medidas comuns em matéria de: controlo na passagem das fronteiras externas da União Europeia (artigo 62, n.º 2);[124] normas e procedimentos para o controlo de pessoas; regras para a emissão de vistos nos casos de permanência inferior a três meses; elaboração de uma lista de países terceiros cujos cidadãos têm de possuir visto e uma lista para os que estão isentos dessa exigência. A gestão mais eficaz destas fronteiras permite simplificar o controlo interno e, consequentemente, incentivar a livre circulação de pessoas.

Com o TA adoptou-se um Protocolo sobre o direito de asilo para os nacionais dos Estados membros. Este revestiu-se de grande importância para a harmonização europeia da política de asilo, ficando prevista uma limitação no acesso ao procedimento de asilo. Qualquer pedido de asilo apresentado pelos nacionais de Estados membros da UE passou a ser tomado em consideração apenas no caso de um dos Estados adoptar medidas derrogatórias às suas obrigações decorrentes da Convenção sobre a Protecção dos Direitos do Homem e das Liberdades Fundamentais, ou se o Conselho tiver constatado uma violação grave dos direitos humanos

---

sultas com o ACNUR e com outras organizações internacionais competentes sobre questões relacionadas com a política de asilo.

[124] Relacionado com o artigo 62.º, a Conferência Intergovernamental de Turim, realizada a 29 de Março de 1996, aprovou um Protocolo relativo às relações externas dos Estados membros referente à passagem das fronteiras externas, e que não prejudicam a competência dos Estados membros para negociar ou celebrar acordos com países terceiros, desde que estes respeitem o direito comunitário e outros acordos internacionais pertinentes. Na fixação das regras em matéria de vistos devem ser tidas em conta considerações de política externa da União e dos Estados membros. Só assim poderão ficar salvaguardadas as condições essenciais do exercício da soberania dos Estados membros, porque estes podem negociar ou celebrar com países terceiros os acordos que entenderem, desde que os mesmos se conformem com o direito comunitário e com os demais acordos internacionais pertinentes. Aliás, a existir privação das condições essenciais do exercício da soberania, ela tinha resultado da assinatura dos Acordos de Schengen e não do Tratado de Amesterdão, uma vez que este limitou-se a comunitarizar matéria que não era comunitária, mas que já tinha saído da órbita da soberania dos Estados. Pensa-se que não haja a este respeito, violação da soberania dos Estados membros, pois estes ficam com o direito de tomar as medidas de organização que considerem necessárias para dar cumprimento às suas obrigações internacionais decorrentes da Convenção de Genebra de 1951. Ver a este propósito a Declaração n.º 48 anexada ao Tratado da CE.

nesse Estado.[125] A introdução desta restrição geográfica no acesso de refugiados ao procedimento de asilo no espaço único, foi considerado inconsistente com as responsabilidades internacionais assumidas pelos Estados europeus, que ratificaram a Convenção de 1951, que garante, entre outros direitos, o acesso sem restrições ao procedimento de asilo.[126]

Outro factor relevante aquando a assinatura do Tratado de Amesterdão foi a incorporação do Protocolo que integra o acervo de Schengen no quadro da União Europeia.[127] Primeiro exemplo concreto da cooperação

---

[125] Artigo único do Protocolo relativo ao direitos de asilo para os nacionais dos Estados membros da União Europeia, alíneas a), b), c), d). Este foi o caso da Bélgica que assumiu o compromisso de analisar, caso a caso, todos os pedidos de asilo, mesmo que fosse feito por um cidadão da União Europeia, a fim de respeitar as suas obrigações internacionais anteriores, e que resultam da subscrição Convenção de Genebra de 1951 e Protocolo de Nova Iorque de 1967.

[126] Este protocolo foi fortemente criticado pelo ACNUR e pelo ECRE. Ambos argumentaram que "não se pode prever o desenvolvimento dos direitos humanos nos Estados membros a longo prazo. Nenhum Estado é absolutamente imune a uma séria instabilidade política ou social que provoque violações dos direitos humanos. Há que ter em conta, por exemplo, situações que se podem verificar numa UE alargada" (ACNUR, 1997; ECRE, 1995).

[127] O Protocolo que integra o acervo de Schengen no quadro da União Europeia foi, por sua vez, completado por três protocolos, a saber: o Protocolo relativo à aplicação de certos aspectos do artigo 7.°-A (actual 14.°) do Tratado que institui a Comunidade Europeia ao Reino Unido e à Irlanda, o Protocolo relativo à posição do Reino Unido e da Irlanda e o Protocolo relativo à posição da Dinamarca. Em conformidade com o Protocolo sobre a posição do Reino Unido e da Irlanda, ambos os países não participam nas medidas decorrentes do título IV, nem lhes estão vinculados. Não participam, portanto, na votação nos domínios abrangidos pelo espaço de segurança, de liberdade e de justiça (artigo 2.°). Não obstante, caso desejem participar na adopção e aplicação de uma qualquer medida proposta, deverão informar do facto o presidente do Conselho, num prazo de três meses a contar da data de apresentação ao Conselho da proposta ou da iniciativa. (artigo 3.° n.° 1). Poderão igualmente adoptar a medida a qualquer momento, após a sua aprovação pelo Conselho (artigo 4.°). Estes países reservam-se ainda a exercer um controlo nas suas fronteiras relativamente às pessoas que pretendem entrar no seu território, em especial os cidadãos de Estados que constituem partes contratantes no Acordo sobre o Espaço Económico Europeu ou de qualquer outro acordo que vincule o Reino Unido e/ou a Irlanda, e de os autorizar a entrar no seu território. Por sua vez, os outros Estados membros podem exercer controlo sobre qualquer pessoa proveniente do Reino Unido ou da Irlanda (artigo 3.°).

Em Março de 1999, o Reino Unido manifestou a sua vontade de participar em certos aspectos da cooperação baseada em Schengen: a cooperação policial e judi-

reforçada entre treze Estados membros, a integração do Espaço Schengen no quadro jurídico e institucional da UE, passou a ser objecto de controlo parlamentar e jurisdicional.[128] Para evitar a repetição de uma colaboração intergovernamental exclusiva segundo o modelo de Schengen, o Tratado de Amesterdão previu, no título VI do Tratado UE, a possibilidade de criar uma cooperação reforçada no quadro da UE para os Estados membros que quisessem "ir mais longe" na sua colaboração.[129] Neste sentido, aqueles que entendessem aprofundar a cooperação entre si, avançando mais rapidamente em certos domínios, não necessitavam de criar um sistema jurídico externo, como foi o caso do Sistema de Schengen. Ao mesmo tempo, havia possibilidade de outros Estados membros poderem vir a participar ulteriormente.

---

cial em matéria penal, a luta contra o tráfico de estupefacientes e o sistema de informação (SIS).

De acordo com o Protocolo sobre a posição da Dinamarca, este país não participa nas medidas decorrentes do Título IV, excepto no que se refere às medidas que determinam quais os países terceiros cujos nacionais devem estar munidos de um visto quando transpõem as fronteiras externas dos Estados membros e às medidas relativas à instituição de um modelo-tipo de visto (artigo 1.º e 4.º do Protocolo).

[128] Artigo 1.º do Protocolo que integra o acervo de Schengen no quadro da União Europeia.

[129] O Tratado de Amesterdão admite formas de "cooperação reforçada", ou seja, o estabelecimento de regras que, pelo menos numa primeira fase, só se aplicam aos Estados membros que as tiverem aprovado, sem que sejam postos em causa os princípios do tratado e, nomeadamente, a liberdade de circulação e os direitos dos cidadãos. Assim, se a maioria dos Estados o desejarem, é agora possível, por deliberação da maioria qualificada dos Estados membros, instaurar, nas condições definidas pelo Tratado, cooperações reforçadas, tanto no domínio propriamente comunitário como no da cooperação penal e policial. A PESC está excluída do âmbito de aplicação da cooperação reforçada, sendo a possibilidade de uma "abstenção construtiva" o único mecanismo de "flexibilidade" autorizado neste caso. Ao aplicar o sistema da "cooperação reforçada" (flexibilidade), os 13 Estados de Schengen estão a prosseguir a sua cooperação na ordem jurídica do novo tratado, que acaba assim com as contradições de dois sistemas separados, que se estavam a desenvolver. Para poder ser implementada, uma cooperação reforçada deve: facilitar a realização dos objectivos da União e preservar os seus interesses; respeitar os princípios dos tratados e o quadro institucional único da União; ser utilizada apenas em última instância; contemplar, pelo menos, uma maioria de Estados membros; não afectar nem o acervo comunitário, nem as medidas adoptadas a título das outras disposições dos Tratados; não afectar as competências, os direitos, as obrigações e os interesses dos Estados membros que não participam nessas cooperação; estar aberta a todos os Estados membros e permitir que os mesmos participem a qualquer momento, desde que respeitem a decisão inicial, assim como as decisões tomadas em consequência.

Neste contexto, o Tratado de Amesterdão constituiu uma reforma sem precedentes, ao introduzir o conceito de integração diferenciada. Concretamente, foram acrescentados três artigos (artigos 43.°, 44.° e 45.°) que permitiam, aos Estados membros que se propunham estabelecer entre si uma cooperação reforçada, recorrer às instituições e aos procedimentos e mecanismos previstos pelo Tratado.

Foi assim concretizado o objectivo da livre circulação de pessoas, institucionalizado a partir do Acto Único Europeu, assegurando um controlo parlamentar democrático e colocando à disposição dos cidadãos recursos judiciários sempre que os seus direitos fossem postos em causa (Tribunal de Justiça e/ou órgãos jurisdicionais nacionais segundo os domínios). Uma das mais solicitadas modificações da estrutura da UE, e que se efectivou com o Tratado de Amesterdão, consistiu na atribuição de competência ao Tribunal de Justiça das Comunidades nas questões relativas à livre circulação, concretamente, asilo, imigração e deslocação no espaço europeu. Ao permitir que o Tribunal se debruçasse sobre estes temas aumentou-se a legitimidade de actuação dos próprios Estados membros, promovendo a uniformização da interpretação e aplicação do direito comunitário e permitiu-se, pela primeira vez, que um tribunal, de características internacionais, se pronunciasse sobre o direito dos refugiados. O Tratado reforçou assim, consideravelmente, os meios de acção da União em matéria de JAI. Todas as iniciativas neste domínio passaram a ser da competência da UE, favorecendo a definição de políticas coerentes a nível europeu.

Nesta altura, uma das tarefas mais importantes do Conselho consistiu em seleccionar, entre as disposições e medidas adoptadas pelos Estados signatários dos acordos intergovernamentais, as que constituíam um verdadeiro acervo, ou seja, um conjunto de actos a conservar para permitir prosseguir a cooperação existente. Neste sentido, em Maio de 1999, foi adoptada uma lista dos elementos constituintes do acervo, bem como a definição da base jurídica respectiva correspondente nos tratados europeus.[130] Entre as medidas principais adoptadas pelos Estados que perten-

---

[130] Estes elementos foram publicados no Jornal Oficial, excepto os considerados confidenciais, o que assumiu maior importância pelo facto de se tratar de regras jurídicas que os países candidatos à adesão devem incluir na respectiva legislação nacional. Ver JOL 176, de 10 de Julho de 1999. Rectificativo: JOL 9, de 13 de Janeiro de 2000.

cem ao espaço Schengen, e que constituem "o acervo de Schengen",[131] destacam-se:

- a abolição do controlo nas fronteiras comuns e a transferência desse controlo para as fronteiras externas;
- a definição comum das condições de passagem nas fronteiras externas;
- a separação nos aeroportos e nos portos entre os viajantes no interior do espaço Schengen e os provenientes de territórios fora desse espaço;
- a harmonização das condições de entrada e de vistos para as estadias de curta duração;
- a instituição de uma coordenação entre as administrações para fiscalizar as fronteiras (funcionários de ligação, harmonização das instruções e da formação do pessoal);
- a definição do papel dos transportadores na luta contra a imigração clandestina;
- a obrigação de declaração por parte dos cidadãos de países terceiros que circulam de um país para outro;
- a definição de regras relativas à responsabilidade dos pedidos de asilo (Convenção de Dublin);
- a instauração de um direito de vigilância e de procedimento penal de um país para outro;
- o reforço da cooperação judicial através de um sistema de extra-

---

[131] O Acervo Comunitário constitui a base comum de direitos e obrigações que vinculam os Estados membros a título da EU, e articula-se em torno do Mercado Interno e suas liberdades, bem como das medidas de solidariedade destinadas a apoiar as regiões e populações mais favorecidas. São designados "acervo de Schengen" os seguintes actos: o Acordo de Schengen de 1985; a Convenção de Aplicação do Acordo de 1985, concluída a 19 de Junho de 1990 e o Acto Final e Declarações Comuns anexas; os Protocolos e acordos de adesão ao Acordo e à Convenção de Aplicação celebrados com a Itália (assinados a 27 de Novembro de 1990), Espanha e Portugal (assinados a 25 de Junho de 1991), Grécia (assinados a 6 de Novembro de 1992), Áustria (assinados a 28 de Abril de 1995), Dinamarca, Finlândia e Suécia (assinados a 19 de Dezembro de 1996), e os Actos finais as Declarações anexas; e, por fim, as Decisões e Declarações adoptadas pelo Comité Executivo instituído pela Convenção de Aplicação de 1990, e os actos adoptados com vista à execução da convenção pelas instâncias às quais o Comité Executivo conferiu poderes de decisão (LOPES, 1999: 433-434).

dição mais rápido e uma melhor transmissão da execução de julgamentos repressivos;
- e a criação do Sistema de Informação Schengen (SIS).

Por sua vez, a Convenção de Genebra, o Protocolo de Nova Iorque e a Convenção Europeia sobre Direitos do Homem fazem também parte do *acquis communitaire*. A este respeito, de acordo com o artigo 67.° do TA, os vários instrumentos da UE sobre asilo devem estar em conformidade com as disposições da Convenção de Genebra. Também os direitos fundamentais consagrados na Convenção dos Direitos do Homem foram considerados princípios gerais da lei comunitária (artigo 6.°).

O Tratado de Amesterdão continha, desta forma, um número de propostas práticas e políticas para orientar o desenvolvimento de uma política de asilo comum – em particular permitia um enquadramento dos princípios mínimos comuns. A vontade dos Estados em ceder parte da sua soberania e controlo no que respeita aos seus sistemas de asilo foi essencial para o processo e, em larga medida, determinou a sua evolução. Este tratado representou ainda uma oportunidade para reforçar a protecção de refugiados, uma vez que permitia aos Estados resolver consideráveis diferenças entre os seus sistemas nacionais de asilo. Contudo, na realidade, os acordos que daí resultaram baseavam-se no "menor denominador comum". Os interesses dos Estados, muitas vezes em conflito com as ambições de harmonização, levavam a que as negociações no seio do Conselho fossem adiadas e frequentemente bloqueadas por uma atitude de não compromisso de certos Estados em relação a alguns assuntos. Consequentemente, assistiu-se a emendas em propostas da Comissão, como aconteceu, na Directiva sobre direito de reunificação familiar e na proposta de directiva sobre procedimentos de asilo, que simbolizavam as hesitações dos Estados nesta matéria.

A primeira identificação do *acquis* sobre asilo foi feita em Maio de 1998, quando o COREPER concordou com uma lista de instrumentos na área da JAI que foi disponibilizada aos países candidatos para a primeira avaliação. Esta lista dividiu-se em três categorias: convenções internacionais consideradas indissociáveis do cumprimento dos objectivos da UE no que respeita ao asilo; instrumentos adoptados pelos Estados membros antes da entrada em vigor do Tratado de Maastricht (Conclusões de Londres de 1992); e, instrumentos adoptados pelo Conselho depois de Maastricht (Resolução sobre as garantias mínimas de 1995, Posição Conjunta sobre os conceito de refugiado, e a Resolução sobre o acompanhamento de menores). A esta lista foi entretanto acrescentado o Regulamento de criação do Fundo Europeu para os Refugiados e a Directiva sobre Protecção Temporária de 2001 a que faremos referência mais à frente.[132]

4.2. O Desenvolvimento de um Sistema Europeu Comum de Asilo

4.2.1. Sua Importância

Os países europeus são, pelo seu passado colonial, situação geopolítica e tradição em matéria de asilo, confrontados de várias formas com o fenómeno dos refugiados. Daqui resultam diferentes sensibilidades jurídicas quanto à interpretação do direito de asilo e aos critérios que permitem obter o estatuto de refugiado, tornando difícil a abordagem do problema no meio comunitário.

A principal motivação para que a UE se ocupe do direito de asilo e de toda a problemática das migrações extra-comunitárias está relacionada com o objectivo de consagrar no seu interior a liberdade de circulação de pessoas. Para que esta seja uma realidade em benefício dos cidadãos comunitários, equiparando-se os seus movimentos, à deslocação que qualquer cidadão pode realizar no interior do seu próprio país, sem visto nem passaporte, todos e cada um dos Estados carece da garantia de que nenhum outro oferecerá aos originários de países terceiros maiores facilidades do que os restantes. Caso contrário, cada Estado poderia ver-se confrontado com a entrada de pessoas que, se fosse ele a decidir isolada e unilateralmente, não seriam admitidas. A liberdade de circulação no interior da União exige assim a definição de uma fronteira comum com procedimentos de controlo e admissão uniformizados e aceites por todos os Estados.

A UE enquanto espaço integrado e comum não pode tolerar divergências entre as regras nacionais de admissão ao território comum. Tal como a União Aduaneira exigiu uma pauta aduaneira comum, a livre

---

[132] Lista da legislação da UE sobre JAI, disponível em [www.europea.eu.int/comm/justice_home/acquis_en.htm]

circulação de pessoas exige uma política de asilo comum, um sistema uniformizado de vistos e uma política de imigração comum. O estabelecimento de normas homogéneas, quer em matéria de acolhimento, de concessão ou retirada do estatuto de refugiado, quer em matéria de protecção e repartição equilibrada de encargos, permite evitar o aparecimento de refugiados "em órbita", que se aproveitam dos países mais "generosos", com procedimentos mais simples. Evita também, a apresentação simultânea de pedidos de asilo em vários Estados membros (fenómeno do *asilo shopping* já mencionado). Se a União funcionar como um todo homogéneo pode, além do mais, ajudar à construção de uma harmonização internacional, já que serve de modelo para vários países e regiões do mundo.[133]

Durante vários anos, os Estados membros atrasaram e dificultaram as deliberações de propostas de acção comum em matéria de política de asilo, adoptando textos que preservavam a especificidade das práticas nacionais e codificando as diferenças existentes, em vez de alcançarem uma aproximação concertada. Esta foi uma tendência marcadamente eurocentrista ou europroteccionista, em que se assistiu ao endurecimento da legislação a este respeito. Vários organismos, como a Assembleia Parlamentar do Conselho da Europa e o Comité *ad hoc* sobre Asilo Territorial e os Refugiados (CAHAR),[134] denunciaram várias vezes a aplicação restrita das disposições da Convenção de Genebra e as graves consequências desta prática para os refugiados. A questão do asilo foi ainda confundida com a da imigração e sofreu as consequências das restrições impostas a esta última.

Mais recentemente, os Estados membros têm vindo a coordenar e harmonizar as suas atitudes em relação aos refugiados, reconhecendo que as diferentes políticas de imigração e de asilo são cada vez mais interdependentes. A adopção de novas medidas num Estado membro afecta directamente os movimentos migratórios para os Estados membros vizinhos.

---

[133] A interpretação destas e de outras questões na União tem de facto uma importância que ultrapassa a região europeia. As linhas orientadoras provenientes dos países membros, no que respeita aos refugiados e ao asilo, podem assumir um papel primordial mesmo para os países que não fazem parte da União, sobretudo, naqueles onde não há verdadeiramente tradição em matéria de avaliação do estatuto de refugiado.

[134] Comité de especialistas dependendo directamente do Comité de Ministros do Conselho da Europa.

Foram assim sendo criadas "garantias mínimas" para os aspectos procedimentais da lei de asilo, e chegou-se a uma posição comum no que toca à harmonização da interpretação do conceito de "refugiado".

As medidas adoptadas mostram preocupação em elaborar procedimentos justos e eficazes de acesso ao asilo. Isto exige um acordo entre os Estados acerca dos princípios subjacentes a esta matéria, e a definição de critérios objectivos de equidade (ao nível do direito de recurso e condições de acolhimento) e de eficácia (relacionadas com o acesso e duração das várias fases do procedimento de asilo). Tem se procurado também encontrar soluções duráveis para os requerentes de asilo criando, por exemplo, um procedimento de acolhimento para situações de grande fluxo e promovendo certas condições no país de primeiro acolhimento, tais como, protecção e assistência durante o período de espera.

É compreensível que num processo de integração englobando um número crescente de Estados, com obrigações históricas, e interesses políticos e económicos próprios, se corra o risco da protecção dos refugiados ser nivelada pelo mínimo denominador comum. Torna-se, por isso, indispensável manter uma postura construtiva, salvaguardando os princípios fundamentais da protecção de refugiados. A tendência para sermos confrontados com o perigo de duplos padrões poderá fazer com que a Europa perca a posição que ocupa em relação ao resto do mundo em matéria de direitos humanos e de refugiados. Esta situação poderá ter um efeito contraproducente, na medida em que os Estados não europeus poderão ter assim uma justificação para o não desenvolvimento e/ou diminuição dos seus próprios níveis de protecção.

A harmonização das políticas de asilo no espaço comunitário não tem sido um processo fácil. O facto desta ser considerada uma questão do foro exclusivo da soberania dos Estados, torna complicado o seu tratamento de uma forma uniforme e consensual. Há ainda falta de solidariedade entre os Estados membros a este respeito, uma vez que nem todos são confrontados com o mesmo tipo de problemas. Logo, a unanimidade das decisões a este respeito é difícil, sobretudo com os dois últimos alargamentos da União.

O problema dos refugiados tem actualmente uma amplitude crítica em quase todas as partes do mundo, o que impõe exigências às estruturas e às instituições de protecção internacional. As necessidades dos refugiados são várias vezes percebidas como incompatíveis, quer com os interesses dos Estados, quer com o pragmatismo político.

Para prevenir e evitar fluxos de refugiados na Europa, torna-se necessário desenvolver uma série de iniciativas que permitam: reforçar os direitos humanos e a democracia; resolver pacificamente conflitos regionais; parar a degradação ambiental; permitir o crescimento económico; abolir o proteccionismo comercial; aliviar a pobreza e o peso da dívida externa; aumentar a ajuda ao desenvolvimento; e reforçar a cooperação no âmbito das Nações Unidas mantendo a paz regional e global.

Em 2001, durante o processo das Consultas Globais sobre Protecção Internacional, promovido pelo ACNUR, procurou-se um melhor entendimento dos dilemas que a protecção dos refugiados colocava aos Estados. Em resultado deste processo, foi lançada a Agenda para a Protecção que realçava a cooperação multilateral como forma de melhorar a protecção dos refugiados e dos requerentes de asilo no mundo.[135] Apesar de não ser um instrumento vinculativo, esta agenda teve peso político, uma vez que reflectiu um consenso sobre aquilo que podia ser feito para alcançar certos objectivos na protecção dos refugiados, num contexto de movimentos migratórios, preocupações de segurança e de procura de soluções duráveis.

Desde os atentados terroristas aos EUA em 2001, que as preocupações com a segurança dominam os debates internacionais em matéria de imigração e de asilo. Os Estados reviram os seus sistemas de asilo do ponto de vista da segurança instituindo procedimentos mais restritivos e modificando substancialmente as suas políticas para que estas pudessem ter o mesmo efeito. Neste esforço de reforçar a segurança nacional e salvaguardar a segurança pública, os governos prestam menos atenção aos princípios do multilateralismo e de respeito pelos direitos humanos, que são precisamente aqueles em que se baseia o regime de protecção de refugiados.

O grande desafio dos Estados, incluindo dos europeus, consiste em alcançar um necessário equilíbrio entre o cumprimento das suas obrigações que resultam directamente dos vários instrumentos de direito internacional dos refugiados, sem pôr em causa a segurança e o controlo das fronteiras.

Para já, as duas tendências em matéria de asilo, sobretudo na UE, resumem-se: à aplicação restrita da Convenção de Genebra e do Protocolo de Nova Iorque, o que tem aumentado a detenção e a exclusão; e à prolife-

---

[135] Disponível em [http://www.unhcr.org/cgi-bin/texis/vtx/refworld/rwmain?docid=4714a1bf2&page=search]

ração de mecanismos de protecção alternativos, que garantem menos direitos do que o estatuto de refugiado (como é o caso das noções de "país de origem seguro", "protecção temporária ou "alternativa interna de fuga").

Contudo, analisando alguns dados estatísticos, podemos constatar que a Europa não é o continente mais afectado no que respeita aos refugiados e requerentes de asilo. Como se pode ver na figura n.º 1, no final de 2004, o número total de refugiados e requerentes de asilo no mundo distribuía-se da seguinte forma: 3.527.462 (36%) na Ásia, 3.230.718 (32%) em África, 2.337.616 (23%) na Europa e 979.795 nos outros continentes.

FIGURA n.º 1
Distribuição de refugiados e requerentes de asilo no mundo em 2004

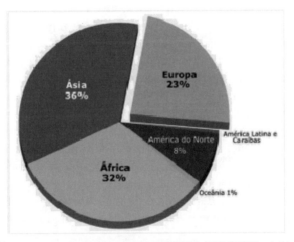

Fonte: "Refugiados e outras pessoas sob o mandato do ACNUR", ACNUR/CPR – Julho 2005
http://www.unhcr.org/4adebca49.html

A Ásia é o continente com maior número de refugiados, seguido da África e só depois a Europa. Esta situação deve-se não só, à existência de maior número de conflitos nestes continentes, como à maior instabilidade político e social e consequente violação dos direitos humanos, situações que normalmente dão origem a grande número de refugiados.

O número de refugiados e de requerentes de asilo na Europa mostra ainda uma tendência claramente decrescente nos últimos anos (ver figura n.º 2).

FIGURA n.º 2
Número Total de Refugiados e Requerentes de Asilo na Europa
(1995-2004)

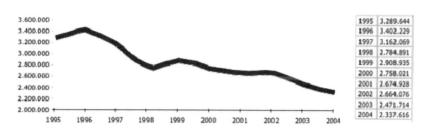

Fonte: ACNUR (2005) – *2004 Global Refugee Trends*. Disponível em
[http://www.reliefweb.int/rw/lib.nsf/db900SID/EVOD-6DFD7A?OpenDocument]

Também o número de pedidos de asilo tem vindo a diminuir no espaço da UE ainda que, com algumas oscilações (ver quadro n.º 2).

QUADRO n.º 2
Pedidos de Asilo na UE 27 (1999-2008)

1999	2000	2001	2002	2003	2004	2005	2006	2007	2008
380 000	407 000	424 000	421 000	345 000	277 000	235 000	197 000	223 000	238 000

Fonte: EUROSTAT. Disponível em
[http://ec.europa.eu/publications/booklets/move/81/en.doc]

4.2.2. *A Primeira Fase*

A introdução do conceito de uma área de liberdade, segurança e justiça no Tratado de Amesterdão marca uma nova perspectiva no desenvolvimento da política de asilo europeia. Esta política deixou de ser entendida apenas como algo que promovia a liberdade de movimento de pessoas, e passou a ser considerada um exercício legítimo do direito da União, concretamente, uma expressão do compromisso para com o direito de procurar asilo, reconhecendo que os problemas actuais não se compadecem de respostas individuais, mas antes colectivas.

No Conselho Europeu de Viena (1998) foi formalmente adoptado um plano de acção de implementação das disposições do TA na área da liberdade, segurança e justiça, áreas fortemente interligadas. De facto, a liberdade não tem significado se não beneficiar de um ambiente seguro, com um sistema de justiça no qual todos possam confiar.

Este plano, significativo em matéria de asilo, tem orientado o desenvolvimento do sistema europeu comum de asilo. Refere a instauração de um espaço judicial europeu e uma melhor cooperação entre as autoridades judiciais e policiais nacionais, com o desenvolvimento da Europol. Defende ainda, a definição de uma estratégia global relativa aos fenómenos migratórios, e uma política de asilo e de acolhimento de refugiados uniforme. Pela primeira vez, a Comissão e os Estados membros concordaram com uma calendarização detalhada para a implementação de um conjunto de prioridades para as quais era necessário uma cooperação intensiva a vários níveis.

Ainda em Viena, foi dado destaque à importância do Observatório Europeu dos Fenómenos Racistas e Xenófobos na luta contra o racismo, a xenofobia e o anti-semitismo nos Estados membros da União, e foi criado o Grupo de Alto Nível sobre Asilo e Imigração (também designado por "Task Force"), que visava o estabelecimento de uma abordagem interpilares, integrada e comum da situação nos países de origem dos requerentes de asilo e dos imigrantes. A função desta "Task Force" consistia na definição de um conjunto de planos de acção que permitissem analisar fluxos migratórios em determinados países,[136] melhorar a capacidade de acolhimento, promover acções no âmbito dos direitos humanos e do diálogo político; e explorar as possibilidades de readmissão e de regresso ao país ou região de origem. Esta nova e até compreensiva abordagem das questões relacionadas com a imigração e o asilo, representa a primeira tentativa de lutar contra tudo aquilo que provoca ou dá origem a refugiados.

Neste contexto, e com o objectivo de intensificar a cooperação entre os Estados membros ao nível da imigração e do asilo, foi aprovada uma Acção Comum que instituiu um programa de formação, de intercâmbio e

---

[136] Os países identificados como principais países de origem de fluxos migratórios foram: Afeganistão, Paquistão, Albânia e regiões vizinhas, Marrocos, Somália e Sri Lanka.

de cooperação nestes domínios relativamente à passagem nas fronteiras externas – Programa Odysseus. Este veio a ser substituído em 2002 pelo programa ARGO que apoiava a cooperação administrativa ao nível das fronteiras externas, vistos, asilo e imigração,[137] conferindo aos serviços nacionais dos Estados uma maior eficácia e uma aplicação uniforme das regras comunitárias (JOCE, 2002: 0011-0015). O ARGO terminou em Dezembro de 2006.

Nesta primeira fase de desenvolvimento de um sistema europeu comum de asilo, destaca-se a definição dos objectivos e prioridades na área da JAI, no Conselho Europeu Extraordinário de Tampere, realizado em Outubro de 1999. Neste Conselho chegou-se a acordo sobre a composição, método de trabalho e disposições práticas da instância encarregada da elaboração de uma Carta dos Direitos Fundamentais dos Cidadãos da UE.[138] Foi também reafirmado o "respeito absoluto pelo direito de procurar asilo" e a necessidade do futuro sistema europeu comum de asilo ser baseado "na aplicação completa da Convenção de Genebra, assegurando que ninguém seja reenviado para o seu país de origem quando está em causa a sua vida ou liberdade" (princípio de *non-refoulement*), à semelhança do que já acontecia noutros documentos comunitários adoptados

---

[137] Decisão 2002/463/CE do Conselho que criou um programa de acção de cooperação administrativa em matéria de fronteiras externas, vistos, asilo e imigração – Programa Argo. Jornal Oficial n.º L 161 DE 19/06/2002, p. 0011-0015.

[138] A decisão de redacção de uma Carta dos Direitos Fundamentais dos Cidadãos da UE foi adoptada no Conselho Europeu de Colónia, realizado entre 3 e 4 de Junho de 1999. Neste, decidiu-se que a Carta constituiria um elemento indispensável para o estabelecimento de uma área de liberdade, segurança e justiça. Desta constam os princípios gerais consagrados na Convenção dos Direitos do Homem do Conselho da Europa de 1950, os princípios resultantes das tradições constitucionais comuns dos Estados membros, os direitos fundamentais dos cidadãos da União, e os direitos económicos e sociais consagrados na Carta Social Europeia e na Carta Comunitária dos Direitos Sociais Fundamentais dos Trabalhadores. A instância responsável pela elaboração do projecto de Carta dos Direitos Fundamentais, era composta por: 15 representantes dos chefes de Estado e de Governo dos Estados membros; um representante do Presidente da Comissão Europeia; 16 deputados do Parlamento Europeu; 30 deputados dos parlamentos nacionais (2 por parlamento). O Tribunal de Justiça das Comunidades Europeia, o Conselho Europeu e o Tribunal Europeu dos Direitos do Homem tiveram o estatuto de observadores. No decurso dos trabalhos, foram ouvidos: o Comité Económico e Social; o Comité das Regiões, o Provedor de Justiça; os países candidatos; e, outras instâncias, grupos sociais ou peritos seleccionados.

nesta matéria. Em Tampere foram identificados como elementos fundamentais deste sistema: a determinação do Estado responsável pela análise de um pedido de asilo (mecanismo de Dublin); os princípios comuns para um justo e eficiente processo de asilo; as condições mínimas comuns de recepção dos requerentes de asilo; e uma aproximação das regras de reconhecimento e de conteúdo do estatuto de refugiado a serem complementadas com formas subsidiárias de protecção.

No seguimento das várias comunicações da Comissão, o asilo e a imigração foram considerados assuntos separados, mas estreitamente ligados. Considerou-se que a política de asilo não podia ser analisada como fazendo parte da política migratória, requerendo ambas, medidas e políticas específicas a nível europeu. Nestas duas áreas foram identificados quatro pilares:

- a política de asilo comum e de imigração, tendo como estratégia: o reforço de parcerias com os países de origem e de trânsito; a criação de um sistema europeu de asilo, com base num procedimento de asilo comum e estatuto único; uma política de integração mais activa; uma melhor gestão dos fluxos migratórios, com base numa política comum activa em matéria de vistos e documentos falsos e luta contra o tráfico de seres humanos e a exploração económica dos imigrantes; e, por fim, uma política de regresso e de readmissão.
- um espaço europeu de justiça, com um melhor acesso à justiça, reconhecimento mútuo das decisões judiciais, e uma maior convergência em matéria de direito civil;
- o reforço da cooperação na luta contra a criminalidade, com destaque para as medidas da UE na área da prevenção e investigação, o que inclui o desenvolvimento de conceitos e harmonização comuns de incriminações e sanções no que respeita a tráfico de seres humanos e droga, branqueamento de capitais, e crime ambiental;
- uma acção externa mais determinada na área da JAI, visando contribuir para uma melhor gestão da imigração, e soluções para os problemas dos refugiados. Neste contexto, os Balcãs Ocidentais, a Europa de Leste e o Mediterrâneo foram consideradas regiões prioritárias no reforço da cooperação em matéria de JAI.

Nesta altura, a Comissão criou um mecanismo de revisão – "scoreboard" – destinado a rever e avaliar os progressos realizados pela União na implementação das medidas necessárias à concretização do "espaço de liberdade, de segurança e de justiça" (COMISSÃO, 2000).[139] Deste mecanismo (dividido em nove áreas), consta uma lista com o registo das medidas a adoptar num prazo de cinco anos, de forma a facilitar o seu acompanhamento. Funcionou, por isso, como um "mapa", facilitando a monitorização das instituições europeias na adopção de instrumentos legislativos e outros com o objectivo de criar uma área de liberdade, segurança e justiça. Permitiu também aumentar a transparência e visibilidade do trabalho legislativo e político da Comissão. E, tal como foi referido na altura, o *scoreboard* visava contribuir para a criação de "uma União aberta e segura, plenamente empenhada no cumprimento das obrigações da Convenção de Genebra em matéria de asilo e de direitos humanos, e facilitar o acesso dos cidadãos europeus à justiça em todo o território da UE" (CONSELHO, 1999).

Apesar destas iniciativas, a questão de se adoptar no futuro, um só sistema de asilo ou uma política comum simples, baseada em orientações e princípios mínimos, não foi abordada em Tampere. Apenas se concordou que o futuro sistema de asilo seria baseado na completa e integral aplicação da Convenção de Genebra. A partir desta altura, houve uma constante revisão do progresso efectuado na implementação das medidas necessárias e no cumprimento dos prazos estabelecidos pelo Tratado de Amesterdão, pelo Plano de Acção de Viena e pelas Conclusões de Tampere. O progresso na implementação destas conclusões veio a ser efectuado na Cimeira de Laeken, em Dezembro de 2000.

No domínio da integração dos refugiados na União Europeia, a Comissão, tirando partido da experiência adquirida com a aplicação de projectos-piloto destinados a refugiados e a deslocados,[140] propôs, em 13 de Janeiro de 1999, um programa de acção comunitária a este respeito.[141]

---

[139] COMISSÃO EUROPEIA – Relatório Geral sobre a actividade da UE – 1999. Bruxelas: Comissão Europeia, 2000, pp. 341-342.

[140] A Comissão tem vindo a financiar desde 1997 acções-piloto destinadas aos refugiados e aos deslocados.

[141] Proposta da Comissão (programa de integração dos refugiados). COM (98) 731 final CNS 98/0356 (JOCE, 1999a).

Na sequência do parecer do Parlamento Europeu[142] e das reacções do Conselho, a Comissão acabou por substituir este projecto por uma proposta de Fundo Europeu[143] que agrupasse num único instrumento as acções em matéria de integração e de acolhimento. Nasceu assim, em 2000, o Fundo Europeu para os Refugiados (FER) para apoiar os programas e iniciativas dos Estados membros no acolhimento de requerentes de asilo, na integração de refugiados e na sua repatriação voluntária (JOCE, 2000b: 0012-0018).[144] Este fundo representa, sem dúvida, um primeiro passo na constituição de um regime comum de asilo. Aberto a autoridades nacionais, regionais e locais, organizações internacionais e organizações não governamentais, o fundo é distribuído anualmente aos Estados com base no número de refugiados que reconhecem e no número de pedidos de asilo que recebem. Prevê, simultaneamente, um dispositivo para dar resposta a situações urgentes e a casos de grande fluxo de refugiados. O FER instaurou um sistema de redistribuição financeira visando equilibrar os encargos financeiros e organizacionais assumidos pelos Estados membros nesta matéria. As acções financiadas pelo Fundo destinam-se a pessoas com estatuto de refugiado e deslocados que beneficiam de um regime de protecção temporária, bem como, em função da natureza das acções, às pessoas que tenham solicitado este estatuto ou esta protecção.

Em Novembro de 2000, numa Comunicação sobre "Procedimento Comum de Asilo e Estatuto Uniforme Válido na União", a Comissão apresentou uma abordagem estratégica para o desenvolvimento de um sistema comum de asilo e de princípios mínimos tal como já tinha sido referido no TA. A Comissão propunha o estabelecimento de um só processo em cada Estado para determinar toda a protecção necessária, e a procura de soluções para melhorar a gestão dos sistemas de asilo sugerindo esquemas de entrada protegidos, uma melhor e efectiva partilha de encargos, e um esquema comum de integração, com base na cooperação com países de origem ou países de primeiro asilo.

---

[142] Parecer do Parlamento Europeu sobre o programa de integração dos refugiados (JOCE, 1999b).

[143] Em 14 de Dezembro de 1999, a Comissão apresentou a proposta de decisão que substitui a anterior de 13 de Janeiro de 1999, e que estabelece um programa de acção comunitária em prol da integração dos refugiados na União Europeia. COM (1999) 686 final CNS 1999/0274.

[144] Decisão 2000/596/CE do Conselho.

Com a assinatura do Tratado de Nice em 26 de Fevereiro de 2001 (em vigor a partir de 1 de Fevereiro de 2003), adaptou-se o funcionamento das instituições europeias à chegada de "novos" Estados membros. As principais alterações deste tratado face aos anteriores, incidiram na limitação da dimensão e composição da Comissão, na extensão da votação por maioria qualificada, numa nova ponderação dos votos no Conselho e na flexibilização do dispositivo da cooperação reforçada.

O Tratado de Nice modificou o modo de funcionamento das instituições, tornando a votação por maioria qualificada a regra (em vez da unanimidade) em muitas áreas de decisão da União Europeia, nomeadamente, em matéria de vistos, asilo e imigração. Apesar de garantir a participação e o apoio de todos os Estados numa decisão da União, a unanimidade dava a cada Estado direito de veto, podendo bloquear a tomada de decisões nalgumas matérias. A votação por maioria qualificada foi considerada assim mais eficaz, sobretudo no desenvolvimento de políticas operacionais a nível comunitário. Houve, no entanto, algum cuidado com este tipo de votação, reconhecendo-se que não era adequada em todas as decisões susceptíveis de afectar o equilíbrio institucional da União. Ficou expresso no Tratado que a votação por maioria qualificada e a co-decisão apenas seriam aplicáveis nos domínios do asilo, refugiados e pessoas deslocadas, depois do Conselho, deliberando por unanimidade, ter aprovado previamente legislação comunitária definindo normas comuns e princípios essenciais para reger essas matérias. Nos termos do artigo 67.º, que define os procedimentos de decisão para estes domínios, o Conselho delibera por unanimidade sob proposta da Comissão (ou até 2004, por iniciativa de um Estado membro) e após consulta do Parlamento Europeu. A partir dessa data, o Conselho passou a poder decidir por unanimidade aplicar a maioria qualificada e o procedimento de codecisão com o Parlamento a essas matérias. Importa referir que, devido aos condicionalismos impostos pela unanimidade, pouco se tinha avançado desde Tampere onde se tinha acordado a criação de um sistema europeu comum de asilo.

Outro passo significativo em matéria de asilo concretizou-se com a adopção da Directiva 2001/55/CE, a 20 de Julho de 2001, relativa às normas mínimas em matéria de concessão e de protecção temporária no caso de fluxo maciço de pessoas deslocadas (JOCE, 2001a: 0034-0036). Esta directiva está relacionada com as medidas tendentes a assegurar uma repartição equilibrada do esforço assumido pelos Estados membros no acolhimento de pessoas que necessitam de protecção, mas que não se inserem no estatuto de refugiado. Vincula todos os países da UE, à excepção da Dinamarca e da Irlanda. A protecção temporária é um regime especial que é utilizado sempre que "...o sistema de asilo não possa responder a um fluxo sem provocar efeitos contrários ao seu correcto funcionamento".[145] O sistema de protecção temporária só deve ser utilizada para fazer face à incapacidade do sistema de asilo, e só "...no caso ou perante a iminência de um afluxo maciço de pessoas deslocadas de países terceiros...impossibilitadas de regressar ao seu país de origem".[146] Concebida para responder a situações de emergência, como a crise do Kosovo em 1999, a concessão da protecção temporária é decidida por maioria qualificada do Conselho, após proposta da Comissão. A duração normal desta protecção corresponde a um ano, podendo ascender a um máximo de três anos. De notar que, a concessão da protecção temporária não exclui, a priori, a possibilidade do beneficiário vir a ser posteriormente reconhecido como refugiado.

Na Cimeira de Laeken, em Dezembro de 2001, analisou-se o progresso em matéria de JAI e a necessidade de desenvolver a dimensão externa da política de imigração da União. Apesar da preocupação com a imigração ilegal e com o reforço do controlo nas fronteiras, não houve nesta cimeira qualquer referência ao desenvolvimento de uma estratégia europeia de asilo ou a soluções duráveis para os refugiados na sua relação com países terceiros. Apenas foram reafirmadas as orientações e objectivos que tinham sido definidos em Tampere, e a necessidade de dar um novo impulso na construção de um sistema de asilo comum. Acordou-se na importância de manter o equilíbrio entre os princípios de protecção (referência à Convenção de Genebra) e o controlo migratório, tendo em conta as capacidades de recepção dos países de acolhimento. Dada a sua ambiguidade, esta afirmação gerou alguma controvérsia. Ao promover a interpretação de que as obrigações de protecção do Estado estão dependentes das suas capacidades de recepção, esta disposição viola claramente o direito internacional nesta matéria.

O ponto mais significativo desta Cimeira consistiu na chamada de atenção para a necessidade de desenvolver um sistema europeu de troca de informação, incluindo dados estatísticos sobre a lei e prática de asilo nos

---

[145] Directiva 2001/55/CE, artigo 2.º alínea a).
[146] Idem.

vários Estados, as tendências nos fluxos migratórios e a situação dos refugiados, quer nos países de origem, quer nos países de primeiro asilo. Foi com base nesta ideia que foi criado o Observatório de Imigração Europeu, fórum de troca e análise de informação sobre asilo (que veio substituir o CIREA), e novos mecanismos para recolha e troca de dados sobre estas matérias a nível europeu.

Outra etapa neste processo de criação de uma área de liberdade, segurança e justiça foram as Conclusões da Cimeira de Sevilha, em Junho de 2002. Nesta altura, foi reafirmada a necessidade de um equilíbrio justo entre as políticas de admissão e de integração, e o combate à imigração ilegal e ao tráfico de seres humanos. Também em Sevilha, concluiu-se pela necessidade da UE concentrar os seus esforços no combate da imigração ilegal, na gestão integrada das fronteiras externas, na integração dos assuntos de imigração nas relações com terceiros Estados, e no acelerar da agenda de asilo e de imigração. Neste ponto, foi solicitado ao Conselho JAI a adopção de uma regulamentação "Dublin II", de uma directiva de qualificação (definição de refugiado/protecção subsidiária) e de uma directiva de reunião familiar.

O Regulamento Dublin II,[147] veio substituir a Convenção de Dublin de 1990 por uma legislação europeia (JOCE, 2003c: 0003--0023).[148] Tratando-se de um instrumento comunitário, o regulamento retoma os princípios da anterior Convenção, e estabelece os critérios e mecanismos de determinação do Estado membro responsável pela análise de um pedido de asilo apresentado no território da União.[149] Os critérios previstos neste regulamento, são iguais aos da Convenção de Dublin. Assim sendo, é responsável pela análise de um pedido de asilo, o Estado: onde se encontre legalmente um membro da família de um requerente de asilo que seja menor de idade; onde se encontre um familiar do requerente de asilo que tenha sido reconhecido como refugiado; que tenha conferido ao requerente de asilo um título de residência válido ou que tenha emitido

---

[147] Regulamento 343/2003 (JOCE, 2003: 0001-0010).

[148] A 2 de Setembro de 2003, foi adoptado o Regulamento n.º 1560/2003 relativo às modalidades de aplicação do regulamento de "Dublin II", que visava aperfeiçoar este último conferindo-lhe mecanismos próprios, como por exemplo, princípios de actuação, listas e formulários comuns.

[149] Ponto 10 do Regulamento (CE) n.º 343/2003.

um visto que lhe permitiu aceder legalmente ao território da UE; cujas fronteiras o requerente de asilo atravessou irregularmente, a partir de um Estado terceiro, para entrar na UE.[150] Com este regulamento procurava-se evitar exactamente as mesmas situações que se verificavam na década de 1990, nomeadamente, a apresentação do mesmo pedido em vários Estados ao mesmo tempo (fenómeno de asilo *shopping*), problema com que a Europa se debate há já vários anos, dada a grande diversidade de tratamento desta questão dentro seu espaço.

A dificuldade em implementar as regras definidas pela Convenção de Dublin e pelo Regulamento 343/2003, levou à criação do Eurodac.[151] Este sistema informático reúne as impressões digitais de todos os requerentes de asilo com idade igual ou superior a 14 anos, e de todos os nacionais de países terceiros, que sejam detectados na passagem ilegal das fronteiras terrestres, marítimas ou aéreas da UE. Comparando as impressões digitais, os Estados podem verificar se um requerente de asilo ou um estrangeiro que se encontre ilegalmente no seu território já formulou um pedido num outro Estado membro, ou até, se o requerente de asilo entrou irregularmente no território da União. O Eurodac aplica-se no território de todos os Estados membros, bem como, na Islândia, Noruega e Suíça.

A adopção de uma política comum em matéria de asilo ficou prevista no Projecto de Constituição para a Europa, apresentado no Conselho Europeu de Salónica, em Junho de 2003. Este deveria ser conforme a Convenção de Genebra, garantindo que todas as pessoas que precisem sejam efectivamente protegidas.[152] Ficou expresso que este sistema europeu

---

[150] Regulamento (CE) n.° 343/2003 do Conselho, artigos 5.° a 14.°.

[151] O EURODAC foi criado pelo Regulamento 2725/2000 de 11 de Dezembro de 2000 (JOCE, 2000a: 0001-0010). Iniciou as suas actividades em 15 de Janeiro de 2003.

[152] Ver Projecto de Constituição Europeia, Capítulo IV, Secção 2, Artigo III – 167.°, n.° 1.

Na Cimeira de Laeken tinha-se adoptado uma declaração sobre o futuro da UE. Concordou-se com a preparação de uma Convenção que reunisse as principais partes interessadas na revisão do tratado: os representantes dos Governos dos 15 Estados membros e dos 13 países candidatos, representantes dos seus parlamentos nacionais, representantes do Parlamento Europeu e da Comissão Europeia e 13 observadores provenientes do Comité das Regiões e do Comité Económico e Social, bem como parceiros sociais europeus e o Provedor de Justiça Europeu. Presidida por Giscard d'Estaing, a primeira sessão da Convenção teve lugar no dia 28 de Fevereiro de 2002 e o resultado do seu trabalho, o Projecto de Constituição para a Europa, foi apresentado no Conselho Europeu de Salónica, em

comum de asilo implica obrigatoriamente a existência de: um estatuto uniforme para os refugiados e procedimentos comuns em matéria de concessão e retirada do estatuto; critérios e mecanismos de determinação do Estado membro responsável pela análise de um pedido de asilo; normas relativas às condições de acolhimento dos requerentes de asilo; e parcerias e cooperação com países terceiros para a gestão dos fluxos de requerentes de asilo.[153]

A Comissão ficou encarregada de melhorar, não só a entrada dos refugiados na União, como a sua protecção na região de origem. Neste sentido, em Junho de 2004, numa Comunicação sobre a entrada organizada na UE de pessoas que precisam de protecção internacional, a Comissão recomendou a elaboração de um programa de reinstalação à escala europeia, melhor protecção dos requerentes de asilo nas regiões de origem, e a aplicação de programas regionais de protecção.

O programa de reinstalação de refugiados devia oferecer protecção internacional, facilitando a sua chegada de forma organizada de refugiados à UE. Destinado a um número constante, se bem que limitado, de refugiados, o programa poder-se-ia adaptar em função da capacidade dos Estados membros em receber requerentes de asilo. Quanto à protecção dos refugiados nas regiões de origem, a Comissão insistiu no apoio aos países de origem, aumentando as suas capacidades jurídicas e administrativas, e garantindo o respeito pelos direitos humanos e o estado de direito. Por sua vez, os programas regionais de protecção da UE iriam funcionar como uma orientação à acção dos Estados num determinado país ou região. Estes programas, elaborados em associação com países terceiros de uma determinada região, incluiriam um conjunto de medidas, que passariam por aumentar a capacidade de protecção, apoiar infraestruturas locais e a inserção local de refugiados e requerentes de asilo, para além de promover uma cooperação em matéria de imigração legal e gestão da imigração.

---

20 de Junho de 2003. Este projecto substituiu por um texto único, o conjunto dos tratados existentes e dividiu-o em 4 partes que tratam, respectivamente, da arquitectura constitucional da União Europeia, da integração da Carta dos Direitos Fundamentais da União, das políticas e do funcionamento da União e, por fim, das disposições gerais e finais.

[153] Projecto da Constituição Europeia, Capítulo IV, Secção 2, Artigo III – 167, n.º 2, alíneas a), d), e), f) e g).

Outro passo importante em matéria de asilo no espaço comunitário dá-se com a adopção do Programa de Haia, em Novembro de 2004. Neste programa são enunciadas as prioridades da UE no domínio da JAI.

O Programa de Haia, que expirou em Dezembro de 2009, aponta algumas medidas ao nível da dimensão externa da politica europeia de asilo, nomeadamente, a realização de estudos de viabilidade sobre a análise e decisão conjunta de pedidos de asilo pelos Estados membros da UE fora do território europeu. No seguimento da Comunicação da Comissão de 2004, o Programa de Haia referia a criação de programas de protecção regionais para fortalecer a capacidade dos países de origem em garantir a concessão de protecção internacional a todos os que dela necessitam e mencionava a implementação de programas de reinstalação de refugiados a partir de países terceiros, que envolvam dois ou mais Estados membros. Ao dotar a politica europeia de asilo de uma dimensão externa, os Estados passavam a gerir os fluxos de requerentes de asilo e refugiados prioritariamente a partir dos países de origem e de trânsito, limitando-se dessa forma a sua chegada ao território europeu.

O Título IV do Tratado de Amesterdão definiu, como vimos, um prazo de 5 anos para a implementação de um conjunto de normas comunitárias que tornassem os processos de asilo justos e eficazes. Contudo, as normas entretanto aprovadas, que constituem a denominada primeira fase do sistema europeu comum de asilo mereceram uma avaliação global reservada por parte de organizações europeias de apoio aos refugiados, dada a sua falta de generosidade. Entre estas, constam as normas mínimas em matéria de: acolhimento dos requerentes de asilo (Directiva 2003/9/CE); condições a preencher por cidadãos de países terceiros que pretendam aceder ao estatuto de refugiado (Directiva 2004/83/CE); e procedimentos que visam a concessão ou retirada do estatuto de refugiado (Directiva 2005/85/CE).

O enquadramento legal das condições de acolhimento dos requerentes de asilo foi dado pela Directiva 2003/9/CE do Conselho em 2003 (JOCE, 2003a). Visando consagrar condições de acolhimento dos requerentes que sejam "...suficientes para garantir um nível de vida digno e condições de vida equiparáveis em todos os Estados membros...", a Directiva define, entre outras matérias: o acesso à informação e à documentação pelos requerentes de asilo; o local de residência e liberdade de circulação; as condições materiais de acolhimento; o acesso ao mercado de trabalho e à formação profissional; e o acesso aos cuidados de saúde. A

Directiva inclui, igualmente, disposições sobre o acolhimento de grupos vulneráveis (menores desacompanhados e vítimas de tortura). Apesar de consagrar razoáveis condições de acolhimento aos requerentes de asilo, a Directiva deixa à discrição dos Estados a adopção de condições ainda mais favoráveis e a sua aplicação ou não a requerentes de protecção diferente da prevista na Convenção de Genebra. Esta liberdade de acção, se bem que positiva, tem o efeito negativo de permitir manter as discrepâncias entre os Estados nestas matérias e possibilitar diferentes interpretações de muitas das suas disposições.

Por sua vez, a Directiva 2004/83/CE veio definir as condições a preencher por nacionais de países terceiros e por apátridas para poderem beneficiar do estatuto de refugiado ou qualquer outra protecção internacional (JOCE, 2004a). Trata-se de um diploma que aborda os elementos constitutivos do estatuto de refugiado. Aqueles que não preencham as condições necessárias para beneficiar do estatuto de refugiado podem solicitar uma protecção subsidiária. Procedendo à interpretação de conceitos como perseguição, agentes de perseguição, alternativa interna de fuga ou pertença a um grupo social específico, esta directiva reduz de alguma forma as divergências entre as leis e as práticas dos Estados membros neste domínio. Importa ainda referir que esta directiva estabelece os direitos conferidos, quer pelo estatuto de refugiado, quer pelo estatuto de protecção internacional, para além das respectivas cláusulas de exclusão e de cessação. Entre estes, encontram-se os direitos de: *non-refoulement*; informação; autorização de residência; circulação no interior do país; exercer uma actividade assalariada ou independente; acesso ao sistema educativo e à assistência médica, a um alojamento adequado e a programas destinados a promover a integração na sociedade; e aos programas destinados a facilitar o regresso voluntário ao país de origem.

Por sua vez, em 2005 foi adoptada a Directiva 2005/85/CE sobre "as normas mínimas aplicáveis ao procedimento de concessão e retirada do estatuto de refugiado" (JOCE, 2005). Esta visava, por um lado, reduzir as disparidades entre os procedimentos nacionais de análise dos processos e, por outro, garantir a qualidade da tomada de decisão nos Estados membros. Fortemente criticada por violar obrigações internacionais assumidas pelos Estados, esta directiva é aplicável a todos os pedidos de asilo apresentados no território dos Estados membros (quer seja na fronteira ou numa zona de trânsito). Reveste-se de grande importância na definição da política europeia comum de asilo, porque define os princípios de base e as garantias fundamentais que caracterizam os procedimentos de análise dos pedidos de asilo no espaço da União, e os requisitos mínimos aplicados ao processo de decisão. Prevê igualmente, a aplicação de certos conceitos práticos, como o de "pedidos manifestamente infundados". Nestes casos estão incluídos as seguintes situações: pedido manifestamente pouco convincente devido à declarações incoerentes, contraditórias ou pouco plausíveis do requerente; não apresentação de informações que permitam determinar a identidade ou nacionalidade, ou se for provável que, de má fé, tenha destruído ou extraviado documentos de identidade ou de viagem susceptíveis de contribuírem para a determinação da sua identidade ou nacionalidade; proveniência de um país de origem considerado "seguro". Neste último caso, cabe ao Conselho, deliberando por maioria qualificada, sob proposta da Comissão e após consulta do Parlamento Europeu, adoptar uma lista mínima comum de países terceiros que são considerados seguros pelos Estados membros.

Os procedimentos de retirada do estatuto de refugiado só são executados quando surgem elementos que indiquem a existência de motivos para reapreciar a validade do estatuto. Esta análise é, contudo, elaborada tendo em conta certos princípios e garantias em conformidade com o direito internacional de salvaguarda dos direitos do homem.

Esta primeira fase do sistema europeu comum de asilo (1999-2005), que visava harmonizar os quadros jurídicos dos Estados membros relativamente ao asilo, com base em normas mínimas comuns, terminou com a aprovação desta directiva relativa aos procedimentos de asilo, em 2005.

Enquanto a implementação da agenda de asilo definida pelo Tratado de Amesterdão pode ser considerada o primeiro passo no desenvolvimento do um sistema de asilo comum, a adopção destas directivas pode ser entendida como o "motor de arranque" de um conjunto de iniciativas que visavam aprofundar e expandir o processo de harmonização.

Importa, no entanto, referir que a primeira fase da harmonização não correspondeu às expectativas colocadas no Conselho Europeu de Tampere. Ao negociar as várias propostas da Comissão, os Estados membros mostraram alguma relutância em adoptar um conjunto detalhado de políticas e princípios. A preferência incidiu na adopção de textos que permitiam aos Estados suficiente flexibilidade para continuar a implementar políticas e práticas nacionais. Desta forma, as várias directivas adoptadas terão que ser revistas no futuro, ou complementadas com instrumentos adicionais, caso se deseje atingir de facto a harmonização de procedimentos e um estatuto uniforme.

Para já, algumas das diferenças no tratamento da instituição de asilo no espaço comunitário têm-se mantido por várias razões. Por um lado, o tempo de transposição das directivas para a lei e prática nacionais difere de Estado para Estado, fazendo com que alguns estejam mais adiantados do que outros neste processo, que demora entre 18 a 24 meses. Por outro lado, dada a ambiguidade de algumas disposições, a sua interpretação e aplicação continua a divergir de Estado para Estado. Nestes casos, a intervenção do Tribunal Europeu de Justiça tem sido fundamental, tornando-se assim, um importante actor em todo este processo de harmonização, quer indicando a correcta interpretação de certas disposições, quer obrigando os Estados a implementar as várias directivas que vão sendo adoptadas. Por sua vez, a Comissão tem também tido um papel importante de monitorização da prática dos Estados, já que a transposição das directivas resulta na adopção de vários aspectos dos sistemas de asilo dos Estados, tais como, as condições de recepção e as garantias processuais.

4.2.3. *A Segunda Fase*

O Programa de Haia fixou para 2010 o prazo de implementação desta segunda fase do regime de asilo europeu. Com vista à publicação de um plano de acção nesta matéria, a Comissão elaborou em Junho de 2007, um Livro Verde, que identifica as diferentes opções possíveis no contexto da segunda fase.[154] Neste, a Comissão reúne um conjunto de medidas que considera necessárias para a criação do sistema europeu comum de asilo, e que abordam, entre outros assuntos: o tratamento que é dado aos pedidos de asilo; as condições de acolhimento dos requerentes de asilo; a concessão de protecção; a resposta adequada a situações de vulnerabilidade; a integração; a cooperação prática; a partilha das responsabilidades e solidariedade financeira; e a dimensão externa do asilo. As suas recomendações incidem essencialmente numa melhoria das medidas de protecção jurídica aquando da apresentação de um pedido de asilo na fronteira, numa

---

[154] Livro Verde, de 6 de Junho de 2007, sobre o futuro Sistema Europeu Comum de Asilo [COM(2007)301 final – não publicado no jornal oficial].

maior harmonização de normas nacionais em domínios não cobertos pelas disposições da primeira fase ou cobertos de forma deficiente, em especial, a qualidade do processo de decisão, a avaliação dos documentos justificativos apresentados pelos requerentes de asilo e os procedimentos de recurso. Sugere, igualmente, uma reavaliação do conteúdo de determinados mecanismos processuais elaborados durante a primeira fase da harmonização, designadamente, as noções de "país de origem", "país terceiro seguro" e "país terceiro europeu seguro".

Quanto ao possível modelo de um "estatuto uniforme", a Comissão recomendou uma maior harmonização dos critérios de elegibilidade, uma clarificação das noções utilizadas para definir os motivos de protecção, uma aproximação dos direitos e vantagens associados à protecção concedida, nomeadamente, os que dizem respeito à autorização de residência, à segurança social e aos cuidados de saúde, à educação e ao emprego. Um estatuto uniforme será concedido a todos aqueles que podem beneficiar do estatuto de refugiado ou de protecção subsidiária.

Pretendendo alargar o âmbito de aplicação da cooperação prática entre os Estados membros, a Comissão defende neste Livro Verde a criação de uma orientação comum relativa à interpretação e à aplicação do acervo comunitário em matéria de asilo e uma melhor informação sobre os países de origem e intercâmbio de boas práticas.

No âmbito do programa geral "solidariedade e gestão dos fluxos migratórios" foi adoptada a Decisão n.º 573/2007/CE sobre o Fundo Europeu para os Refugiados (FER) para o período de 2008 a 2013. Nesta decisão foram fixados os objectivos do fundo e as regras relativas à sua gestão, dotação financeira e critérios de repartição. Com uma dotação de 628 milhões de euros, este fundo, à semelhança do anterior, destina-se a pessoas que beneficiem do estatuto de refugiado, de protecção subsidiária ou temporária, ou de um programa de reinstalação.[155]

Podem ser financiadas por este FER, acções de âmbito nacional ou de dimensão transnacional ou comunitária. As primeiras são executadas pelos Estados membros dentro de uma programação plurianual, em conformidade com as orientações estratégicas comunitárias quanto às regras

---

[155] A protecção temporária visa dar resposta célere a casos de urgência humanitária e êxodo de pessoas, permitindo a admissão durante um período de tempo determinado de uma categoria genérica de beneficiários. A protecção subsidiária é conferida individualmente e, em princípio, em situações onde não há grandes fluxos de refugiados.

de intervenção do fundo (gestão partilhada). Por sua vez, o orçamento que é atribuído às acções comunitárias é executado pela Comissão (gestão directa). Algumas das acções nacionais que podem beneficiar do FER consistem nas condições de acolhimento e nos procedimentos de asilo, em especial infraestruturas e ajuda material, médica e jurídica. Por fim, entre as acções de dimensão transnacional ou comunitária, as que podem ser alvo deste fundo são, entre outras, as campanhas de sensibilização, a difusão de boas práticas e a criação de redes entre organismos situados em vários Estados membros.

A ameaça do terrorismo, crime organizado e imigração ilegal leva os Estados a protegerem-se da liberdade de entrada e de movimento que existe na UE. A segurança é um requisito para esta liberdade. Nesse sentido, apesar das diferenças existentes entre os Estados membros em relação a alguns aspectos, todos têm como interesse comum, a existência de uma fronteira externa forte. Foi com base neste objectivo que se criou, em Junho de 2005, a Agência Europeia para a Gestão da Cooperação Operacional das Fronteiras Externas (FRONTEX) (JOCE, 2004b).

Esta agência foi mandatada para coordenar a cooperação operacional entre os Estados membros em matéria de gestão das fronteiras externas; elaborar um modelo de avaliação comum e integrada dos riscos e preparar análises dos riscos gerais e específicos; prestar assistência aos Estados para a formação dos guardas de fronteira; acompanhar a evolução da investigação em matéria de controlo e fiscalização das fronteiras externas; prestar assistência aos Estados confrontados com circunstâncias que exigem uma assistência operacional e técnica reforçada nas suas fronteiras externas; e proporcionar o apoio necessário no âmbito da organização de operações conjuntas de regresso.[156]

Contudo, apesar do Relatório de Actividades da FRONTEX se revelar bastante positivo, o Eurodeputado Carlos Coelho, defende que "a sua capacidade operacional está seriamente comprometida, uma vez que, na prática, o acesso aos meios necessários para efectuar essas operações acaba por depender da boa vontade dos Estados-Membros".[157]

---

[156] Disponível em [http://europa.eu/legislation_summaries/justice_freedom_security/free_movement_of_persons_asylum_immigration/l33216_pt.htm]
[157] Disponível em [http://www.carloscoelho.org/apresentacao/ver_diversos.asp?diverso=551&submenu=8]

Para a realização da segunda fase do sistema europeu comum de asilo, destaca-se ainda, a Comunicação da Comissão, de Junho de 2008, onde se define um plano de acção em matéria de asilo que tem como base, uma tripla estratégia centrada na harmonização das normas de protecção, da cooperação prática e da solidariedade (COMISSÃO, 2008).

Para a Comissão, torna-se necessário alterar alguma da legislação existente relativamente às normas de protecção, uma vez que o nível desejado das acções no terreno não foi atingido. Mantêm-se grandes disparidades na implementação das políticas de asilo nos Estados membros. É o caso da directiva sobre as condições de acolhimento, que permite aos Estados uma grande liberdade de decisão, e da directiva sobre os procedimentos de asilo, que permite trâmites processuais e interpretações díspares entre os Estados.

Nesta Comunicação, a Comissão alertou ainda para o reforço da cooperação prática entre os Estados ao mesmo tempo que procedem à harmonização da legislação. O baixo nível da harmonização e as diferentes práticas nacionais ainda existentes, fazem com as hipóteses de concessão de protecção variem de Estado para Estado, mantendo-se um elevado nível de incerteza e de insegurança.

A acção dos Estados deve concentrar-se na procura de uma solução comum para os problemas que resultam do número substancial de pedidos de asilo que alguns recebem devido, entre outros motivos, à sua localização geográfica.

Neste contexto, a Comissão sugeriu a criação de uma série de mecanismos de solidariedade. Entre estes, destacam-se: um estudo de avaliação das possibilidades de tratamento conjunto dos pedidos de asilo efectuados no território da UE; a definição dos meios para a suspensão temporária das regras de Dublin relativas à transferência de requerentes de asilo; e a criação de equipas de peritos em questões de asilo, com o objectivo de apoiar os Estados membros no tratamento de pedidos de asilo. Ficou ainda previsto um maior apoio financeiro por parte da UE a países terceiros e a países de primeiro asilo, no sentido de reforçar a sua capacidade de protecção.

Nesta comunicação, a Comissão refere, novamente, os programas de protecção regionais, agora transformados em planos de acção regionais plurianuais, a reinstalação e a melhor gestão da chegada de requerentes de asilo. Nesta questão, a utilização de processos de entrada protegida permitirá diferenciar aqueles que necessitam de protecção das outras categorias de migrantes, mesmo antes destes chegarem à fronteira de um potencial país de acolhimento.

Ainda em 2008, foi aprovado em Bruxelas o "Pacto Europeu sobre Imigração e Asilo".[158] Considerado um dos projectos de prestígio do presidente francês Nicolas Sarkozy (foi adoptado aquando a presidência francesa da UE), este pacto reúne de forma claramente estruturada uma série de regulamentos já existentes na UE, mas do ponto de vista de conteúdo, não tem nada de novo. Os Estados declaram-se dispostos a desenvolver no futuro uma acção mais coordenada nas áreas da migração de mão-de-obra, asilo e deportação. O seu texto articula-se em torno de cinco pontos básicos: organizar a imigração legal segundo as necessidades e a capacidade de acolhimento; combater a imigração ilegal e expulsar quem estiver em situação irregular; fortalecer o controlo fronteiriço; aumentar a cooperação com os países de origem e melhorar o sistema de asilo.

O documento define que a gestão da imigração deve ter em conta a situação do mercado de trabalho da UE, assim como os recursos disponíveis em matéria de alojamento, saúde e educação. Cada país decidirá as condições de admissão no seu território e definirá o número de imigrantes que pode receber, sempre em função do mercado de trabalho. Os mecanismos de reagrupamento familiar serão mais rígidos, pois terão em conta os recursos e condições de residência, assim como o conhecimento do idioma do país de acolhimento. O pacto estabelece ainda o reforço do papel e dos recursos da Agência Europeia de Gestão da Cooperação Operacional nas Fronteiras Externas (Frontex), referida anteriormente.

Um aspecto importante é o facto deste "Pacto Europeu sobre Imigração e Asilo" não ser juridicamente vinculativo. Não teria sido possível, aliás, implementar politicamente um acordo vinculativo. Assim, futuramente cada Estado continua a ser responsável pela política de migração nacional.

Este pacto é complementar ao progresso que tem vindo a ser feito em matéria de asilo nos últimos anos na UE. O grande desafio consiste em terminar com as divergências entre os Estados membros no que respeita às taxas de reconhecimento de refugiados para os mesmos países de origem.

---

[158] 2008 – Conselho Europeu, Pacto Europeu sobre Imigração e Asilo, 24 de Setembro de 2008, 13440/08. Disponível em [http://register.consilium.europa.eu/pdf/en/08/st13/st13440.en08.pdf]

Actualmente, estas diferenças resultam, não de substantivas diferenças de interpretação das directivas comunitárias, mas da diferente avaliação que os Estados membros fazem da situação existente nos países de origem.

Para melhorar esta situação, o pacto reconhece que o reforço do controlo nas fronteiras externas não deve ser obstáculo à protecção dos refugiados. Prevê, por isso, quatro acções: a criação de um gabinete de apoio ao asilo, o estabelecimento de único sistema de asilo até 2012 com princípios comuns sobre a protecção de refugiados e a protecção subsidiária; a implementação de procedimentos para lidar com fluxo maciços de requerentes de asilo; e o reforço da cooperação, quer com o ACNUR para os programas de reinstalação na UE, quer com países terceiros para o reforço da sua capacidade de protecção.

O pacto define uma série de princípios que se transformarão em medidas concretas, algumas já em processo de elaboração, e a Comissão apresentará, em Maio deste ano (2010), um plano de trabalho para sua aprovação e execução. A aplicação concreta do Pacto Europeu será objecto de um debate anual a partir do Conselho Europeu de Junho de 2010.

Algumas das acções previstas no Pacto, como a criação de um Gabinete Europeu de Apoio ao Asilo (EASO), tem tido um acolhimento positivo por parte de várias instituições, nomeadamente, o ACNUR. Este será instituído, em princípio, ainda este ano (2010) e contribuirá, através do reforço da cooperação prática entre os Estados membros, para a harmonização e consistência da política de asilo.[159] Os Estados com maior número de pedidos de asilo terão assistência de forma a garantir a existência de razoáveis condições de asilo. O EASO coordenará trocas de informação e outras acções referentes à reinstalação de refugiados em terceiros países.

Por sua vez, na sequência da expiração do Programa de Haia, foi adoptado, em Dezembro de 2009, o Programa de Estocolmo. Este define as prioridades da UE em termos de legislação e política de asilo e protecção internacional para o período de 2010 a 2014. O objectivo de criação de um procedimento de asilo comum e de um estatuto uniforme para

---

[159] Proposta da Comissão para o estabelecimento de um Gabinete Europeu de Apoio ao Asilo, 18 de Fevereiro de 2009. COM(2009)66 final. Disponível em [http://eur-lex.europa.eu/LexUriServ.do?uri=COM:2009:0066:FIN:EN:PDF]

requentes de asilo e protecção subsidiária tinha já ficado expresso no programa de Haia e no Tratado de Lisboa. No Pacto sobre Imigração e Asilo, decidiu-se avançar neste sentido dadas "as consideráveis disparidades que se mantêm entre os Estados membros, no que toca à concessão de protecção e as suas formas" considerando-se que tinha chegado a altura de "tomar novas iniciativas para completar o sistema europeu comum de asilo".[160] Um procedimento comum deverá assegurar maior consistência e melhor qualidade na tomada de decisão em matéria de asilo nos Estados membros. Um estatuto uniforme para os refugiados e para os beneficiários de protecção subsidiária deverá assegurar, como mínimo, o acesso efectivo a todos os direitos conferidos pelos instrumentos internacionais e regionais.

Este programa estabelece um conjunto de orientações sob a forma de plano de acção. Visa acabar com as disparidades dos sistemas nacionais de asilo e com as diferenças entre as taxas de reconhecimento de refugiados e, melhorar a qualidade e consistência dos procedimentos de asilo, através de uma melhor monitorização do cumprimento do *acquis* por parte da Comissão. Não é aceitável que duas pessoas da mesma nacionalidade, com histórias similares, recebam decisões diferentes aos seus pedidos de asilo, dependendo do Estado que tomou essa decisão.

De facto, os critérios para concessão de asilo variam bastante na UE. Pessoas com a mesma nacionalidade, com histórias similares, têm tido resultados diferentes de Estado para Estado.[161] Isto vulnerabiliza o objectivo de harmonização do asilo na UE e os direitos daqueles que precisam de protecção, encorajando movimentos ilícitos.

Tais divergências são também evidentes no regresso forçado que alguns Estados europeus impõem aos requerentes de asilo, por exemplo, de nacionalidade iraquiana, apesar da grave situação ainda existente neste país no que respeita à segurança e direitos humanos.

Há assim problemas de consistência, sobretudo ao nível do processo de decisão, sendo importante desenvolver medidas legislativas e práticas

---

[160] 2008 – Conselho Europeu, Pacto Europeu sobre Imigração e Asilo, 24 de Setembro de 2008, 13440/08. Disponível em [http://register.consilium.europa.eu/pdf/en/08/st13/st13440.en08.pdf]

[161] Ver anexo V.

que permitam assegurar a qualidade das decisões de uma forma sustentável e sistemática.

Cerca de 75 mil requerentes de asilo conseguiram protecção na UE em 2008. A maioria viu contudo o seu pedido rejeitado. Mais de 70% dos pedidos foram rejeitados na primeira instância do procedimento de asilo, 40 mil obtiveram o estatuto de refugiado e 25.5 mil receberam o estatuto de protecção subsidiária. Apenas 11 mil tiveram autorização de permanência por razões humanitárias (quadro n.º 3).

QUADRO n.º 3
Concessão de protecção na UE 27 (2008)

Estatuto de Refugiado	Protecção Subsidiária	Razões Humanitárias
40 040	25 455	10 825

Fonte: EUROSTAT (2009a) *75 thousand asylum seekers granted protection status in the EU in 2008*. Disponível em [http://epp.eurostat.ec.europa.eu/cache/ITY_OFFPUB/KS-SF-09-092/EN/KS-SF-09-092-EN.PDF]

Na UE 27, o maior número de pedidos foi registado em França (41.800), logo seguido do Reino Unido (30.500), Alemanha (26.900), Suécia (24.900), Grécia (19.900) e Bélgica (15.900).[162]

Como se pode ver no quadro n.º 3, um terço dos pedidos reconhecidos na UE tiveram estatuto de protecção subsidiária, que foi concedido aos que, apesar de não se qualificarem como refugiados, necessitavam de protecção. Embora, em princípio, os direitos e benefícios sejam os mesmos, a protecção subsidiária é considerada complementar ao estatuto de refugiado e tem uma natureza temporária. Os cerca de 11 000 que tiveram autorização para ficar por razões humanitárias, estatuto concedido baseado na legislação nacional, não foram considerados elegíveis para protecção internacional, tal como está previsto na lei comunitária. O maior número destes casos foi registado na Noruega (3 700), seguido da Itália (1 600) e

[162] EUROSTAT (2009a) *75 thousand asylum seekers granted protection status in the EU in 2008*. Disponível em [http://epp.eurostat.ec.europa.eu/cache/ITY_OFFPUB/KS-SF-09-092/EN/KS-SF-09-092-EN.PDF]

Suécia (1 500).[163] Como a protecção humanitária não está ainda regulada na legislação europeia, esta é concedida com base na lei nacional. Logo, os direitos e obrigações dos beneficiários podem variar entre os Estados membros.

Com mais de 20% das decisões positivas, os iraquianos constituíram o maior grupo de requerentes de asilo a obter protecção na UE em 2008. Os Somalis foram o segundo maior grupo, com 9 500 decisões positivas, seguido dos Russos (7 400) e Afegãos (5 000) (quadro n.º 4).

QUADRO n.º 4
Total de decisões positivas 2008

Países de Origem	Total	Estatuto de Refugiado	Protecção Subsidiária	Razões Humanitárias
Iraque	16 640	9 370	5 150	2 120
Somália	9 520	2 090	5 940	1 490
Rússia	7 440	3 885	1 945	1 610
Afeganistão	5 025	1 540	2 940	545

Fonte: EUROSTAT (2009a) *75 thousand asylum seekers granted protection status in the EU in 2008*. Disponível em [http://epp.eurostat.ec.europa.eu/cache/ITY_OFFPUB/KS-SF-09-092/EN/KS-SF-09-092-EN.PDF]

A distribuição dos requerentes varia quanto aos países de destino e, em grande medida, reflecte os padrões deste tipo de fluxos, que podem, por sua vez, ser influenciados por vários factores, como a proximidade geográfica, presença de certas comunidades étnicas, laços históricos e linguísticos, situação económica ou mercado de trabalho nos países de destino (ver figura n.º 3).

---

[163] EUROSTAT (2009a) *75 thousand asylum seekers granted protection status in the EU in 2008*. Disponível em [http://epp.eurostat.ec.europa.eu/cache/ITY_OFFPUB/KS-SF-09-092/EN/KS-SF-09-092-EN.PDF]

FIGURA n.° 3
Distribuição dos pedidos de asilo no mundo (1.° semestre de 2009)

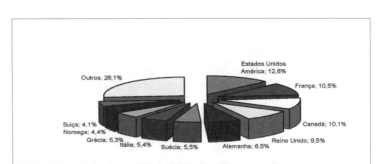

Fonte: 2009 – *Asylum levels and trends in industrialized countries*, ACNUR.

A UE tem estado indubitavelmente à frente do desenvolvimento em matéria de direito dos refugiados. No âmbito do seu processo de harmonização da legislação e procedimentos sobre asilo, a UE desenvolveu aquilo a que se pode chamar de sistema regional de asilo. Isto é ainda mais evidente com a futura criação do Gabinete Europeu de Apoio ao Asilo. Há também progressos face a um esquema conjunto de reinstalação que levará a UE a ter um papel enquanto parceiro global, reconhecendo que a reinstalação é um instrumento estratégico na procura de soluções compreensivas para os problemas dos refugiados.

A UE tem vindo a codificar um enquadramento legal aplicável aos Estados membros, apesar das diferentes tradições e sistemas. Se não fosse a particular natureza da legislação comunitária, podíamos falar hoje na existência de várias Convenções sobre asilo e sobre alguns dos seus respectivos procedimentos. Não há dúvida que, ao elaborar este quadro regional de "convenções", a UE criou o seu próprio conjunto de instrumentos nesta matéria.

Este processo de codificação regional pode ter um grande valor no reforço dos princípios subjacentes ao tratamento dos refugiados, desde que em linha com o regime de protecção internacional de refugiados. Assim, podemos enunciar melhoramentos no reconhecimento dos agentes de perseguição não estatais, na perseguição baseada em género e na codificação da protecção subsidiária – neste último caso integrando também obrigações ao nível dos direitos humanos e da lei humanitária internacional. A protecção temporária surgiu como uma resposta a situações de grande fluxo. É por isso considerada uma solução de emergência para casos onde a determinação do estatuto de refugiado em termos individuais é impraticável. Logo, não substitui a Convenção de 1951, nem a põe em causa, mas mantém lacunas e limitações, já que, como podemos constatar, a tendência no âmbito da UE tem sido de uma harmonização que permite ainda várias excepções, derrogações e interpretações dos princípios definidos.

4.4. O Tratado de Lisboa

O Tratado de Lisboa foi assinado pelos 27 Estados-Membros da União Europeia em 13 de Dezembro de 2007, e entrou em vigor em 1 de Dezembro de 2009.

As mudanças e os desafios que se colocam à Europa, levou os Estados membros a reflectir e a alterar algumas questões relacionadas com a organização, funcionamento, processo de decisão e adopção das várias políticas no seio da União Europeia. Baseado nos objectivos e valores que a União sempre defendeu, como: paz, democracia, respeito pelos direitos humanos, justiça, igualdade, estado de direito e sustentabilidade, o Tratado de Lisboa visa proporcionar à população um espaço de liberdade, segurança e justiça, sem fronteiras internas, combater a exclusão e a discriminação social e promover a justiça e a protecção social. Há também a intenção de contribuir para a protecção dos direitos humanos, bem como, para o respeito e desenvolvimento do direito internacional, concretamente, dos princípios da Carta das Nações Unidas.

O Tratado simplifica os processos de decisão da UE e aumenta o número de domínios em que o Parlamento Europeu partilha o poder de decisão com o Conselho de Ministros, o que significa que os eurodeputados eleitos directamente pelos cidadãos passam a ter mais influência no processo legislativo e no orçamento da UE.

No Conselho de Ministros passa a ser alargada a votação por maioria qualificada, em vez das decisões tomadas por unanimidade, o que contribui para acelerar e conferir mais eficiência à acção da União em variadíssimas matérias. A votação por maioria qualificada significa que, a partir de 2014, as decisões do Conselho de Ministros deverão ser apoiadas por 55% dos Estados membros, representando pelo menos 65% da população europeia. É a chamada «dupla maioria». Serão necessários pelo menos quatro países para formar uma minoria de bloqueio. Este sistema coloca os países com menos população em igualdade de circunstâncias com os Estados membros maiores. Este sistema confere uma dupla legitimidade às decisões. Isto significa que o processo de decisão da União Europeia se baseará na dupla legitimidade dos cidadãos (representados pelos seus deputados ao Parlamento Europeu) e dos Estados membros (representados pelos ministros no Conselho).

Aplicar-se-ão regras estritas a todas as propostas de utilização do sistema de votação por maioria qualificada em novos domínios políticos. Todos os Estados membros devem concordar com essa alteração e os parlamentos nacionais terão direito de veto. Contudo, em domínios políticos importantes como a fiscalidade e a defesa continuará a ser exigido o voto por unanimidade.

O Tratado de Lisboa reconhece os direitos, as liberdades e os princípios enunciados na Carta dos Direitos Fundamentais e torna a Carta juridicamente vinculativa (artigo 6). Isto significa que, quando a UE propõe e aplica legislação, deve respeitar os direitos enunciados na Carta. O mesmo deve ser feito pelos Estados membros quando aplicam a legislação da UE. A este respeito, o Tribunal de Justiça passa a dispor de poderes reforçados para assegurar a boa aplicação da carta. Os direitos que todos devem gozar incluem o direito de asilo, a protecção dos dados pessoais, a igualdade perante a lei e a não discriminação, a igualdade entre homens e mulheres, os direitos da criança e dos idosos e direitos sociais importantes, como a protecção contra os despedimentos sem justa causa e o acesso à segurança social e à assistência social.[164]

A Carta contém disposições que podem ser invocadas em relação a aspectos da política de asilo e de imigração. Exemplificando, o artigo 63 estipula que "o direito a asilo deve ser garantido com base no respeito pelas regras da Convenção de Genebra e do Protocolo de 1967"; o artigo 19 (2) proíbe a extradição de alguém para um Estado onde corra sérios riscos de morte, tortura, ou qualquer outro tratamento inumano ou degra-

---

[164] Os direitos políticos e jurídicos tem na sua base a Convenção Europeia dos Direitos Humanos. Os direitos económicos e sociais provêem essencialmente da Carta Social Europeia de 1996 e da Carta Comunitária sobe os Direitos dos Trabalhadores assinada em 1961. Outras disposições resultam da influência do Tribunal Europeu de Justiça, e da legislação nacional ou tradições dos Estados membros.

dante. Outros artigos da carta podem afectar o direito dos Estados, nomeadamente, na imposição de restrições em situações de agrupamento familiar ou discriminação contra a imigração em assuntos de segurança social.

O Tratado permite também a adesão da UE à Convenção Europeia dos Direitos do Homem. A Convenção e o Tribunal Europeu dos Direitos do Homem, que supervisiona a aplicação da Convenção, estão na base da protecção dos direitos humanos na Europa.

As alterações introduzidas pelo tratado irão afectar a futura implementação da futura política de asilo e de imigração. Para além de alargar as competências da UE nestes domínios, estabelece os objectivos de legislar princípios e estatutos uniformes (ao contrário dos princípios mínimos definidos em Amesterdão) para um sistema europeu comum de asilo, e introduzir um sistema gradual de gestão das fronteiras externas. O tratado remove os vetos nacionais sobre decisões no que respeita ao asilo e imigração. A partir de 2014, as alterações no sistema de voto do Conselho tornará mais difícil proteger os interesses nacionais nestas áreas onde se aplicará a votação por maioria qualificada.

O título IV da parte III do Tratado aboliu o terceiro pilar e trouxe a cooperação em assuntos de polícia, lei criminal e civil, vistos, asilo e imigração para uma competência partilhada, agora denominada área de liberdade, justiça e assuntos internos. O Reino Unido e a Irlanda mantêm o direito de *opt-out* em propostas legislativas apresentadas pela Comissão em matéria de vistos, asilo e imigração.

O Tratado estabelece como objectivo da União, a criação de uma "política comum de asilo, imigração e controlo externo de fronteiras, baseada na solidariedade entre os Estados membros e justa para nacionais de países terceiros" artigo 61.º (2). Para alcançar este objectivo, os artigos 63.º e 63.º alínea a), especificam que a UE deve "desenvolver uma política comum de asilo, protecção subsidiária e protecção temporária com vista a oferecer um estatuto apropriado a qualquer nacional de um país terceiro que solicite protecção internacional, em conformidade com a Convenção de Genebra de 1951 e o Protocolo de 1967". A uniformidade que se irá desenvolver incidirá assim sobre: o estatuto de asilo para nacionais de países terceiros; o estatuto de protecção subsidiária para nacionais de países terceiros que, mesmo não sendo considerados refugiados, necessitam de protecção internacional; um sistema comum de protecção temporária para pessoas deslocadas em casos de fluxo em massa; e sobre procedimentos comuns para conceder e retirar o estatuto de refugiado ou de protecção subsidiária.

CONCLUSÃO

As regras e as práticas em matéria de refugiados e de asilo desenvolveram-se ao longo dos séculos, nas mais variadas culturas. Hoje, o seu desenvolvimento continua, uma vez que existem ainda lacunas importantes quanto ao direito dos refugiados.

Após a II Guerra Mundial assistiu-se à elaboração da Convenção de Genebra relativa ao estatuto dos refugiados, considerada o instrumento mais importante no que respeita ao direito internacional dos refugiados.

Nas duas últimas décadas, o direito internacional de refugiados tem evoluído através da designada *soft law*, de que são exemplo as Conclusões do EXECOM, a *Agenda para a Protecção*, e vários acordos operacionais, particularmente, em contexto de repatriação voluntária.

Dada a nova conjuntura mundial, os Estados, incluindo os europeus, debatem-se com um dilema: como assegurar o respeito pelos princípios básicos dos direitos humanos e sentido de ajuda aos que precisam de um lugar seguro, com a necessidade de evitar grandes fluxos de refugiados, que agravam os problemas sociais já existentes.

O processo de harmonização da política de asilo no âmbito da União Europeia começou num quadro de cooperação intergovernamental em 1985 (Acordo de Schengen) e culminou na ideia de criação de uma área de liberdade, segurança e justiça no Tratado de Amesterdão que, como vimos, é também objectivo do Tratado de Lisboa. Claro que, só é possível concretizar esta liberdade, sem pôr em causa a segurança dos cidadãos comunitários. Daí que, o fim das fronteiras internas e a maior complexidade dos desafios que os movimentos populacionais representam, tornou evidente a necessidade de desenvolver uma legislação e prática de asilo harmonizada em todo o espaço comunitário.

Após a entrada em vigor do Tratado de Amesterdão, e com base nas conclusões do Conselho Europeu de Tampere, foi lançada a ideia de criar um sistema europeu comum de asilo. Durante a primeira fase deste sistema (1999-2005) foi fixado o objectivo de harmonizar os quadros jurídicos dos Estados membros relativamente ao asilo, com base em normas e princípios mínimos comuns. Os resultados deste processo são mistos. Os Estados passaram a estar limitados por estas normas mínimas no que respeita às condições de protecção, identificação do Estado responsável pela análise de um pedido de asilo, estabelecimento de procedimentos comuns em relação ao asilo e critérios para a sua concessão. Mas, na prática, todo este conjunto de normas deixou ainda uma grande margem de manobra aos Estados membros na forma como estes as interpretam e aplicam, originado situações diferenciadas no tratamento desta questão. Podemos então concluir que a protecção internacional melhorou nalguns aspectos, mas mantiveram-se lacunas e limitações significativas em matéria de asilo.

O objectivo do sistema europeu comum de asilo consiste em garantir aos requerentes de asilo o mesmo tratamento e nível de protecção em toda a UE. Isto só será possível através de princípios de protecção comuns, cooperação prática entre as administrações nacionais de asilo e solidariedade, não só entre os Estados membros, como também, entre os Estados da UE e países terceiros.

O direito de asilo na União Europeia revela um fosso entre o discurso relativo à protecção e valorização dos direitos humanos, e a realidade, segundo a qual se estrutura a protecção dos refugiados. Um exemplo claro desta situação consiste no respeito pelo princípio de *non-refoulement* que, embora integrado na legislação comunitária, nem sempre tem uma clara relação com outras questões relacionadas com o direito dos refugiados.

Nos últimos anos, as preocupações com a segurança levaram os Estados a adoptar um conjunto de práticas que ignoram os princípios de direitos humanos. Neste processo, o regime de protecção internacional tem sido fragilizado. O reconhecimento do estatuto de refugiado tem sido reduzido, assistindo-se a uma maior utilização de conceitos, como o de protecção subsidiária, dando origem a situações preocupantes do ponto de vista dos direitos humanos. A ausência de uma política comum de asilo cria um padrão comunitário cuja tónica é a contenção, afastamento e redução dos direitos de quem procura e precisa de protecção internacional.

Mas, o problema dos refugiados não se limita à ausência de leis, declarações ou convenções internacionais sobre esta matéria. A falta de vontade dos Estados em respeitar esses instrumentos é o principal obstáculo.

Conclusão

A Europa tem interesse político e dever humanitário em assegurar que todos os Estados, com os quais tem relações políticas, diplomáticas, e económicas, cumpram as suas responsabilidades quando confrontados com fluxos de refugiados. Esta orientação consiste também em salvaguardar os direitos dos refugiados fora da Europa, estendendo-se, naturalmente, à prevenção da sua expulsão e ao seu repatriamento voluntário. Esta solidariedade aliada a uma política positiva e preventiva, condenando a acção dos países que produzem fluxos de refugiados, permitirá à UE ajudar quem realmente precisa de protecção.

O sistema europeu comum de asilo não alcançará o seu objectivo se as pessoas que procuram protecção, não a conseguirem ter dentro da UE ou nas suas fronteiras. O direito soberano dos Estados em controlar as suas fronteiras deve assim ser reconciliado com o direito individual de procurar e obter asilo em caso de perseguição.

Para que o sistema de asilo na UE possa ser efectivo, torna-se necessário que os Estados abdiquem de parte da sua soberania. Obviamente que isto é um assunto sensível mas, se analisarmos a evolução da situação nos últimos anos, desde o Tratado de Maastricht até ao Tratado de Lisboa, assim como os compromissos políticos impostos pelas metas de Tampere, e Programas de Haia e de Estocolmo, verificamos que houve um impressionante aumento da cooperação, harmonização e consciencialização de que os assuntos de asilo requerem uma resposta conjunta e global da União Europeia.

FONTES E BIBLIOGRAFIA

FONTES

ALTO COMISSARIADO DAS NAÇÕES UNIDAS PARA OS REFUGIADOS (1992) *Current Asylum Issues, Harmonization in Europe.* Genebra: ACNUR.

ALTO COMISSARIADO DAS NAÇÕES UNIDAS PARA OS REFUGIADOS (1993) *Les Réfugiés dans le Monde – L'enjeu de la protection.* Paris: Ed. La Découverte.

ALTO COMISSARIADO DAS NAÇÕES UNIDAS PARA OS REFUGIADOS (1994) *Documento de Informação do ACNUR.* Genebra: ACNUR. Disponível em [www.cidadevirtual.pt/acnur/acn_lisboa/q-inf.html - 57k]

ALTO COMISSARIADO DAS NAÇÕES UNIDAS PARA OS REFUGIADOS (1996) *Protecção de refugiados.* Perguntas e respostas. Disponível em [www.dhnet.org.br/direitos/sos/refugiados/protecaorefugiado.html]

ALTO COMISSARIADO DAS NAÇÕES UNIDAS PARA OS REFUGIADOS (1997) *A Situação dos Refugiados no Mundo: Em Busca de Soluções.* Almada: Papelaria Clássica, 1997.

ALTO COMISSARIADO DAS NAÇÕES UNIDAS PARA OS REFUGIADOS (1998) *Estatuto do Alto Comissariado das Nações Unidas para os Refugiados.* Disponível em [http://www.cidadevirtual.pt/acnur/acn_lisboa/a-estat.html].

ALTO COMISSARIADO DAS NAÇÕES UNIDAS PARA OS REFUGIADOS (2002) *Manual de Procedimentos e Critérios a Aplicar para Determinar o Estatuto de Refugiado.* Disponível em [www.cidadevirtual.pt/acnur/refworld/legal/handbook/mpc-1ap.html]

ALTO COMISSARIADO DAS NAÇÕES UNIDAS PARA OS REFUGIADOS (2004) *El Asilo y la Protección Internacional de los Refugiados en América Latina.* Disponível em [www.acnur.org/paginas/index.php?id_pag=3468]

ALTO COMISSARIADO DAS NAÇÕES UNIDAS PARA OS REFUGIADOS (2005) – *2004 Global Refugee Trends*, ACNUR. Disponível em

[http://www.reliefweb.int/rw/lib.nsf/db900SID/EVOD-6DFD7A?Open Document]
ALTO COMISSARIADO DAS NAÇÕES UNIDAS PARA OS REFUGIADOS (2006) *Global Trends. Refugees, Asylum-seekers, Returnees, Internally Displaced and Stateless Persons.* Disponível em [www.unhcr.org/statistics/STATISTICS/4676a71d4.pdf]
ALTO COMISSARIADO DAS NAÇÕES UNIDAS PARA OS REFUGIADOS (2007) *Refugee Protection and Mixed Migration: A 10-Point Plano of Action*, Rev.1, Janeiro de 2007. Disponível em [www.unhcr.org/refworld/docid/45b0c09b2.html]
ALTO COMISSARIADO DAS NAÇÕES UNIDAS PARA OS REFUGIADOS (2008) Base de Dados Legal. Disponível em [www.acnur.org/secciones/index.php#793]
ALTO COMISSARIADO DAS NAÇÕES UNIDAS PARA OS REFUGIADOS (2009) *Asylum levels and trends in industrialized countries*, ACNUR. Disponível em [http://www.unhcr.org/4adebca49.html]
AMNISTIA INTERNACIONAL (1987) *Trabalhos da Amnistia Internacional na Europa Ocidental.* Londres: Amnistia Internacional, Outubro/1986, Março/1987 e Abril/1987.
AMNISTIA INTERNACIONAL (1990) *Harmonização da Política de Asilo na Europa – Trabalhos da Amnistia Internacional.* Londres: Amnistia Internacional.
AMNISTIA INTERNACIONAL (1994) *Europe: The need for minimum standards in asylum procedures.* Londres: Amnistia Internacional, Doc. EU Ass/01/94.
ASSEMBLEIA GERAL DAS NAÇÕES UNIDAS (AGNU) (1946) Resolução 2, A/Res/8(1), de 12 de Fevereiro.
ASSEMBLEIA GERAL DAS NAÇÕES UNIDAS (AGNU) (1948) Resolução 217 A (III), de 10 de Dezembro.
ASSEMBLEIA GERAL DAS NAÇÕES UNIDAS (AGNU) (1950) Resolução 428 (V), de 14 de Dezembro.
ASSEMBLEIA GERAL DAS NAÇÕES UNIDAS (AGNU) (1961) Resolução 1673 (XVI), de 18 de Dezembro.
ASSEMBLEIA GERAL DAS NAÇÕES UNIDAS (AGNU) (1966) Resolução 2198 (XXI), de 16 de Dezembro.
ASSEMBLEIA GERAL DAS NAÇÕES UNIDAS (AGNU) (1967) Resolução 2312 (XXII), de 14 de Dezembro.
ASSEMBLEIA GERAL DAS NAÇÕES UNIDAS (AGNU) (1969) Resolução 2594 (XXIV), de 16 de Dezembro.
ASSEMBLEIA GERAL DAS NAÇÕES UNIDAS (AGNU) (1973) Resolução 3143 (XXVIII), de 14 de Dezembro.

ASSEMBLEIA GERAL DAS NAÇÕES UNIDAS (AGNU) (1992) Doc. ONU A/AC. 96/804, de 15 de Outubro.

COMISSÃO DAS COMUNIDADES EUROPEIAS (1991) Comunicação da Comissão ao Conselho e Parlamento Europeu sobre o direito de asilo. SEC (91) 1857 final. Bruxelas, 11 de Outubro de 1991.

COMISSÃO DAS COMUNIDADES EUROPEIAS (1994) Comunicação da Comissão ao Conselho e Parlamento Europeu sobre Imigração e Políticas de Asilo. COM (94)23 final, Bruxelas, 23 de Fevereiro de 1994.

COMISSÃO DAS COMUNIDADES EUROPEIAS (2000) Relatório Geral sobre a actividade da UE – 1999. Bruxelas: Comissão Europeia, 2000.

COMISSÃO DAS COMUNIDADES EUROPEIAS (2005) Comunicação da Comissão sobre os Programas Regionais de Protecção. COM (2005) 123 final/3, Bruxelas.

COMISSÃO DAS COMUNIDADES EUROPEIAS (2006) Comunicação da Comissão sobre o reforço da cooperação prática. COM (2006) 67 final.

COMISSÃO DAS COMUNIDADES EUROPEIAS (2007) Livro Verde, de 6 de Junho de 2007, sobre o futuro Sistema Europeu Comum de Asilo. COM (2007) 301 final – não publicado no jornal oficial.

COMISSÃO DAS COMUNIDADES EUROPEIAS (2007) Relatório da Comissão sobre a avaliação do sistema de Dublin. (COM (2007) 299 final.

COMISSÃO DAS COMUNIDADES EUROPEIAS (2008) Comunicação da Comissão ao Parlamento Europeu, ao Conselho, ao Comité Económico e Social Europeu e ao Comité das Regiões de 17 de Junho de 2008 – Plano de acção em matéria de asilo: uma abordagem integrada da protecção na EU. COM(2008) 360 final – Não publicada no Jornal Oficial.

COMISSÃO DAS COMUNIDADES EUROPEIAS (2009) Comunicação da Comissão "Uma área de liberdade, segurança e justiça servindo os cidadãos", 10 de Junho de 2009. COM(2009)262 final. Disponível em [http://eur_lex.europa.eu/LexUriServ.do?uri=COM:2009:0262:FIN:EN:PDF]

COMISSÃO DAS COMUNIDADES EUROPEIAS (2009) Proposta da Comissão para o estabelecimento de um Gabinete Europeu de Apoio ao Asilo, 18 de Fevereiro de 2009. COM(2009)66 final. Disponível em [http://eur-lex.europa.eu/LexUriServ.do?uri=COM:2009:0066:FIN:EN:PDF]

CONSELHO EUROPEU (1992) Declaração do Conselho Europeu sobre os princípios que regulam os aspectos externos da política migratória, 11-12 de Dezembro de 1992.

CONSELHO EUROPEU (1992) Resolução relativa aos pedidos de asilo manifestamente infundados (Resolução de Londres – 01/12/92)

CONSELHO EUROPEU (1992) Resolução relativa a uma abordagem harmonizada das questões referentes aos países terceiros de acolhimento (Resolução de Londres – 01/12/92)

CONSELHO EUROPEU (1992) Conclusões sobre os Países onde, regra geral, não se verificam graves riscos de perseguição.

CONSELHO EUROPEU (1999) Conselho Europeu – *Press Release*, n.º 200/99 de 16 de Outubro de 1999.

CONSELHO EUROPEU (1999) Conselho Europeu, Conclusões da Presidência, Conselho Europeu de Tampere, 15-16 de Outubro de 1999. Disponível em [www.consilium. Europa.eu/ueDocs/cms_Data/docs/pressData/en/ec/00200-rl.en9.htm]

CONSELHO EUROPEU (2008) Conselho Europeu, Pacto Europeu sobre Imigração e Asilo, 24 de Setembro de 2008, 13440/08. Disponível em [http://register.consilium.europa.eu/pdf/en/08/st13/st13440.en08.pdf]

CONSELHO PORTUGUÊS PARA OS REFUGIADOS (CPR) (1994) *Asilo em Portugal*. Almada: Papelaria Clássica, vol. I.

EUROSTAT (1996a) *Anuário 1996*. Luxemburgo: Office for the Official Publications of the European Commission.

EUROSTAT (1996b) *Demandeurs d'asile en Europe au Cours du Premier Semestre de 1996*. Genebra: EUROSTAT, Estatísticas Conjunturais, n.º 2.

EUROSTAT (1996c) *Demandeurs d'asile en Europe au Cours du Premier Semestre de 1996*. Genebra: EUROSTAT, Estatísticas Conjunturais, n.º 1.

EUROSTAT (2009a) *75 thousand asylum seekers granted protection status in the EU in 2008*. Disponível em [http://epp.eurostat.ec.europa.eu/cache/ITY_OFFPUB/KS-SF-09-092/EN/KS-SF-09-092-EN.PDF]

EUROSTAT (2009b) *Asylum in the EU in 2008*. Newsrelease. Disponível em [http://epp.eurostat.ec.europa.eu/cache/ITY_PUBLIC/3-08052009-AP/EN/3-08052009-AP-EN.PDF]

EXECOM (Comité Executivo do ACNUR) Conclusão 1977a – n.º 6 (XXVIII) N*on-refoulement*.

EXECOM (Comité Executivo do ACNUR) Conclusão 1977b – n.º 8 (XXVIII) Determinação do estatuto de refugiado,

EXECOM (Comité Executivo do ACNUR) Conclusão 1979 – n.º 15 (XXX) Refugiados sem um país de asilo,

EXECOM (Comité Executivo do ACNUR) 1982 – n.º 25 (XXXIII) Conclusão Geral sobre Protecção Internacional.

EXECOM (Comité Executivo do ACNUR) 1983 – n.º 30 (XXXIV) O Problema dos pedidos manifestamente infundados ou abusivos.

EXECOM (Comité Executivo do ACNUR) 1990 – n.º 62 (XLI) Nota sobre Protecção Internacional

EXECOM (Comité Executivo do ACNUR) 2002 – n.º 94 (LIII) Conclusões sobre o carácter civil e humanitário do asilo.

EXECOM (Comité Executivo do ACNUR) 2004 – n.º 100 (LV) Conclusão sobre protecção internacional e responsabilidade partilhada em situações de fluxo em massa,

EXECOM (Comité Executivo do ACNUR) 2005 – n.º 103 (LVI) Formas complementares de protecção,

EXECOM (Comité Executivo do ACNUR) 2008 – n.º 108 (LIX) Conclusão geral sobre protecção internacional

ECRE (Conselho Europeu sobre Refugiados e Exilados) (1993) *Asilo na Europa*. Paris: ECRE.

ECRE (Conselho Europeu sobre Refugiados e Exilados) (1994) *Asylum in Europe, Review of refugee and asylum laws and procedures in selected European countries*. 4ª ed. Londres: ECRE.

ECRE (Conselho Europeu sobre Refugiados e Exilados) (1995) *The Functioning of the Treaty on European Union in relation to asylum policy*. Position Paper.

GRUPO *ad hoc* Imigração (1991) *Relatório dos Ministros da Administração Interna, apresentado ao Conselho Europeu de Maastricht sobre a Política de Imigração e de Asilo dos Doze*, 3 de Dezembro de 1991.

INSTRUMENTOS INTERNACIONAIS E REGIONAIS

1946 – Constituição da Organização Internacional para os Refugiados, de 15 de Dezembro.

1948 – Declaração Universal dos Direitos do Homem, de 10 de Dezembro de 1948.

1950 – Convenção Europeia de Salvaguarda dos Direitos do Homem e Liberdades Fundamentais de 4 de Novembro. Entrou em vigor a 3 de Setembro de 1953.

1950 – Estatuto do Alto Comissariado das Nações Unidas para os Refugiados. Resolução da Assembleia Geral das Nações Unidas 428 (V) de 14 de Dezembro.

1951 – Convenção relativa ao Estatuto dos Refugiados. Genebra, 28 de Julho. Entrou em vigor a 22 de Abril de 1954, e foi aprovada para adesão no Decreto – lei n.º 43201, de 1/10/69, publicado no Diário da República, I série, n.º 229, de 1/10/60.

1957 – Convenção Europeia sobre Extradição, de 13 de Dezembro. Entrou em vigor a 18 de Abril de 1960.

1959 – Convenção de Caracas sobre Asilo Diplomático, de 28 de Março de 1959.

1966 – Pacto Internacional de Direitos Civis e Políticos, de 16 de Dezembro.

1966 – Pacto Internacional de Direitos Económicos, Sociais e Culturais, de 16 de Dezembro.

1967 – Declaração das Nações Unidas sobre o Asilo Territorial, de 14 Dezembro.

1967 – Protocolo de Nova Iorque, adicional à Convenção relativa ao Estatuto dos Refugiados, 31 Janeiro. Entrou em vigor 4 Outubro 1967. Aprovado para adesão pelo decreto n.º 207/75, de 17 de Abril 1975, publicado no Diário da República n.º 90, de 17/04/75.

1969 – Convenção da Organização de Unidade Africana (OUA) que rege os aspectos específicos dos problemas dos Refugiados em África. Adis-Abeba, 10 de Setembro. Entrou em vigor a 20 de Junho de 1974.

1984 – Declaração de Cartagena sobre a Protecção Internacional dos Refugiados na América Central, México e Panamá: Problemas Jurídicos e Humanitários. Cartagena, 22 de Novembro.

1985 – Convenção de Aplicação do Acordo de Schengen, de 14 de Junho, entre os Governos dos Estados da União Económica do BENELUX, da República Federal da Alemanha e da República Francesa, para a abolição gradual da fiscalização nas fronteiras comuns (Convenção de Schengen).

1990 – Convenção de Dublin de 15 de Junho, sobre a determinação do Estado responsável pela análise de um pedido de asilo, apresentado num Estado--Membro da União Europeia.

1994 – Declaração de S. José sobre Refugiados e pessoas deslocadas.

2004 – Plano de Acção do México, "Para fortalecer a Protecção Internacional dos Refugiados na América Latina", adoptado em 16 de Novembro de 2004. Disponível em [http://www.acnur.org/t3/fileadmin/Documentos/portugues/ BD_Legal/Instrumentos%20Internacionais/Declaracao_e_Plano_de_Acao_do_M exico.pdf]

JORNAL OFICIAL DAS COMUNIDADES EUROPEIAS
1992 – JOCE C337, vol. 35, de 21 de Dezembro de 1992.

1995 – Acção Comum adoptada pelo Conselho em 25 de Setembro, visando a realização de acções de formação, recolha e intercâmbio de informações e experiências para cumprir os objectivos enunciados no artigo K.1 do tratado. JOCE n.º L238, de 6 de Outubro de 1995 (95/401/JAI).

1995 – Regulamento (CE) n.º 2317/95 do Conselho de 25 de Setembro de 1995 que determina quais os países terceiros cujos nacionais devem ser detentores de visto para transporem as fronteiras externas dos Estados membros. JOCE n.º L234 de 3 de Outubro de 1995.

1996a – Posição Comum definida pelo Conselho com base no art. K3 do Tratado da União Europeia sobre a aplicação harmonizada da definição do termo "refugiado" na acepção do art. 1.º da Convenção de Genebra de 28 de Julho de 1951 relativa ao Estatuto de Refugiado, de 4 de Março. JOCE L63/2, 13 de Março de 1996.

1996b – Relatório da actividade do CIREA – Centro de Informação, Investigação e Intercâmbio em matéria de Asilo. JOCE n.° C 274/55, de 19 de Setembro de 1996.
1996c – Conclusões do Conselho de 20 Junho de 1994. JOCE C274/34, de 19 de Setembro de 1996.
1996d – JOCE C 274/55, de 19 de Setembro de 1996.
1996e – Resolução Conselho sobre as Garantias Mínimas nos processos de Asilo de 20/21 de Junho de 1995. JOCE C 274, 19 de Setembro de 1996.
1997 – Relatório da actividade do CIREA – Centro de Informação, Investigação e Intercâmbio em matéria de Asilo. JOCE n.° C191/29 de 23 de Junho de 1997.
1997 – Decisão do Conselho de 26 de Junho, relativa ao acompanhamento da execução dos diplomas adoptados em matéria de asilo. JOCE L178 de 7 de Julho de 1997.
1999a – Proposta da Comissão (programa de integração dos refugiados). COM (98) 731 final CNS 98/0356. JOCE C36, de 10 de Fevereiro de 1999.
1999b – Parecer do Parlamento Europeu sobre o programa de integração dos refugiados. JOCE C219, de 30 de Julho de 1999.
1999 – Regulamento (CE) n.° 574/1999 do Conselho de 12 de Março, que determina os países terceiros cujos nacionais devem ser detentores de visto para transporem as fronteiras externas dos Estados membros. JOCE L072 de 18 de Março de 1999.
2000a – Regulamento (CE) n.° 2725/2000 do Conselho de 11 de Dezembro, relativo à criação do sistema «EURODAC» de comparação de impressões digitais para efeitos da aplicação efectiva da Convenção de Dublin. JOCE, n.° L 316 de 15 de Dezembro de 2000.
2000b – Decisão 2000/596/CE de 28 de Setembro, que cria o Fundo Europeu para os Refugiados. JOCE n.° L 252 de 6 de Outubro de 2000.
2001 – JOCE n.° L 212, de 07 de Agosto de 2001.
2002 – Decisão 2002/463/CE do Conselho que criou um programa de acção de cooperação administrativa em matéria de fronteiras externas, vistos, asilo e imigração – Programa Argo. JOCE n.° L 161 de 19 de Junho de 2002.
2003a – Directiva 2003/9/CE do Conselho de 27 de Janeiro de 2003 que estabelece as normas mínimas em matéria de acolhimento dos requerentes de asilo nos Estados membros. JOCE n.° L 31, de 6 de Fevereiro de 2003.
2003b – Regulamento n.° 343/2003 do Conselho de 18 de Fevereiro de 2003 (Dublin II) que estabelece os critérios e mecanismos de determinação do Estado-Membro responsável pela análise de um pedido de asilo apresentado num dos Estados-Membros por um nacional de um país terceiro. JOCE n.° L 050, de 6 de Fevereiro de 2003.
2003c – Regulamento n.° 1560/2003 da Comissão de 2 de Setembro de 2003 relativo às modalidades de aplicação do Regulamento (CE) n.° 343/2003 do

Conselho, que estabelece os critérios e mecanismos de determinação do Estado-Membro responsável pela análise de um pedido de asilo apresentado num dos Estados-Membros por um nacional de um país terceiro. JOCE n.º L 222 de 05709/2003

2004 – JOCE n.º L 204/12 de 30 de Setembro de 2004.

2004a – Directiva 2004/83/CE do Conselho que estabelece normas mínimas relativas às condições a preencher por nacionais de países terceiros ou apátridas para poderem beneficiar do estatuto de refugiado ou de pessoa que, por outros motivos, necessite de protecção internacional, bem como relativas ao respectivo estatuto, e relativas ao conteúdo da protecção concedida. JOCE L 304, de 30 de Setembro de 2004.

2004b – Regulamento 2007/2004 do Conselho, de 26 de Outubro de 2004, que cria uma Agência Europeia de Gestão da Cooperação Operacional nas Fronteiras Externas dos Estados-Membros da União Europeia. JOCE L 349, de 25 de Novembro de 2004.

2005 – Comunicação da Comissão ao Conselho e ao Parlamento Europeu, de 10 de Maio de 2005: "Programa da Haia: dez prioridades para os próximos cinco anos. Parceria para a renovação europeia no domínio da liberdade, da segurança e da justiça" COM (2005)184 final. JOCE C236 de 24 de Setembro de 2005.

2005 – Directiva 2005/85/CE do Conselho, de 1 de Dezembro de 2005, relativa a normas mínimas aplicáveis ao procedimento de concessão e retirada do estatuto de refugiado nos Estados membros. JOCE n.º L 326, de 13 de Dezembro de 2005.

2007 – Decisão 573/2007 do Parlamento Europeu e do Conselho de 23 de Maio de 2007 que cria o Fundo Europeu para os Refugiados para o período 2008 a 2013.

SOCIEDADE DAS NAÇÕES

1926 – Acordo de 12 de Maio. Recolha de Tratados, n.º 2004, vol. LXXXIX (89).

1928 – Acordo de 30 de Junho. Recolha de Tratados, n.º 2006, vol. LXXXIX (89).

1935 – Resolução n.º 3593 de 24 Maio, do Conselho da SDN.

1936 – Acordo Provisório de 4 de Julho referente ao Estatuto dos Refugiados provenientes da Alemanha. Recolha de Tratados da SDN, vol. 171, n.º 3952.

1938a – Resolução n.º 1 de 30 de Dezembro, da XIXª Assembleia da SDN relativa à assistência internacional a favor dos refugiados.

1938b – Convenção de 10 de Fevereiro, n.º 3663, vol. CLIX (159).

BIBLIOGRAFIA

AA.VV. (1995) *Droit d'Asile Devoir d'Accueil*. Paris: Desclée de Brouwer.

AA.VV. (1996) *Souveraineté de l'État et Interventions Internationales*. Paris: Dalloz.

AGA KHAN, Sadruddin (1976) *Legal Problems Related to refugees and displaced persons*. Haia: Academy of International Law.

AGA KHAN, Sadruddin (1977) *Refugees and Displaced Persons*. Recueil des Cours 1976. Haia: Sijthoff & Leyden, Académie de Droit International de la Haye, Tome 149.

ALLAND, Denis (1997a) *Le dispositif International du Droit de l'Asile*. In SOCIÉTÉ FRANÇAISE POUR LE DROIT INTERNATIONAL (org.) – *Colloque de Caen: Droit d'Asile et des réfugiés*. Paris: Ed. A. Pedone, 1997.

ALLAND, Denis (1997b) *Les Organizations Internationales et les Réfugiés*. In DUPUY, R.-J. (dir.) – *Manual sur les Organizations Internationales*. Dordrecht: Martinus Nijhoff, Académie de Droit International de la Haya.

ALLAN, Jean (2002) The juns cogens nature of non-refoulement. *International Journal of Refugee Law*. Vol. 13, n.° 14.

BADIE, Bertrand; WENDEN, Catherine Withol de (1994) *Le défi migratoire: Questions de Relations Internationales*. Paris: PFNSP.

BAYLIS, John; SMITH, Steve (1998) *The Globalization of World Politics: An Introduction to International Relations*. Oxford: Oxford University.

BEYER, Gunther (1996) "The Political Refugee: 35 years later", in *International Migration Review*. Oxford. Vol. 15, n.° 1.

BETTATI, Mario (1987) *Le Statu Juridique du Réfugié en Droit International*. Thessalonique: Institute of International Public Law and International Relations.

BETTATI, Mario (1985) *L'asile politique en question: un statut pour les réfugiés*. Paris: PUF.

BLANC, Hubert (1991) "Schengen: Le chemin de la libre circulation en Europe. Problèmes Juridiques et Institutionnels", in *Revue du Marché Commun*. Bruxelas. N.° 351.

BÖCKER, Anita; HAVINGA, Tetty (1998) *Asylum Migration to the European Union: Patterns of Origin and Destination*. Bruxelas: Comissão Europeia, Serviço de Publicações Oficiais da Comunidade Europeia.

BONIFACE, Pascal (dir. de) (1999) *Atlas das Relações Internacionais*. Lisboa: Plátano.

BRINKMANN, Gisbert (2004) "The Immigration and asylum agenda". *European Law Journal*. Vol. 10, n.° 2.

BRUSCHI, Christian (1990) – "Le droit d'asile: L'Europe à l'heure des choix", in *Migrations Société*. Vaulx-en-Valin. Vol. 2, n.° 12.

BYRNE, Rosemary, NOLL, Gregor; VEDSTED-HANSEN, Jens (2004) "Understanding Refugee Law in an Enlarged European Union". *European Journal of International Law*, v. 15, n.° 2.

CALOZ-TSCHOPP, Marie-Claire; CLÉVENOT, Axel; TSCHOPP, Maria-Pia (1994) *Asile – Violence – Exclusion en Europe. Histoire, analyse, prospective*. Genebra: Cahiers de la section des sciences de l'éducation de l'Université de Genève et Groupe de Genève.

CAMPOS, João Mota de (1989) – *Direito Comunitário*. Lisboa: Fundação Calouste Gulbenkian, vol. I.

CANÇADO TRINDADE, A.A. (ed.) ((1996) *As três vertentes da protecção internacional dos direitos da pessoa humana – direitos humanos, direito humanitário, direito dos refugiados*. Brasília: co-edição de Instituto Interamericano de Direitos Humanos, Comité Internacional da Cruz Vermelha, ACNUR, Comissão Europeia.

CARLIER, Jean-Yves; VANHEULE, D. (eds.) (1997) *Europe and Refugees: A challenge?*. Haia: Kluwer Law International.

CARRERA, Boixareu (1989) *Os Trabalhos do Grupo de Coordenadores para a livre circulação das pessoas*. Bruxelas: Doc. Palma (GJ-CEE, B-48), n.° 72.

CARRERA, S.; GUILD, E. (2008) *What future for the area of freedom, security and justice?*. CEPS Policy Brief, n.° 156, Bruxelas.

CARRILLO SALCEDO, Juan Antonio (1994) *Refugiados y solidaridad internacional*. In SANCHEZ, Fernandez, Pablo (coord.). Sevilha: Ed. ACNUR.

CARRILLO SALCEDO, Juan Antonio (1995) *Soberanía de los Estados y derechos humanos en derecho internacional contemporáneo*. Madrid: Ed. Tecnos.

COLES, Gervase J.L. (1989) *Solutions to the Problems of Refugees and the Protection of Refugees: A Background Study*. Genebra: ACNUR/Instituto International do Direito Humanitário (1988) *The Protection of Refugees from Situations of Armed Conflict and Serious Internal Disturbance*. Genebra: UNHCR.

COLLINSON, Sarah (1994) *Europe and International Migration*. 2ª Ed. Londres: Pinter e Royal Institute of International Affairs.

COLLINSON, Sarah (1999) *Globalization and the Dynamics of International Migration: Implications for the Refugee Regime*. Genebra: ACNUR, Documento de Trabalho n.° 1.

CORRAL, A. Vermelho (1986) *Asilo (Direito de Asilo e Estatuto do Refugiado)*. In Verbo Enciclopédia Luso-Brasileira de Cultura. Lisboa: Verbo, Vol. XXII, (124-130).

COSTA, José M. Barra da (1994) *Refugiado, ameaça (e) civilização*. Lisboa: SEF/CD.

COSTA, José M. Barra da (1996) *Exílio e Asilo (A questão Portuguesa 1974-*

-1996). Lisboa: Universidade Aberta, Colecção de Estudos Pós-Graduados, Centro de Estudos das Migrações e das Relações Interculturais.

CRÉPEAU, François (1995) *Droit d'Asile: de l'Hospitalité aux Contrôles Migratoires*. Bruxelas: Bruylant.

CUÉLLAR, R. et al. (1991) "Refugee and Related Developments in Latin America", in *International Journal of Refugee Law*. Oxford. Vol. 3, n.º 3.

DRÜKE, Luise (1995) *Harmonization of Asylum Policies: New Impetus in the European Union*. In KORELLA, G. D.; TWOMEY, P. M. (eds.) – *Towards a European Imigration Policy*. Bruxelas: European Interuniversity Press, College of Europe, 1995.

EDWARDS, Alice (2005) "Human Rights, refugees and the right to enjoy asylum". *International Journal of Refugee Law*. Vol. 17, n.º 2.

ESTEVES, Maria do Céu; PIRES, Rui Pena; FRANCO, V.; GUIBENTIF, P.; GOMES, T. F.; e SAINT-MAURICE, A. (1989) *A imigração nos países do sul da CEE. O caso de Portugal*. Lisboa: IED.

GARCIA-MOURA, M. (1956) *International Law and Asylum as a Human Rights*. Washington: Public Affairs Press.

GESULFO, Antonella (1996) *La Comunidad International se Hace cargo del Problema*. In ACNUR – *ACNUR: Un Instrumento de paz*. Madrid: ACNUR.

GILBERT, Geoff (2004) "Is Europe living up to its obligations to refugees?" *European Journal of International Law*. Vol. 15, n.º 5.

GILBERT, Geoff (2003) *Current issues in the application of the exclusion clauses*. Cambridge: Cambridge University Press.

GODINHO, J. Magalhães (1973) *O Asilo Político e o Direito de Extradição*. Lisboa: Emp. Tip. Casa Portuguesa.

GOODWIN-GILL, Guy S. (1978) *International Law and the Movement of Persons between States*. Oxford: Clarendon Press.

GOODWIN-GILL, Guy S. (1982) *Implementation of Treaties: Obligations of Conduct and Result under the 1951 Convention relating to the Status Refugees*. Genebra: UNHCR.

GOODWIN-GILL, Guy S. (1983) *The Refugee in International Law*. 1ª ed. Oxford: Clarendon Press.

GOODWIN-GILL, Guy S. (1988) *Refugees: The functions and limits of the existing protection system*. Otava:. Fundação Canadiana dos Direitos Humanos.

GOODWIN-GILL, Guy S. (1989) *Who is a Refugee?*. Haia: Instituto dos Direitos do Homem, Conferência "Refugees in the World – The European Community's Response".

GOODWIN-GILL, Guy S. (1990) *Different Types of Forced Migration Movements as na International and National Problem*. In RYSTAD, G. (ed.) – *The Uprooted: Forced Migration as Interntional Problem in the post-War era*. Lund: Lund University Press.

GOODWIN-GILL, Guy S. (1992a) *Refugee Communities*. Sage: Newbury Park.
GOODWIN-GILL, Guy S. (1992b) *Refugee and Asylum Procedures – The return of rejected cases: A role for UNHCR*. Genebra: UNHCR, Centro de documentação sobre refugiados.
GOODWIN-GILL, Guy S. (1993) *Towards a Comprehensive Regional Policy Approach: – The Case for Close Inter-Agency Co-operation*. Ottawa: Carleton University.
GOODWIN-GILL, Guy S. (1995) *Réfugiés en Provenance d'Albanie, Populations Déplacées par les conflits du Caucase ou sur le Territoire de l' ex-Yougoslavie*. Estrasburgo: Conseil de l'Europe.
GOODWIN-GILL, Guy S. (1999) *Refugee Identity and Protection's Fading Prospect*. In NICHOLSON, F.; TWOMEY, P. – *Refugee Rights and Realities: Evolving International Concepts and Regimes*. Cambridge: Cambridge University Press.
GOWLLAND-DEBBAS, Vera (ed.)(1996) *The Problem of Refugees in the Light of Contemporary International Law Issues*. Haia: Martinus Nijhoff Publishers.
GRAHL-MADSEN, Atle (1966) *The Status of Refugees in International Law, (Refugees Character)*.Leyden: A.W. Sijthoff, vol. I.
GRAHL-MADSEN, Atle (1972) *The Status of Refugees in International Law, (Asylum, Entry and Sojourn)*. Leyden: A.W. Sijthoff, vol. II.
GRAHL-MADSEN, Atle (1980) *Territorial Asylum*. Stockholm: Almqvist & Wiksell International.
GRAHL-MADSEN, Atle (1982) *The Emergent International Law Relative to Refugees: Past, Present, Future*. Bergen: University of Bergen.
GRAHL-MADSEN, Atle (1983) *Identifying the World's Refugees*. In LOESCHER, G.D.; SCANLAN, J.A. (ed.) – *The Global Refugee Problem: U.S. and World Response*. In "Annals of the America Academy of Political and Social Science". Washington. Vol. 467, 11-23.
GROTIUS, Hugo (1984) *Le droit de la guerre et la paix*. Paris: PUCaen, Centre de Philosophie Politique et Juridique de l'Université.
GOMES, Teresa (2000) "O Pangermanismo", in *Rev. ECOS*. ISVOUGA, n.° 1, p. 115.
GUIMEZANES, Nicole (1994) *La Convention de Schengen:. Une Présentation française*. In PAULY, Alexis (ed.) – *Schengen en Panne*. Maastricht: European Institute of Public Administration.
HARTLING, P. (1979) "Concept and Definition of "Refugee" – Legal and Humanitarian Aspects", *in Nordisk Tidsskrift for International Relations*. Vol. 48, fasc. 3-4.
HASSNER, Pierre (1995) "Les Intrus", in *Esprit*. Paris. Vol. 2, n.° 209.
HATHAWAY, J.C. (1984) "The Evolution of Refugee Status in International Law: 1920-1950", in *International Comparative Law Quarterly*. Oxford. n.° 33.

HATHAWAY, J.C (1990) "A Reconsideration of the Underlying Premise of Refugee Law", in *Harvard International Law Journal*. Harvard. Vol. 31, n.° 1.
HATHAWAY, J.C (1991) *The Law of Refugee Status*. Toronto: Butterworths Canada.
HATHAWAY, J.C (1997) *Reconceiving International Refugee Law*. Haia: Martinus Nijhoff.
HELD, David; et al. (1999) – *Global Transformations: Politics, Economics and Culture*. Cambridge: Polity Press.
HOLBORN, Louise W. (1939) *The League of Nations and The Refugee Problem*. In "The Annals of the American Academy of Political and Social Science".
HOLBORN, Louise W. (1956) *The International Refugee Organization, 1946--1952*. Londres: Oxford University Press.
HOLBORN, Louise W. (1975) *Refugees: A problem of our time: The Work of UNHCR, 1951-1972*. New Jersey: ScareCrow Press, 2 vol.
IOGNA-PRAT (1981) "L'Évolution du Concept de Refugié: Pratiques Contemporaines en France", in *Pluriel Débat*. Paris, n.° 28.
INSTITUTO DE DIREITO INTERNACIONAL (1950) – *Anuário do Instituto de Direito International*. Vol. 43, Tome 2.
JOLY, Daniéle (1988) *Refugees in Britain: An annotated bibliography.* Conventry: University of Warwick: Centre for Research and ethnic relations.
JOLY, Daniéle (1992) *Refugees: Asylum in Europe?*. Londres: Minority Rights Publications.
JOLY, Daniéle (1996) *Haven or Hell?: Asylum Policies and Refugees in Europe*. Londres: Macmillan Press.
JOLY, Danièle; COHEN, Robin (1989) *Reluctant host: Europe and its refugees*. Alderhost: Gower Press.
LEUPRECHT, P. (1988) *Le droit d'asile en Europe*. Bruxelas: Ed. F. Rigaux, E. Story-Scientia.
LOBO, A. da Costa (1986) *Asilo*. In Pólis, Enciclopédia Verbo. Lisboa: Verbo.
LOBKOWICZ, Wenceslas de (1990) "Quelle libre circulation des personnes en 1993?", in *Revue du Marché Commun*. Bruxelas. n.° 334.
LOBKOWICZ, Wenceslas de (1995a) *L'UE rest-t-elle fidèle au droit d'asile?*. In AA.VV. AA.VV. – *Droit d'Asile Devoir d'Accueil*. Paris: Desclée de Brouwer.
LOBKOWICZ, Wenceslas de (1995b) *Intergovernmental Cooperation in the Field of Migration – from the Single European Act to Maastricht*. In BIEBER R.; MONER J. (ed.) – *Justice and Home Affairs in the European Union, The Development of the Third Pillar*. München: College of Europe, Centre du Droit Comparé et Européen (Lausanne), Institut für Europäiche Politik (Bonn).

LOESCHER, Gil (1992) *Refugee Movements and International Security*. Oxford: Adelphi Papers, The International Institute for Strategic Studies.
LOESCHER, Gil (1993) *Refugees and the Asylum Dilemma in the West*. Londres: Issues in Policy History, 1992. – *Beyond Charity: International Cooperation and the Global Refugee Crisis*. Nova Iorque: Oxford University Press.
LOESCHER, G.; MONAHAN, Laila (eds.) (1989) *Refugees and International Relations*. Oxford: Clarendon Press.
LOPES, J.J.Almeida (1999) *Tratados Europeus Explicados*. Lisboa: Vislis Editora.
MATHIEU (1991) *Migrants et Réfugiés*. Paris: Presses Universitaires de France, Colecção Que sais Je?
MARTIN, David A. (1988) *The New Asylum Seekers: Refugee Law in the 1980's*. Londres: Martinus Nidjoff Publishers.
MARRUS (1986) *Les Exclus. Les Réfugies européens au XXe siécle*. Paris: Calmann-Lévy.
MELANDER, Goran (1987) *Further Development of International Refugee Law*. Thessalonique: Institute of International Public Law and International Relations of Thessalonique.
MENDES, Mª Teresa Tito de Morais (1996) *A situação dos refugiados no mundo e a sua dimensão internacional*. In ELSA – *Direitos Humanos: A promessa do séc.XXI*. Porto: ELSA, Universidade Portucalense.
MEIJERS, Hans(1990) "Refugees in Western Europe: "Schengen" affects the entire refugee law", in *International Journal of Refugee Law*. Oxford. Vol. 2, n.º 3.
PAULY, Alexis (ed.) (1993) *Les Accords de Schengen: Abolition des Frontiéres intérieures*. Maastricht: European Institute of Public Administration.
PAULY, Alexis (1994) *Schengen en Panne*. Maastricht: European Institute of Public Administration.
PLAUT, W.Gunther (1995) *Asylum: a moral dilemma*. Westport: Praeger.
QUADROS, Fausto de; PEREIRA, André Gonçalves (1993) *Manual de Direito Internacional Público*. 3ª Ed.. Coimbra: Almedina.
ROBINSON, N. (1955) *Convention relating to the status of refugees. Its history, contents and interpretation*. Nova Iorque: The Institute of Jewish Affairs.
SILVA, Guilherme (1994) *O direito de asilo*. In CPR (ed.)– *Asilo em Portugal*. Lisboa: CPR, vol. I.
SOARES, Albino de Azevedo (1988) *Lições de Direito Internacional Público*. 4ª ed. Coimbra: Coimbra Editora.
SOUSA, Fernando (ed.) (2008) *Dicionário das Relações Internacionais*. Porto: Editora Afrontamento.
SOULIER, G. (1988) *Les respect du droit d'asile – preuve et garant du droit démocratique*. In LEUPRECHT, P. (1988) *Droit d'Asile*. Bruxelas: F. Rigaux, Story-Scientia.

SOULIER, G. (1996) *Droit d'asile et souverainet de l'état*. In "Droit et Réfugiés". Acta n.° 40.
SUHRKE, A. (1995) *Analyzing the Causes of Contemporary Refugee Flows*. In ERF, R. Van der; HEERING, L. (eds) – *Causes of International migration: Proceedings of a Workshop*. Luxemburgo: Office for the Official Publications of the European Commission, 1995.
TIZANO, António, VILAÇA, José Luís (1997) *Código da União Europeia*. Coimbra: Almedina.
THIBAULT, Pierre (1979) *O período das ditaduras 1918-1944*. Lisboa: Publicações Dom Quixote, Colecção História Universal.
THIELEMANN, Eiko (2003) "Between interests and norms: explaining burden--sharing in the European Union". *Journal of Refugees Studies*, vol. 16, n.° 3.
TOUSCOZ, Jean (1989) *Direito Internacional*. Lisboa: Publicações Europa--América.
VERNANT, Jacques (1953) *Les Réfugiés dans l'Après – Guerre*. Monaco: Ed. Du Rocher.
VATTEL, Emmerich von (1916) *Le Droit des Gens ou Principes de la Loi Naturelle Appliqués à la Conduite et aux Affaires des Nations et des Souverains*. (1758). Oxford: Clarendon Press, The Classics of International Law, vol. 1, Livr. 1 Ch.XIX..
VIDAL, José Marques (1997) *Os Tratados Comunitários e o Acordo de Schengen*. Lisboa: Procuradoria-Geral da República, Gabinete de Doc. e Direito Comparado.
VILLAPPANDO, Wando (1996a) *Nuevas Características del asilo com especial referencia a la situatión Europea*. In ELSA – *Direitos Humanos: a promessa do século XXI*. Porto: Universidade Portucalense, ELSA.
VILLAPPANDO, Wando (1996b) *ACNUR: Cómo honrar un Mandato*. In ACNUR – *ACNUR: un instrumento de paz*. Madrid: ACNUR.
VILLAPPANDO, Wando (1996c) *L'asile dans l'histoire*. In ACNUR – *ACNUR: un instrumento de paz*. Madrid: ACNUR.
WEINER, Myron (1982) "Migration and Development in the Gulf", *in Population and Development Review*. Paris. Vol. 8, n.° 11.
WEINER, Myron (1985) "On International Migration and International Relations", *in Population and Development Review*. Paris. Vol. 2, n.° 3.
WEINER, Myron (1992) "Peoples and States in a New Ethnic order?", *in Third World Quarterly*. Oxford. Vol. 13, n.° 2.
WEINER, Myron (1996) "Bad Neighbours, bad neighbourhoods: an inquiry into the conditions for refugee flows", in *International Security*. Cambridge. Vol. 21, n.° 1.
WEIS, Paul (1980) *The United Nations Convention on Territorial Asylum*. Londres: British Yearbook of International Law, Vol. 50.

WEIS, Paul (1996) "Territorial Asylum", in *The Indian Journal of International Law*. Vol. 6, n.º 2.

WENDEN, Catherine Wihtol de (1995) "Droit d'asile et droit de la personne humaine", in *Esprit*. Paris, nº 209.

WOLFF, Christian (1988) *Principes du Droit de la Nature et des Gens*. Trad. Formey (1758). Paris: PUCaen, 3 vol., Liv.IX, Ch. II, XXI.

ZOLBERG, Aristide R.; SUHRKE, Astri; AGUAYO, Sergio (1986) "International Factors in the Formation of Refugee Movements", in *International Migration Review*. Nova Iorque. Vol. 20, n.º 2.

ZOLBERG, Aristide R.; SUHRKE, Astri; AGUAYO, Sergio (1989) *Escape from violence. Conflict and the refugee crisis in the developing world*. Oxford: Oxford University Press.

ZARJEVSKI, Yéfime (1988) *A future preserved: International assistance to refugees*. Oxford: Pergamon Press/UNHCR.

ANEXO I

Convenção de Genebra relativa ao Estatuto dos Refugiados

PREÂMBULO

As Altas Partes contratantes:
Considerando que a Carta das Nações Unidas e a Declaração Universal dos Direitos do Homem, aprovada em 10 de Dezembro de 1948 pela Assembleia Geral, afirmaram o princípio de que os seres humanos, sem distinção, devem desfrutar dos direitos do Homem e das liberdades fundamentais;

Considerando que a Organização das Nações Unidas tem manifestado várias vezes a sua profunda solicitude para com os refugiados e que se preocupou com assegurar-lhes o exercício mais lato possível dos direitos do Homem e das liberdades fundamentais;

Considerando que é desejável rever e codificar os acordos internacionais anteriores relativos ao estatuto dos refugiados, assim como alargar a aplicação daqueles instrumentos e a protecção que estes constituem para os refugiados, por meio de novo acordo;

Considerando que da concessão do direito de asilo podem resultar encargos excepcionalmente pesados para alguns países e que a solução satisfatória dos problemas de que a Organização das Nações Unidas reconheceu o alcance e carácter internacionais não pode, nesta hipótese, obter-se sem uma solidariedade internacional;

Exprimindo o desejo de que todos os Estados, reconhecendo o carácter social e humanitário do problema dos refugiados, façam tudo no que esteja em seu poder para evitar que este problema se torne uma causa de tensão entre Estados;

Registando que o Alto-Comissário das Nações Unidas para os Refugiados tem a missão de velar pela aplicação das convenções internacionais que asseguram a protecção dos refugiados, e reconhecendo que a coordenação efectiva das medidas tomadas para resolver este problema dependerá da cooperação dos Estados com o Alto-Comissário:

Convencionaram as disposições seguintes:

CAPÍTULO I
Disposições gerais

ARTIGO 1
Definição do termo «refugiado»

A. Para os fins da presente Convenção, o termo «refugiado» aplicar-se-á a qualquer pessoa:

(1) Que tenha sido considerada refugiada em aplicação dos arranjos de 12 de Maio de 1926 e de 30 de Junho de 1928, ou em aplicação das Convenções de 28 de Outubro de 1933 e de 10 de Fevereiro de 1938 e do Protocolo de 14 de Setembro de 1939, ou ainda em aplicação da Constituição da Organização Internacional dos Refugiados.

As decisões de não elegibilidade tomadas pela Organização Internacional dos Refugiados enquanto durar o seu mandato não obstam a que se conceda a qualidade de refugiado a pessoas que preencham as condições previstas no § (2) da presente secção;

(2) Que, em consequência de acontecimentos ocorridos antes de 1 de Janeiro de 1951, e receando, com razão ser perseguida em virtude da sua raça, religião, nacionalidade, filiação em certo grupo social ou das suas opiniões políticas, se encontre fora do país de que tem a nacionalidade e não possa ou, em virtude daquele receio, não queira pedir a protecção daquele país; ou que, se não tiver nacionalidade e estiver fora do país no qual tinha a sua residência habitual após aqueles acontecimentos, não possa ou, em virtude do dito receio, a ele não queira voltar.

No caso de uma pessoa que tenha mais de uma nacionalidade, a expressão «do país de que tem nacionalidade» refere-se a cada um dos países de que essa pessoa tem a nacionalidade. Não será considerada privada da protecção do país de que tem a nacionalidade qualquer pessoa que, sem razão válida, fundada num receio justificado, não tenha pedido a protecção de um dos países de que tem a nacionalidade.

B. (1) Para os fins da presente Convenção, as palavras «acontecimentos ocorridos antes de 1 de Janeiro de 1951», que figuram no artigo 1 secção A, poderão compreender-se no sentido quer de:

(*a*) Acontecimentos ocorridos antes de 1 de Janeiro de 1951 na Europa; quer de

(*b*) Acontecimentos ocorridos antes de 1 de Janeiro de 1951 na Europa ou fora desta;

e cada Estado contratante, no momento da assinatura, ratificação ou adesão fará uma declaração na qual indicará o alcance que entende dar a esta expressão, no que diz respeito às obrigações por ele assumidas, em virtude da presente Convenção.

(2) Qualquer Estado contratante que tenha adoptado a fórmula (*a*) poderá em qualquer altura alargar as suas obrigações adoptando a formula (*b*), por comunicação a fazer ao Secretário-Geral das Nações Unidas.

C. Esta Convenção, nos casos mencionados a seguir, deixará de ser aplicável a qualquer pessoa abrangida pelas disposições da secção A acima:

(1) Se voluntariamente voltar a pedir a protecção do país de que tem a nacionalidade; ou

(2) Se, tendo perdido a nacionalidade, a tiver recuperado voluntariamente; ou

(3) Se adquiriu nova nacionalidade e goza da protecção do país de que adquiriu a nacionalidade; ou

(4) Se voltou voluntariamente a instalar-se no país que deixou ou fora do qual ficou com receio de ser perseguido; ou

(5) Se, tendo deixado de existir as circunstâncias em consequência das quais foi considerada refugiada já não puder continuar a recusar pedir a protecção do país de que tem a nacionalidade;

Entendendo-se, contudo, que as disposições do presente parágrafo se não aplicarão a nenhum refugiado abrangido pelo parágrafo (1) da secção A do presente artigo que possa invocar, para se recusar a pedir a protecção do país de que tem a nacionalidade, razões imperiosas relacionadas com perseguições anteriores;

(6) Tratando-se de uma pessoa que não tenha nacionalidade, se, tendo deixado de existir as circunstâncias em consequência das quais foi considerada refugiada, está em condições de voltar ao país no qual tinha a residência habitual;

Entendendo-se, contudo, que as disposições do presente parágrafo se não aplicarão a nenhum refugiado abrangido pelo parágrafo (1) da secção A do presente artigo que possa invocar, para se recusar a voltar ao país no qual tinha a residência habitual, razões imperiosas relacionadas com perseguições anteriores.

D. Esta Convenção não será aplicável às pessoas que actualmente beneficiam de protecção ou assistência da parte de um organismo ou instituição das Nações Unidas que não seja o Alto Comissário das Nações Unidas para os Refugiados.

Quando essa protecção ou assistência tiver cessado por qualquer razão sem que a sorte dessas pessoas tenha sido definitivamente resolvida, em conformidade com as resoluções respectivas aprovadas pela Assembleia Geral das Nações Unidas, essas pessoas beneficiarão de pleno direito do regime desta Convenção.

E. Esta Convenção não será aplicável a qualquer pessoa que as autoridades competentes do país no qual estabeleceu residência considerem com os direitos e obrigações adstritos à posse da nacionalidade desse país.

F. As disposições desta Convenção não serão aplicáveis às pessoas acerca das quais existam razões ponderosas para pensar:

(*a*) Que cometeram um crime contra a paz, um crime de guerra ou um crime contra a Humanidade, segundo o significado dos instrumentos internacionais elaborados para prever disposições relativas a esses crimes;

(*b*) Que cometeram um grave crime de direito comum fora do país que deu guarida, antes de neste serem aceites como refugiados;

(*c*) Que praticaram actos contrários aos objectivos e princípios das Nações Unidas.

ARTIGO 2
Obrigações gerais

Cada refugiado tem para com o país em que se encontra deveres que incluem em especial a obrigação de acatar as leis e regulamentos e, bem assim, as medidas para a manutenção da ordem pública.

ARTIGO 3
Não discriminação

Os Estados contratantes aplicarão as disposições desta Convenção aos refugiados sem discriminação quanto à raça, religião ou país de origem.

ARTIGO 4
Religião

Os Estados contratantes concederão aos refugiados nos seus territórios um tratamento pelo menos tão favorável como o concedido aos nacionais no que diz respeito à liberdade de praticar a sua religião e no que se refere à liberdade de instrução religiosa dos seus filhos.

ARTIGO 5
Direitos concedidos independentemente desta Convenção

Nenhuma disposição desta Convenção prejudica outros direitos e vantagens concedidos aos refugiados, independentemente desta Convenção.

ARTIGO 6
A expressão «nas mesmas circunstâncias»

Para os fins desta Convenção, os termos «nas mesmas circunstâncias» implicam que todas as condições que deveriam ser preenchidas pelo interessado para poder exercer o direito em questão, se não fosse refugiado (e em particular as condições relativas à duração e condições de permanência ou residência), devem ser por ele preenchidas, com excepção das condições que, em virtude da sua natureza não podem ser preenchidas por um refugiado.

ARTIGO 7
Dispensa de reciprocidade
1. Salvas as disposições mais favoráveis previstas por esta Convenção, cada Estado contratante concederá aos refugiados o regime que conceder aos estrangeiros em geral.
2. Após um prazo de residência de três anos, todos os refugiados, nos territórios dos Estados contratantes, beneficiarão da dispensa de reciprocidade legislativa.
3. Cada Estado contratante continuará a conceder aos refugiados os direitos e vantagens aos quais já podiam pretender, na falta de reciprocidade, na data da entrada desta Convenção em vigor em relação ao referido Estado.
4. Os Estados contratantes estudarão com benevolência a possibilidade de conceder aos refugiados, na falta de reciprocidade legislativa, direitos e vantagens entre aqueles a que os refugiados podem pretender em virtude dos parágrafos 2 e 3, assim como a possibilidade de fazer beneficiar da dispensa de reciprocidade os refugiados que não preencham as condições indicadas nos parágrafos 2 e 3.
5. As disposições dos parágrafos 2 e 3 acima aplicam-se tanto aos direitos e vantagens indicados nos artigos 13, 18, 19, 21 e 22 desta Convenção como aos direitos e vantagens por ela não previstos.

ARTIGO 8
Dispensa de medidas excepcionais
No que diz respeito às medidas excepcionais que possam tomar-se contra a pessoa, bens ou interesses dos nacionais de determinado Estado, os Estados contratantes não aplicarão essas medidas a um refugiado que seja nacional do referido Estado unicamente em virtude da sua nacionalidade. Os Estados contratantes que, pela sua legislação, não possam aplicar o princípio geral consagrado neste artigo, concederão, nos casos apropriados, dispensas a favor desses refugiados

ARTIGO 9
Medidas provisórias
Nenhuma das disposições da presente Convenção terá o efeito de impedir um Estado contratante, em tempo de guerra ou noutras circunstâncias graves e excepcionais, de tomar em relação a determinada pessoa, provisoriamente, as medidas que esse Estado considerar indispensáveis à segurança nacional, desde que o referido Estado estabeleça que essa é pessoa efectivamente um refugiado e que a manutenção das referidas medidas é necessária a seu respeito, no interesse da segurança nacional.

ARTIGO 10
Continuidade de residência

1. Quando um refugiado tiver sido deportado durante a segunda guerra mundial e transportado para o território de um dos Estados contratantes e ali residir, a duração dessa estada forçada contará como residência regular nesse território.

2. Quando um refugiado tiver sido deportado do território de um Estado contratante durante a segunda guerra mundial e tenha voltado a esse território antes da entrada desta Convenção em vigor, para nele estabelecer residência, o período que preceder e o que se seguir a essa deportação serão considerados, para todos os fins para os quais seja necessária uma residência ininterrupta, um só período ininterrupto.

ARTIGO 11
Marítimos refugiados

No caso de refugiados que trabalhem regularmente como tripulantes de um navio que use bandeira de um Estado contratante, esse Estado examinará com benevolência a possibilidade de autorizar os referidos refugiados a estabelecer-se no seu território e de lhes passar documentos de viagem, ou de admiti-los temporariamente no seu território, em particular com o fim de facilitar a sua instalação noutro país.

CAPÍTULO II
Condição jurídica

ARTIGO 12
Estatuto pessoal

1. O estatuto pessoal de cada refugiado será regido pela lei do país do seu domicílio, ou, na falta de domicílio, pela lei do país de residência.

2. Os direitos precedentemente adquiridos pelo refugiado e resultantes do estatuto pessoal, e em particular os que resultem do casamento, serão respeitados por cada Estado contratante, ressalvando-se, quando seja caso disso, cumprimento das formalidades previstas pela legislação do referido Estado, entendendo-se, contudo, que o direito em causa deve ser dos que teriam sido reconhecidos pela legislação do referido Estado se o interessado não se tivesse tornado refugiado.

ARTIGO 13
Propriedade mobiliária e imobiliária

Os Estados contratantes concederão a todos os refugiados um tratamento tão favorável quanto possível, e de qualquer modo um tratamento não menos favorável que o concedido, nas mesmas circunstâncias, aos estrangeiros em geral, no que se refere à aquisição da propriedade mobiliária e imobiliária e outros direitos que a estas se refiram, ao arrendamento e aos outros contratos relativos à propriedade mobiliária e imobiliária.

ARTIGO 14
Propriedade intelectual e industrial

Em matéria de protecção da propriedade industrial, em particular de invenções, desenhos, modelos, marcas de fábrica, nome comercial, e em matéria de protecção da propriedade literária, artística e científica, todos os refugiados, no país onde têm a residência habitual, beneficiarão da protecção concedida aos nacionais do referido país. No território de qualquer dos outros Estados contratantes beneficiarão da protecção concedida no referido território aos nacionais do país no qual têm a residência habitual.

ARTIGO 15
Direitos de associação

Os Estados contratantes concederão aos refugiados que residam regularmente nos seus territórios, no que se refere às associações de objectivos não políticos e não lucrativos e aos sindicatos profissionais, o tratamento mais favorável concedido aos nacionais de um país estrangeiro, nas mesmas circunstâncias.

ARTIGO 16
Direito de sustentar acção em juízo

1. Todos os refugiados, nos territórios dos Estados contratantes, terão livre e fácil acesso aos tribunais.
2. Os refugiados, no Estado contratante onde têm a residência habitual, beneficiarão do mesmo tratamento que os nacionais no que diz respeito ao acesso aos tribunais, incluindo a assistência judiciária e a isenção da caução *Judicatum solvi*.
3. Nos Estados contratantes que não aqueles em que têm residência habitual, e no que diz respeito às questões mencionadas no parágrafo 2, os refugiados beneficiarão do mesmo tratamento que os nacionais do país no qual têm a residência habitual.

CAPÍTULO III
Empregos lucrativos

ARTIGO 17
Profissões assalariadas

1. Os Estados contratantes concederão a todos os refugiados que residam regularmente nos seus territórios o tratamento mais favorável concedido, nas mes-

mas circunstâncias, aos nacionais de um país estrangeiro no que diz respeito ao exercício de uma actividade profissional assalariada.

2. Em todo o caso, as medidas restritivas aplicadas aos estrangeiros ou ao emprego de estrangeiros para protecção do mercado nacional do trabalho não serão aplicáveis aos refugiados que já estavam dispensados delas à data da entrada desta Convenção em vigor pelo Estado contratante interessado ou que preencham uma das condições seguintes:

a) Ter três anos de residência no país;

b) Ter por cônjuge uma pessoa com a nacionalidade do país de residência. Nenhum refugiado poderá invocar o benefício desta disposição se tiver abandonado o cônjuge;

c) Ter um ou mais filhos com a nacionalidade do país de residência.

3. Os Estados contratantes estudarão com benevolência a aprovação de medidas destinadas a assimilar os direitos de todos os refugiados no que diz respeito ao exercício das profissões assalariadas aos dos seus nacionais, isto em especial no que se refere aos refugiados que entraram nos seus territórios em aplicação de um programa de recrutamento de mão-de-obra ou de um plano de imigração.

ARTIGO 18
Profissões não assalariadas

Os Estados contratantes concederão aos refugiados que se encontrem regularmente nos seus territórios o tratamento tão favorável quanto possível e em todo o caso não menos favorável que o concedido, nas mesmas circunstâncias, aos estrangeiros em geral, no que diz respeito ao exercício de uma profissão não assalariada na agricultura, indústria, artesanato e comércio, assim como à criação de sociedades comerciais e industriais.

ARTIGO 19
Profissões liberais

1. Os Estados contratantes concederão aos refugiados residentes regularmente nos seus territórios, que sejam titulares de diplomas reconhecidos pelas autoridades competentes dos ditos Estados e desejem exercer uma profissão liberal, tratamento tão favorável quanto possível e em todo o caso tratamento não menos favorável que o concedido, nas mesmas circunstâncias, aos estrangeiros em geral.

2. Os Estados contratantes farão tudo o que esteja em seu poder, em conformidade com as suas leis e constituições, para assegurar a instalação de tais refugiados nos territórios, que não o metropolitano, de que assumem a responsabilidade das relações internacionais.

CAPÍTULO IV
Bem-estar

ARTIGO 20
Racionamento

Quando exista um sistema de racionamento aplicado à generalidade da população, que regule a repartição geral de produtos de que há escassez, os refugiados serão tratados como nacionais.

ARTIGO 21
Alojamento

No que diz respeito a alojamento, os Estados contratantes concederão um tratamento tão favorável quanto possível aos refugiados que residam regularmente nos seus territórios, na medida em que esta questão caia sob a alçada das leis e regulamentos ou esteja sujeito à vigilância das autoridades públicas; de todos os modos, este tratamento não poderá ser menos favorável que o concedido, nas mesmas circunstâncias, aos estrangeiros em geral.

ARTIGO 22
Educação pública

1. Os Estados contratantes concederão aos refugiados o mesmo tratamento que aos nacionais em matéria de ensino primário.

2. Estados contratantes concederão aos refugiados um tratamento tão favorável quanto possível, e de qualquer modo não menos favorável que o concedido aos estrangeiros em geral nas mesmas circunstâncias, quanto às categorias de ensino, que não o primário, e, em particular no que se refere ao acesso, aos estudos, ao reconhecimento de certificados de estudos, diplomas e títulos universitários passados no estrangeiro, ao pagamento de direitos e taxas e à atribuição de bolsas de estudo.

ARTIGO 23
Assistência pública

Os Estados contratantes concederão aos refugiados que residam regularmente nos seus territórios o mesmo tratamento que aos seus nacionais em matéria de assistência e auxílio público.

ARTIGO 24
Legislação do trabalho e segurança social

1. Os Estados contratantes concederão aos refugiados que residam regularmente nos seus territórios o mesmo tratamento que aos nacionais no que diz respeito às matérias seguintes:

a) Na medida em que estas questões forem regulamentadas pela legislação ou dependam das autoridades administrativas: a remuneração, incluindo os abonos de família, quando esses abonos façam parte da remuneração, a duração do trabalho, as horas suplementares, as férias pagas, as restrições ao trabalho caseiro, a idade de admissão em emprego, a aprendizagem e a formação profissional, o trabalho das mulheres e dos adolescentes e o benefício das vantagens proporcionadas pelas convenções colectivas;

b) A segurança social (as disposições legais relativas aos acidentes de trabalho, doenças profissionais, maternidade, doença, invalidez e morte, desemprego, encargos de família e qualquer outro risco que, em conformidade com a legislação nacional, esteja coberto por um sistema de seguro social), ressalvando-se:

i) Os arranjos apropriados que se destinem a manter, direitos adquiridos e direitos em curso de aquisição:

ii) As disposições particulares prescritas pela legislação nacional do país de residência acerca das prestações ou fracções de prestações pagáveis exclusivamente pelos fundos públicos, assim como dos abonos pagos às pessoas que não reúnem as condições de quotização exigidas para a atribuição de uma pensão normal.

2. Os direitos a prestação criados pelo falecimento de um refugiado, em consequência de um acidente de trabalho ou de uma doença profissional, não serão afectados pelo facto de o beneficiário desse direito estar fora do território do Estado contratante.

3. Os Estados contratantes alargarão aos refugiados o benefício dos acordos que firmaram ou venham a firmar entre si, acerca da manutenção dos direitos adquiridos ou em curso de aquisição em matéria de segurança social, desde que os refugiados reúnam as condições previstas para os nacionais dos países signatários dos acordos em questão.

4. Os Estados contratantes examinaram com benevolência a possibilidade de alargar aos refugiados, tanto quanto seja possível, o benefício de acordos análogos que estejam ou venham a estar em vigor entre esses Estados contratantes e Estados não contratantes.

CAPÍTULO V
Medidas administrativas

ARTIGO 25
Auxílio administrativo

1. Quando o exercício de um direito por um refugiado careça normalmente do concurso de autoridades estrangeiras às quais não possa recorrer. Os Estados contratantes em cujos territórios resida proverão a que esse concurso lhe seja

prestado, quer pelas suas próprias autoridades, quer por uma autoridade internacional.

2. A ou as autoridades indicadas no § 1 passarão ou mandarão passar aos refugiados, sob fiscalização sua, os documentos ou certificados que normalmente seriam passados a um estrangeiro pelas suas autoridades nacionais ou por seu intermédio.

3. Os documentos ou certificados passados substituirão os actos oficiais passados a estrangeiros pelas suas autoridades nacionais ou por seu intermédio e farão fé até prova em contrário.

4. Salvo as excepções que venham a ser admitidas a favor dos indigentes, os serviços mencionados no presente artigo poderão ser retribuídos, mas estas retribuições serão moderadas e em relação com as cobranças feitas aos nacionais por serviços análogos.

5. As disposições deste artigo não afectam nada os artigos 27.º e 28.º.

ARTIGO 26
Liberdade de circulação

Os Estados contratantes concederão aos refugiados que se encontrem regularmente nos seus territórios o direito de neles escolherem o lugar de residência e circularem livremente, com as reservas instituídas pela regulamentação aplicável aos estrangeiros em geral nas mesmas circunstâncias.

ARTIGO 27
Documentos de identidade

Os Estados contratantes passarão documentos de identidade a todos os refugiados que se encontrem nos seus territórios e não possuam documento de viagem válido.

ARTIGO 28
Documentos de viagem

1. Os Estados contratantes passarão aos refugiados que residam regularmente nos seus territórios documentos com os quais possam viajar fora desses territórios, a não ser que a isso se oponham razões imperiosas de segurança nacional ou de ordem pública; as disposições do Anexo a esta Convenção aplicar-se-ão a estes documentos. Os Estados contratantes poderão passar um desses documentos de viagem a qualquer outro refugiado que se encontre nos seus territórios; concederão atenção especial aos casos de refugiados que se encontrem nos seus territórios e não estejam em condições de obter documento de viagem do país de residência regular.

2. Os documentos de viagem passados nos termos de acordos internacionais anteriores pelas Partes nesses acordos serão reconhecidos pelos Estados contratantes e tratados como se tivessem sido passados aos refugiados em virtude deste artigo.

ARTIGO 29
Encargos fiscais

1. Os Estados contratantes não aplicarão aos refugiados direitos, taxas, impostos, seja qual for a sua denominação, diferentes ou mais altos que os aplicados aos seus nacionais em situações análogas.

2. As disposições do parágrafo precedente não se opõem à aplicação aos refugiados das disposições das leis e regulamentos relativos às taxas devidas pela passagem de documentos administrativos, inclusive os documentos de identidade, aos estrangeiros.

ARTIGO 30
Transferência de haveres

1. Os Estados contratantes permitirão aos refugiados, em conformidade com as leis e regulamentos dos seus países, transferir haveres que tenham trazido para os seus territórios para o território de outro país onde tenham sido aceites para nele se reinstalarem.

2. Os Estados contratantes concederão atenção benevolente aos pedidos apresentados por refugiados que desejem obter autorização para transferir quaisquer outros haveres necessários para a sua reinstalação no país em que tenham sido aceites para nele se reinstalarem.

ARTIGO 31
Refugiados em situação irregular no país de acolhida

1. Os Estados contratantes não aplicarão sanções penais, devido a entrada ou estada irregulares, aos refugiados que, chegando directamente do território onde a sua vida ou liberdade estavam ameaçadas no sentido previsto pelo artigo 1.º, entrem ou se encontrem nos seus territórios sem autorização, desde que se apresentem sem demora às autoridades e lhes exponham razões consideradas válidas para a sua entrada ou presença irregulares.

2. Os Estados contratantes não aplicarão às deslocações desses refugiados outras restrições além das necessárias; essas restrições só se aplicarão enquanto se aguarde a regularização do estatuto desses refugiados no país de acolhida ou que os refugiados obtenham entrada noutro país. Para esta admissão, os Estados contratantes concederão a esses refugiados um prazo razoável e todas as facilidades necessárias.

ARTIGO 32
Expulsão

1. Os Estados contratantes só expulsarão ou repelirão um refugiado que se encontre regularmente nos seus territórios por razões de segurança nacional ou ordem pública.

2. A expulsão de um refugiado só se fará em execução de uma decisão tomada em conformidade com o processo previsto pela lei. O refugiado, a não ser que razões imperiosas de segurança nacional a isso se oponham, deverá ser autorizado a apresentar provas capazes de o ilibar de culpa, a apelar e a fazer-se representar para esse efeito perante uma autoridade competente ou perante uma ou mais pessoas especialmente designadas pela autoridade competente.

3. Os Estados contratantes concederão a esse refugiado um prazo razoável para este procurar ser admitido regularmente noutro país. Os Estados contratantes poderão aplicar durante esse prazo as medidas de ordem interna que entenderem oportunas.

ARTIGO 33
Proibição de expulsar e de repelir

1. Nenhum dos Estados contratantes expulsará ou repelirá um refugiado, seja de que maneira for, para as fronteiras dos territórios onde a sua vida ou a sua liberdade sejam ameaçadas em virtude da sua raça, religião, nacionalidade, filiação em certo grupo social ou opiniões políticas.

2. Contudo, o benefício da presente disposição não poderá ser invocado por um refugiado que haja razões sérias para considerar perigo para a segurança do país onde se encontra, ou que, tendo, sido objecto de uma condenação definitiva por um crime ou delito particularmente grave, constitua ameaça para a comunidade do dito país.

ARTIGO 34
Naturalização

Os Estados contratantes facilitarão, em toda a medida do possível, a assimilação e naturalização dos refugiados. Esforçar-se-ão em especial por apressar o processo de naturalização e por diminuir, em toda a medida do possível, as taxas e encargos desse processo.

CAPÍTULO VI
Disposições executórias e transitórias

ARTIGO 35
Cooperação das autoridades nacionais com as Nações Unidas

1. Os Estados contratantes obrigam-se a cooperar com o Alto-Comissariado das Nações Unidas para os Refugiados ou com qualquer outra instituição das Nações Unidas que lhe suceda, no exercício das suas funções, e em particular a facilitar a sua missão de vigilância da aplicação das disposições desta Convenção.

2. A fim de permitir ao Alto-Comissariado, ou qualquer outra instituição das Nações Unidas que lhe suceda, apresentar relatórios aos órgãos competentes das Nações Unidas, os Estados contratantes obrigam-se a dar-lhes na forma apropriada as informações e os dados estatísticos pedidos acerca:

a) Do estatuto dos refugiados;

b) Da aplicação desta Convenção, e

c) Das leis, regulamentos e decretos que estejam ou entrem em vigor, no que se refere aos refugiados.

ARTIGO 36
Informações acerca das leis e regulamentos nacionais

Os Estados contratantes comunicarão ao Secretário-Geral das Nações Unidas os textos das leis e regulamentos que vierem a promulgar para promover a aplicação desta Convenção.

ARTIGO 37
Relações com as convenções anteriores

Sem prejuízo das disposições do § 2 do artigo 28.°, esta Convenção, entre as Partes na Convenção, substitui os Acordos de 5 de Julho de 1922, 31 de Maio de 1924, 12 de Maio de 1926, 30 de Junho de 1928 e 30 de Julho de 1935, e bem assim as Convenções de 28 de Outubro de 1933, 10 de Fevereiro de 1938, o Protocolo de 14 de Setembro de 1939 e o Acordo de 15 de Outubro de 1946.

CAPÍTULO VII
Cláusulas finais

ARTIGO 38
Solução dos litígios

Qualquer litígio entre as Partes nesta Convenção, relativo à sua interpretação e aplicação, que não tenha podido ser resolvido por outros meios, será submetido ao Tribunal Internacional de Justiça, a pedido de uma das Partes no litígio.

ARTIGO 39
Assinatura. Ratificação e adesão

1. Esta Convenção será patente à assinatura em Genebra em 28 de Julho de 1951 e, depois dessa data, depositada junto do Secretário-Geral das Nações Unidas. Será patente à assinatura no Serviço Europeu das Nações Unidas de 28 de Julho a 31 de Agosto de 1951, voltando depois a ser patente à assinatura na sede da Organização das Nações Unidas de 17 de Setembro de 1951 a 31 de Dezembro de 1952.

2. Esta Convenção será patente a assinatura de todos os Estados Membros da Organização das Nações Unidas, assim como de qualquer outro Estado não membro convidado para a Conferência de Plenipotenciários sobre o Estatuto dos Refugiados e Apátridas, ou de qualquer outro Estado ao qual a Assembleia Geral tenha enviado convite para assinar. Deverá ser ratificada e os instrumentos de ratificação serão depositados junto do Secretário-Geral das Nações Unidas.

3. Os Estados mencionados no § 2 do presente artigo poderão aderir a esta Convenção a partir de 28 de Julho de 1951. A adesão far-se-á pelo depósito de um instrumento de adesão junto do Secretário-Geral das Nações Unidas.

ARTIGO 40
Cláusulas de aplicação territorial

1. Qualquer Estado, no momento da assinatura, ratificação ou adesão, poderá declarar que esta Convenção abrangerá o conjunto dos territórios que representa no plano internacional, ou um ou alguns deles. Essa declaração produzirá efeito no momento da entrada da Convenção em vigor para o dito Estado.

2. Em qualquer momento ulterior, esta extensão far-se-á por notificação dirigida ao Secretário-Geral das Nações Unidas e produzirá efeito a partir do nonagésimo dia seguinte à data em que o Secretário-Geral das Nações Unidas tiver recebido a notificação, ou na data da entrada da Convenção em vigor para o dito Estado, se esta última data for posterior.

3. No que se refere aos territórios aos quais esta Convenção não se aplique na data da assinatura, ratificação ou adesão, cada Estado interessado examinará a possibilidade de tomar tão depressa quanto possível todas as medidas necessárias para se obter a aplicação desta Convenção aos ditos territórios, salvo, quando for caso disso, o assentimento dos governos desses territórios, se necessário por razões constitucionais.

ARTIGO 41
Cláusula federal

No caso de um Estado federativo ou não unitário, as disposições seguintes aplicar-se-ão:

a) No que diz respeito aos artigos desta Convenção cuja aplicação cai sob a alçada da acção legislativa do poder legislativo federal, as obrigações do Governo federal serão, nessa medida, as mesmas que as das partes que não são Estados federativos;

b) No que diz respeito aos artigos desta Convenção cuja aplicação cai sob a alçada da acção legislativa de cada um dos Estados, províncias ou cantões constituintes, que, em virtude do sistema constitucional da Federação, não sejam obrigados a tomar medidas legislativas, o Governo federal, o mais rapidamente possível e com o seu parecer favorável, dará conhecimento dos ditos artigos às autoridades competentes dos Estados, províncias ou cantões.

c) Um Estado federativo Parte nesta Convenção, comunicará, a pedido de qualquer outro Estado contratante, que lhe seja transmitida pelo Secretário-Geral das Nações Unidas uma exposição da legislação e práticas em vigor na Federação e suas unidades constituintes, no que se refere a determinadas disposições da Convenção, indicando a medida na qual se deu efeito à dita disposição, por meio de acção legislativa ou outra.

ARTIGO 42
Reservas

1. No momento da assinatura, ratificação ou adesão, qualquer Estado poderá formular reservas aos artigos da Convenção que não os artigos 1, 3, 4, 16 (1), 33, 36 a 46, inclusive.

2. Qualquer Estado contratante que tenha formulado uma reserva, em conformidade com o § 1 deste artigo, poderá em qualquer altura retirá-la por comunicação a fazer ao Secretário-Geral das Nações Unidas.

ARTIGO 43
Entrada em vigor

1. Esta Convenção entrará em vigor no nonagésimo dia seguinte à data do depósito do sexto instrumento de ratificação ou adesão.

2. Para cada um dos Estados que ratificarem a Convenção ou a esta aderirem, depois do depósito do sexto instrumento de ratificação ou adesão, a Convenção entrará em vigor no nonagésimo dia seguinte à data do depósito do instrumento de ratificação ou adesão desse Estado.

ARTIGO 44
Denúncia

1. Qualquer Estado contratante poderá denunciar a Convenção em qualquer momento, por notificação a fazer ao Secretário-Geral das Nações Unidas.

2. A denúncia terá efeito para o Estado interessado um ano depois da data na qual tiver sido recebida pelo Secretário-Geral das Nações Unidas.

3. Qualquer Estado que tenha feito uma declaração ou notificação em conformidade com o artigo 40 poderá comunicar ulteriormente ao Secretário-Geral das Nações Unidas que a Convenção deixará de aplicar-se a qualquer território designado na comunicação. A Convenção cessará então de aplicar-se ao território em questão um ano depois da data em que o Secretário-Geral tiver recebido essa comunicação.

ARTIGO 45
Revisão

Qualquer Estado contratante poderá em qualquer altura por meio de comunicação ao Secretário-Geral das Nações Unidas, pedir a revisão desta Convenção.

A Assembleia Geral das Nações Unidas recomendará as medidas a tomar, se for caso disso, a respeito desse pedido.

ARTIGO 46
Comunicações pelo Secretário-Geral das Nações Unidas

O Secretário-Geral das Nações Unidas comunicará a todos os Estados Membros das Nações Unidas e aos Estados não membros indicados no artigo 39:

a) As declarações e comunicações indicadas na secção B do artigo 1.°;

b) As assinaturas, ratificações e adesões indicadas no artigo 39.°;

c) As declarações e comunicações indicadas no artigo 40.°;

d) As reservas formuladas ou retiradas que se indicam no artigo 42.°;

e) A data em que esta Convenção entrar em vigor, em aplicação do artigo 43.°;

f) As denúncias e comunicações indicadas no artigo 44.°;

g) Os pedidos de revisão indicados no artigo 45.°.

Em fé do que os abaixo assinados, devidamente autorizados, assinaram a presente Convenção em nome dos seus Governos respectivos.

Feito em Genebra, aos 28 de Julho de 1951, num único exemplar, cujos textos inglês e francês fazem fé por igual e que será depositado nos arquivos da Organização das Nações Unidas, e de que se enviarão cópias devidamente certificadas a todos os Estados Membros das Nações Unidas e aos Estados não membros indicados no artigo 39.°.

Áustria:
Dr. Karl Fritzer.
Com as reservas seguintes:

a) As estipulações que figuram nos artigos 6, 7 (2), 8, 17, (1 e 2) 23 e 25 são reconhecidas apenas como recomendações, e não como obrigações que se impõem juridicamente;

b) As estipulações que figuram no artigo 22 (1 e 2) só são aceites na medida em que se aplicam à educação pública;

c) As estipulações que figuram no artigo 31 (l) só são aceites no que se refere aos refugiados que anteriormente não foram objecto de uma decisão de proibição de estada (Aufenthaltverbot) ou de expulsão (Ausweisung ou Abschaffung), tomada por uma autoridade jurisdicional ou administrativa competente austríaca;

d) As estipulações que figuram no artigo 32 só são aceites no que se refere aos refugiados que não sejam objecto de expulsão por razões de segurança nacional ou ordem pública, como consequência de medida com fundamento no direito penal, ou por outro motivo de interesse público.

Declara-se, além disso, que, quanto às obrigações assumidas pela República da Áustria em virtude da Convenção, a expressão «acontecimentos ocorridos antes de 1 de Janeiro de 1951», que figura no artigo 1, secção A, será compreendida em referência aos acontecimentos ocorridos antes de 1 de Janeiro de 1951 na Europa ou fora desta.

Bélgica:
Herment.
Com a seguinte reserva:
Em todos os casos em que a Convenção confere aos refugiados o tratamento mais favorável concedido aos nacionais de um país estrangeiro, o Governo Belga não interpretará esta cláusula como se compreendesse o regime concedido aos nacionais dos países com os quais a Bélgica firmou acordos regionais, aduaneiros, económicos ou políticos.

Brasil:
João Carlos Muniz. (Nova Iorque, 15 de Julho de 1952).

Colômbia:
Giraldo-Jaramillo.
Ao assinar esta Convenção, o Governo da Colômbia declara que, quanto às obrigações por ele assumidas em virtude da Convenção, a expressão «acontecimentos ocorridos antes de 1 de Janeiro de 1951», que figura no artigo 1, secção A, será compreendida como referente aos acontecimentos ocorridos antes de 1 de Janeiro de 1951 na Europa.

Dinamarca:
Knud Larsen.
Ao assinar esta Convenção, o Governo da Dinamarca declara que, no que se refere às obrigações por ele assumidas em virtude da Convenção, as palavras «acontecimentos ocorridos antes de 1 de Janeiro de 1951», que figuram no artigo 1, secção A, serão compreendidas como referentes a acontecimentos ocorridos antes de 1 de Janeiro de 1951 na Europa ou fora desta.

República Federal da Alemanha:
Dr. Heinz Krekeler. (Nova Iorque, 19 de Novembro de 1951).
Ao assinar esta Convenção, o Governo da República Federal da Alemanha declara que, no que se refere às obrigações por ele assumidas em virtude da Convenção, as palavras «acontecimentos ocorridos antes de 1 de Janeiro de 1951»,

que figuram no artigo 1.º, secção A, serão compreendidos como referentes a acontecimentos ocorridos antes de 1 de Janeiro de 1951 na Europa ou fora desta.

França:
H. Hoppenot. (11 de Setembro de 1952).

Grécia:
Alexis Kyrou. (10 de Abril de 1952).

Ao assinar esta Convenção, o Governo da Grécia declara que, no que se refere às obrigações por ele assumidas em virtude da Convenção, a expressão «acontecimentos ocorridos antes de 1 de Janeiro de 1951», que figura no artigo 1, secção A, será compreendida como referente aos acontecimentos ocorridos de 1 de Janeiro de 1951 na Europa ou fora desta.

Santa Sé:
Amleto G. Cicognani. (21 de Maio de 1952).

Israel:
Jacob Robison. (1 de Agosto de 1951).

Itália:
Gastone Guidotti. (23 de Julho de 1952).

Ao assinar esta Convenção, o Governo da República Italiana declara que as estipulações que figuram nos artigos 6, 7 (2), 8, 17, 18, 19, 22 (a), 23, 25 e 34, só as reconhece como recomendações.

Declara também que, no que se refere às obrigações assumidas pela República Italiana em virtude da Convenção, a expressão «acontecimentos ocorridos antes de 1 de Janeiro de 1951», que figura no artigo 1, secção A (2), será compreendida como referente aos acontecimentos ocorridos antes de 1 de Janeiro de 1951 na Europa.

Listenstaina:
Ph. Zutter.
O. Schurch.

Luxemburgo:
J. Sturm.

Com a seguinte reserva: Em todos os casos em que a Convenção confere aos refugiados o tratamento mais favorável concedido aos nacionais de um país estrangeiro, esta cláusula não se interpretará de maneira a compreender o regime concedido aos nacionais dos países com os quais o Grão-Ducado do Luxemburgo firmou acordos regionais, aduaneiros, económicos ou políticos.

Países Baixos:
E. O. Boetzelaer.

Ao assinar esta Convenção, o Governo dos Países Baixos declara que, no que se refere às obrigações por ele assumidas em virtude da Convenção, a expressão «acontecimentos ocorridos antes de 1 de Janeiro de 1951», que figura no artigo 1, secção A, será compreendida como referente aos acontecimentos ocorridos antes de 1 de Janeiro de 1951 na Europa ou fora desta.

Esta assinatura faz-se com a reserva de que, em todos os casos em que esta Convenção confere aos refugiados o tratamento mais favorável concedido aos nacionais de um país estrangeiro, esta cláusula não será interpretada de maneira a compreender o regime concedido aos nacionais dos países com os quais os Países Baixos firmaram acordos regionais, aduaneiros, económicos ou políticos.

Noruega:
Peter Anker.
Com reserva de ratificação.

Suécia:
Sture Petrén.

Suíça:
Ph. Zutter.
O. Schurch.

Turquia:
Talat Miras.(24 de Agosto de 1951).

Ao assinar esta Convenção, o Governo da República Turca declara que, no que se refere às obrigações por ele assumidas em virtude da Convenção, a expressão «acontecimentos ocorridos antes de 1 de Janeiro de 1951», que figura no artigo 1.º, secção A, será compreendida como referente aos acontecimentos ocorridos antes de 1 de Janeiro de 1951 na Europa. Portanto, entende não assumir nenhuma obrigação em relação com os acontecimentos ocorridos fora da Europa.

Por outro lado, o Governo Turco entende que a expressão «acontecimentos ocorridos antes de 1 de Janeiro de 1951» se refere ao começo dos acontecimentos. Por conseguinte, como se mantém a pressão exercida na minoria turca da Bulgária, que começou antes de 1 de Janeiro de 1951, os refugiados da Bulgária, de origem turca, obrigados a sair desse país em consequência dessa pressão, que, não podendo passar para a Turquia, se refugiaram no território de outra Parte contratante depois de 1 de Janeiro de 1951, devem beneficiar também das disposições desta Convenção.

O Governo Turco, no momento da ratificação, formulará reservas que possa fazer em conformidade com o artigo 42 da Convenção.

Reino Unido da Grã-Bretanha e Irlanda do Norte:
S. Hoare.
J. B. Howard.

Ao assinar esta Convenção, o Governo do Reino Unido da Grã-Bretanha e Irlanda do Norte declara que, no que se refere às obrigações por ele assumidas em virtude da Convenção, as palavras «acontecimentos ocorridos antes de 1 de Janeiro de 1951», que figuram no artigo 1, secção A, serão compreendidas como referentes a acontecimentos ocorridos antes de 1 de Janeiro de 1951 na Europa ou fora desta.

Jugoslávia:
S. Makiedo.
O Governo da R. P. F. da Jugoslávia reserva-se o direito de formular, ao ratificar a Convenção, as reservas que entender apropriadas em conformidade com o artigo 42.· da Convenção.

ANEXO

PARÁGRAFO 1
O documento de viagem indicado no artigo 28.º desta Convenção será conforme o modelo junto em anexo.

Este documento será redigido em duas línguas, pelo menos: uma destas será a língua inglesa ou a língua francesa.

PRÁGRAFO 2
Com reserva dos regulamentos do país que passar o documento as crianças poderão ser mencionadas no documento de um parente ou, em circunstâncias excepcionais, de outro refugiado adulto.

PARÁGRAFO 3
Os direitos a cobrar pela passagem do documento não exercerão a tarifa mais baixa aplicada aos passaportes nacionais.

PARÁGRAFO 4
Salvo casos especiais ou excepcionais, o documento será passado para o maior número de países possível.

PARÁGRAFO 5
O prazo de validade do documento será de um ou, dois anos, à escolha da autoridade que o passar.

PARÁGRAFO 6
1. A renovação ou a prorrogação da validade do documento compete à autoridade que o passou, enquanto o titular não se estabelecer regularmente noutro território e resida regularmente no território da dita autoridade. A passagem de outro documento nas mesmas condições compete à autoridade que passou o antigo.

2. Os representantes diplomáticos ou consulares especialmente habilitados para esse efeito terão qualidade para prorrogar, por período não superior a seis meses, a validade dos documentos de viagem passado pelos seus respectivos Governos.

3. Os Estados contratantes examinarão com benevolência a possibilidade de renovar ou prorrogar a validade dos documentos de viagem ou de passar outros documentos a refugiados que já não sejam residentes regulares nos seus territórios, nos casos em que esses refugiados não estejam em condições de obter um documento de viagem do país de sua residência regular.

PARÁGRAFO 7
Os Estados contratantes reconhecerão a validade dos documentos passados em conformidade com as disposições do artigo 28 desta Convenção.

PARÁGRAFO 8
As autoridades competentes do país para o qual o refugiado deseja seguir aporão, se estiverem dispostas a aceitá-lo, um visto no documento de que o refugiado é portador, se esse visto for necessário.

PARÁGRAFO 9
1. Os Estados contratantes obrigam-se a passar visto de trânsito aos refugiados que tiverem obtido o visto de um território de destino final.

2. A passagem desse visto poderá ser recusada pelos motivos que justifiquem a recusa de visto a qualquer estrangeiro.

PARÁGRAFO 10
Os direitos a cobrar pela passagem de vistos de saída, admissão ou trânsito não excederão a tarifa mais baixa aplicada aos vistos de passaportes estrangeiros.

PARÁGRAFO 11
No caso de um refugiado que mude de residência e se estabeleça regularmente no território de outro Estado contratante, a responsabilidade de passar novo

documento, nos termos e condições do artigo 28.º, à autoridade competente do dito território, à qual o refugiado terá direito de apresentar o pedido.

PARÁGRAFO 12
A autoridade que passar novo documento deverá retirar o documento antigo e devolvê-lo ao país que o passou, se o documento antigo especificar que deve ser devolvido ao país que o passou; no caso contrário, a autoridade que passar o novo documento retirará e anulará o antigo.

PARÁGRAFO 13
1. Cada um dos Estados contratantes obriga-se a permitir ao titular de um documento de viagem que lhe tenha sido passado pelo dito Estado, em aplicação do artigo 28 desta Convenção, regressar ao seu território em qualquer momento dentro do prazo de validade desse documento.
2. Salvo as disposições da alínea precedente, um Estado contratante poderá exigir que o título desse documento se submeta a todas as formalidades impostas aos que saem do país ou aos que a este regressem.
3. Os Estados contratantes reservam-se a faculdade, em casos excepcionais, ou nos casos em que a autorização de residência do refugiado é válida por um período determinado, de limitar, no momento de passarem o dito documento, o período durante o qual o refugiado poderá regressar, período esse que não poderá ser inferior a três meses.

PARÁGRAFO 14
Com reserva única das estipulações do § 13, as disposições do presente anexo não afectam nada as leis e regulamentos que regulam nos territórios dos Estados contratantes as condições de admissão, trânsito, estada, instalação e saída.

PARÁGRAFO 15
A passagem do documento e bem assim as indicações apostas nele não determinam nem afectam o estatuto do seu detentor, em particular no que se refere a nacionalidade.

PARÁGRAFO 16
A passagem do documento não dá ao seu detentor nenhum direito à protecção dos representantes diplomáticos e consulares do país de passagem e não confere a esses representantes um direito de protecção.

ANEXO

Modelo do documento de viagem

O documento terá a forma de uma caderneta (15cm x 10cm, aproximadamente).

Recomenda-se que seja impresso de tal maneira que as rasuras ou alterações por meios químicos ou outros possam notar-se facilmente e que as palavras «Convenção de 28 de Julho de 1951» sejam impressas repetida e continuadamente sobre cada uma das páginas, na língua do país que emite o documento.

(Capa da caderneta)
DOCUMENTO DE VIAGEM
(Convenção de 28 de Julho de 1951)

DOCUMENTO DE VIAGEM
(Convenção de 28 de Julho de l951)
Este documento caduca em ... salvo prorrogação de validade.
Nome ...
Prenome (s) ...
Acompanhado de ... filho (s).
Este documento é passado unicamente com o fim de fornecer ao titular um documento de viagem que possa suprir a falta de passaporte nacional. O documento não se pronuncia sobre a nacionalidade do titular e não tem efeito sobre a mesma.

O titular é autorizado a regressar a ... [indicação do país cujas autoridades passam o documento] até ..., salvo menção adiante de uma data ulterior. [O período durante o qual o titular é autorizado a regressar não deve ser inferior a três meses].

No caso de estabelecimento num país diferente do que emitiu o presente documento, o titular, se quiser deslocar-se novamente, deve requerer um novo documento às autoridades competentes do país da sua residência. (O antigo documento de viagem será entregue à autoridade que emite o novo documento para ser remetido à autoridade que o emitiu)([1]).

([1]) A frase entre parêntesis rectos pode ser incluída pelos Governos que o desejem.

Fonte: Disponível em [http://www.fd.uc.pt/CI/CEE/pm/Tratados/conv-genebra-1951.htm]

ANEXO II

Estados Parte da Convenção de Genebra e/ou Protocolo de Nova Iorque
(1 de Outubro de 2009)

Convenção de 1951

Afeganistão	Costa do Marfim	Iemen	Peru	Swazilandia
Africa do Sul	Costa Rica	Ilhas Salomão	Polonia	Tajikistão
Albania	Croácia	Irlanda	Portugal	Timor-Leste
Alemanha	Rep. Dem. Congo	Islandia	Quenia	Tongo
Angola	Dinamarca	Israel	Reino Unido	Trinidade e Tobago
Antigua e Barbuda	Djibouti	Itália	Grã-Bretanha	Tunisia
Argélia	Dominica	Jamaica	Irlanda Norte	Turkmenistão
Argentina	Egipto	Japão	Rep. Centro	Turquia
Arménia	El Salvador	Kasaquistão	Africana	Tuvalu
Australia	Equador	Kirguistão	Rep. Checa	Ucrania
Austria	Eslováquia	Lesoto	Rep. Congo	Uganda
Azerbeijão	Eslovénia	Letónia	Rep. da Coreia	Uruguai
Bahamas	Espanha	Liberia	Rep. da Macedónia	Vaticano
Bélgica	Estónia	Liechtenstein	Rep. Dominicana	Zambia
Belize	Etiopia	Lituania	Rep. Islamica do Irão	Zimbabue
Benin	Fed. Russa	Luxemburgo	Rep. Moldava	
Bielorrussia	Fiji	Malawi	Rep. Unida da	
Bolivia	Filipinas	Mali	Tanzania	
Bosnia e Herzegovina	Finlandia	Malta	Roménia	
	França	Marrocos	Rwanda	
Botswana	Gabão	Mauritania	S. Tomé e Principe	
Brasil	Gambia	Mexico	S. Vicente e Granadinas	
Bulgaria	Gana	Moçambique		
Burkina Faso	Georgia	Montenegro	Samoa	
Burundi	Grecia	Namibia	Senegal	
Camarões	Guatemala	Nicaragua	Serra Leo	
Cambodja	Guiné	Niger	Sérvia	
Canada	Guiné Equatorial	Nigéria	Seychelles	Madagascar
Chade	Guiné-Bissau	Noruega	Somália	Monaco
Chile	Haiti	Nova Zelandia	Sudão	S. kitts e Nevis
China	Holanda	Panama	Suécia	
Chipre	Honduras	Papua Nova Guiné	Suiça	
Colombia	Hungria	Paraguai	Suriname	
Cabo Verde	Estados Unidos da América	Venezuela		

Protocolo de 1967

Fonte: Disponível em [http://www.unhcr.org/4b0520849.html]

ANEXO III

Protocolo de Nova Iorque, de 31 de Janeiro de 1967, adicional à Convenção Relativa ao Estatuto dos Refugiados, concluída em Genebra em 28 de Julho de 1951

Os Estados Partes no presente Protocolo,

Considerando que a Convenção relativa ao Estatuto dos Refugiados, concluída em Genebra em 28 de Julho de 1951 (daqui em diante referida como a Convenção), só cobre aquelas pessoas que se tornaram refugiados em resultado de acontecimentos ocorridos antes de 1 de Janeiro de 1951,

Considerando que, desde que a Convenção adoptada, surgiram novas situações de refugiados e que os refugiados em causa poderão não cair no âmbito da Convenção,

Considerando que é desejável que todos os refugiados abrangidos na definição da Convenção, independentemente do prazo de 1 de Janeiro de 1951, possam gozar de igual estatuto, concordaram no seguinte:

ARTIGO I
Disposições gerais

1. Os Estados Partes no presente Protocolo obrigam-se a aplicar os artigos 2 a 34, inclusive, da Convenção aos refugiados tal como a seguir definidos.

2. Para os efeitos do presente Protocolo, o termo «refugiado» deverá, excepto em relação à aplicação do parágrafo 3 deste artigo, significar qualquer pessoa que caiba na definição do artigo 1, como se fossem omitidas as palavras «como resultado de acontecimentos ocorridos antes de 1 de Janeiro de 1951 ...» e as palavras «... como resultado de tais acontecimentos», no artigo 1-A (2).

3. O presente Protocolo será aplicado pelos Estados Partes sem qualquer limitação geográfica, com a excepção de que as declarações existentes feitas por Estados já Partes da Convenção de acordo com o artigo 1-B (1) (a) da Convenção deverão, salvo se alargadas nos termos do artigo 1-B (2) da mesma, ser aplicadas também sob o presente Protocolo.

ARTIGO II
Cooperação das autoridades nacionais com as Nações Unidas

1. Os Estados Partes no presente Protocolo obrigam-se a cooperar com o Alto-Comissário das Nações Unidas para os Refugiados, ou com qualquer outra agência das Nações Unidas que lhe possa vir a suceder no exercício das suas funções, e deverão, em especial, facilitar o desempenho do seu dever de vigilância da aplicação das disposições do presente Protocolo.

2. Com vista a habilitar o Alto-Comissário, ou qualquer outra agência das Nações Unidas que lhe possa vir a suceder, a fazer relatórios para os órgãos competentes das Nações Unidas, os Estados Partes no presente Protocolo obrigam-se a fornecer-lhes as informações e dados estatísticos requeridos, na forma apropriada e relativos:

a) À condição de refugiados;
b) À aplicação do presente Protocolo;
c) Às leis, regulamentos e decretos que são ou possam vir a ser aplicáveis em relação aos refugiados.

ARTIGO III
Informação sobre legislação nacional

Os Estados Partes no presente Protocolo deverão comunicar ao secretário-geral das Nações Unidas as leis e regulamentos que possam vir a adoptar para assegurar a aplicação do presente Protocolo.

ARTIGO IV
Resolução de diferendos

Qualquer diferendo entre Estados Partes no presente Protocolo que esteja relacionado com a sua interpretação ou aplicação e que não possa ser resolvido por outros meios deverá ser submetido ao Tribunal Internacional de Justiça a pedido de qualquer das partes no diferendo.

ARTIGO V
Adesão

O presente Protocolo ficará aberto à adesão de todos os Estados Partes na Convenção ou de qualquer outro Estado Membro das Nações Unidas ou Membro de qualquer das agências especializadas ou de qualquer Estado ao qual tenha sido enviado pela Assembleia Geral das Nações Unidas um convite para aderir ao Protocolo. A adesão será efectuada pelo depósito de um instrumento de adesão junto do secretário-geral das Nações Unidas.

ARTIGO VI
Cláusula federal

No caso de um Estado federal ou não unitário, aplicar-se-ão as seguintes disposições:

a) No respeitante aos artigos da Convenção a aplicar de acordo com o artigo I, parágrafo 1, do presente Protocolo que caibam dentro da competência legislativa da autoridade legislativa federal, as obrigações do Governo Federal serão nesta medida as mesmas que as dos Estados Partes que não forem Estados federais;

b) No respeitante aos artigos da Convenção a aplicar de acordo com o artigo I, parágrafo 1, do presente Protocolo que caibam dentro da competência legislativa de Estados constituintes, províncias ou cantões que não são, segundo o sistema constitucional da Federação, obrigados a tomar medidas legislativas, o Governo Federal levará, com a maior brevidade possível, os referidos artigos, com uma recomendação favorável, ao conhecimento das autoridades competentes dos Estados, províncias ou cantões;

c) Um Estado Federal parte no presente Protocolo deverá, a pedido de qualquer outro Estado Parte, transmitido através do secretário-geral das Nações Unidas, fornecer uma informação da lei e da prática da Federação e das suas unidades constituintes no tocante a qualquer disposição em particular da Convenção, a aplicar de acordo com o artigo I, parágrafo 1, do presente Protocolo, indicando a medida em que foi dado efeito, por medidas legislativas ou outras, à dita disposição.

ARTIGO VII
Reservas e declarações

1. No momento de adesão, qualquer Estado poderá formular reservas ao artigo IV do presente Protocolo e à aplicação de acordo com o artigo I do presente Protocolo de quaisquer disposições da Convenção além das contidas nos artigos 1, 3, 4, 16 (1) e 33, desde que, no caso de um Estado Parte na Convenção as reservas feitas ao abrigo deste artigo não abranjam os refugiados aos quais se aplica a Convenção.

2. As reservas formuladas por Estados Partes na Convenção de acordo com o seu artigo 42 aplicar-se-ão, a menos que sejam retiradas, em relação às suas obrigações decorrentes do presente Protocolo.

3. Qualquer Estado que faça uma reserva de acordo com o parágrafo 1 deste artigo poderá, a qualquer tempo, retirar tal reserva por meio de uma comunicação para esse efeito dirigida ao secretário-geral das Nações Unidas.

4. As declarações feitas segundo o artigo 40, parágrafos 1 e 2, da Convenção por um Estado Parte nela que adira ao presente Protocolo considerar-se-ão aplicáveis sob o regime do presente Protocolo, salvo se, no momento de adesão, for enviada uma notificação em contrário pelo Estado Parte interessado ao secretário-geral das Nações Unidas. As disposições do artigo 40, parágrafos 2 e 3, e do artigo 44, parágrafo 3, da Convenção considerar-se-ão aplicáveis, mutatis mutandis, ao presente Protocolo.

ARTIGO VIII
Entrada em vigor

1. O presente Protocolo entrará em vigor no dia do depósito do sexto instrumento de adesão.

2. Para cada Estado que adira ao Protocolo depois do depósito do sexto instrumento de adesão, o Protocolo entrará em vigor na data do depósito pelo mesmo Estado do seu instrumento de adesão.

ARTIGO IX
Denúncia

1. Qualquer Estado Parte poderá, a qualquer tempo denunciar este Protocolo por meio de uma notificação dirigida ao secretário-geral das Nações Unidas.

2. Tal denúncia terá efeito para o Estado Parte interessado um ano depois da data em que for recebida pelo secretário-geral das Nações Unidas.

ARTIGO X
Notificações pelo secretário-geral das Nações Unidas

O secretário-geral das Nações Unidas informará os Estados referidos no artigo V, acima, da data de entrada em vigor, adesões, reservas, retiradas de reservas e denúncias do presente Protocolo, e das declarações e notificações com ele relacionadas.

ARTIGO XI
Depósito nos arquivos do Secretariado das Nações Unidas

Um exemplar do presente Protocolo, cujos textos chinês, inglês, francês, russo e espanhol são igualmente autênticos, assinado pelo presidente da Assembleia Geral e pelo secretário-geral das Nações Unidas, será depositado nos arquivos do Secretariado Nações Unidas. O secretário-geral transmitirá das cópias certificadas do mesmo a todos os Estados Membros das Nações Unidas e aos outros Estados referidos no artigo V, acima

Fonte: Disponível em [http://www.dhnet.org.br/direitos/sip/onu/asilo/prot67.htm]

ANEXO IV

Países com mais encargos com refugiados

Refugiados por 1.000 habitantes: top 40 países (fim de 2004)

País de asilo	Refugiados por 1,000 habitantes	País de asilo	Refugiados por 1,000 habitantes
Arménia	78,0	Suiça	6,6
Chad	26,7	Burundi	6,5
Sérvia e Montenegro	26,3	Rép Centro Africana	6,2
Djibouti	22,7	Paquistão	6,1
Congo	17,1	Bósnia Herzegovina	5,7
Tanzania	15,7	Ruanda	5,6
Irão	15,0	Argélia	5,1
Zambia	14,9	Reino Unido	4,8
Guiné	14,8	Gâmbia	4,8
Dinamarca	12,0	Guiné-Bissau	4,8
Serra Leo	11,8	Libéria	4,6
Alemanha	10,6	Nepal	4,6
Gabão	10,0	Canada	4,4
Arábia Saudita	9,8	Liechtenstein	4,3
Noroega	9,5	Costa do Marfim	4,0
Uganda	8,7	Sudão	3,9
Suécia	8,1	Malta	3,9
Holanda	7,8	Camarões	3,6
Namibia	7,3	Congo	3,5
Kénia	7,0	Luxemburgo	3,4

Fonte: Disponível em [http://www.unhcr.org/cgi-bin/textis/vtx/search?page=search&docid=4444afc42&query=refugees%20per%201,000%20inhabitants:%20top%2040%20countries]

ANEXO V

Taxas de reconhecimento de refugiados em 2008([1])

Países	Iraque Primeira instância	Iraque Decisão final no recurso	Somália Primeira instância	Somália Decisão final no recurso	Russia Primeira instância	Russia Decisão final no recurso	Afeganistão Primeira instância	Afeganistão Decisão final no recurso	Eritreia Primeira instância	Eritreia Decisão final no recurso
EU-27 (2)	46,1	44,8	73,1	45,6	43,7	33,1	37,5	34,9	71,6	56,0
Bélgica	52,6	9,4	50,0	2,4	25,3	2,4	23,2	14,0	57,9	9,1
Bulgaria	65,2	66,7	66,7	*	0,0	*	46,8	100,0	*	*
República Checa	79,5	66,7	*	100,0	33,8	11,4	3,1	0,0	*	*
Dinamarca	62,3	58,6	52,6	0,0	77,9	0,0	52,1	21,4	100,0	*
Alemanha	80,1	55,6	79,3	77,8	23,4	24,1	47,5	33,4	70,6	88,2
Estonia	*	*	*	*	*	*	*	*	*	*
Irlanda	48,7	44,8	44,1	17,0	44,7	36,8	13,7	32,8	28,0	8,3
Grécia	0,2	72,8	2,2	*	2,6	*	0,8	*	0,0	*
Espanha	51,2	0,0	19,5	0,0	20,2	0,0	34,6	0,0	3,2	*
França	82,1	37,9	56,4	46,7	21,0	45,3	30,5	39,4	69,5	38,5
Itália	88,2	*	96,0	*	63,6	*	64,3	*	90,3	*
Chipre	:	0,0	:	0,0	:	6,1	:	0,0	:	*
Letónia	*	*	*	*	*	*	*	*	*	*
Lituânia	*	*	*	*	86,4	6,3	*	*	*	*
Luxemburgo	50	60	33,3	25	0	18,5	75	33,3	0	12,5
Hungria	70,5	*	98,1	*	44,4	0	75,6	*	*	*
Malta	0	*	98,1	5,6	*	*	*	*	93,2	0
Holanda	66,9	65,9	64,5	54,4	24,2	64,3	38,1	35,3	70,1	62,5
Austria	87	26,4	89,8	22,5	78,9	38,7	88,4	62,6	66,7	0
Polónia	100	*	85,7	*	70,2	16,3	50	*	*	*
Portugal	*	*	100	*	*	*	*	*	100	*
Roménia	70,8	*	*	:	0	:	*	:	*	:
Eslovenia	*	*	*	*	0	0	*	*	*	*
Eslovaquia	73,3	0	*	*	0	0	63	71,4	*	*
Finlandia	55,7	40	47	*	26	50	69,1	96,2	*	*
Suécia	31	45,3	57,8	54,5	12,9	51,9	44,2	55,2	62,9	52,1
Reino Unido	28,6	22,8	52,4	55,8	42,3	19,5	41,5	25,9	61,5	56,4
Islandia	*	*	*	*	80	0	*	*	*	*
Noroega	32,8	*	54,5	*	11,9	*	82,5	*	69,6	*
Suiça	59	5,6	54	3,8	45,5	13	59,6	20,3	83,3	1,2
Liechtenstein	:	:	:	:	:	:	:	:	:	:

([1]) Taxa de reconhecimento calculada como medida de decisões positivas (por estatuto) no número total de decisões positivas.
(2) Baseado em dados disponíveis.
: Dados não disponíveis.
* Taxa não calculada para estes países

Fonte: EUROSTAT (2009a) 75 thousand asylum seekers granted protection status in the EU in 2008. Disponível em [http://epp.eurostat.ec.europa.eu/cache/ITY_OFFPUB/KS-SF-09-092/EN/KS-SF--09-092-EN.PDF]